古

ANCIENT
CAPITAL

都

中原历史文化系列丛书
SERIES ON THE HISTORY
AND CULTURE OF
CENTRAL PLAINS

李鸿安◎著

中央民族大学出版社
China Minzu University Press

序 古都

中国版图上历朝建都的走势：东西向，自长安向东伸延，经郑州、洛阳到开封；南北向，自北京始向南

蜿蜒，经郑州、南京到杭州，这个"国都十字线"的交叉点，落在了中原。

中国八大古都，河南占其四。

"河山控戴，形胜天下"。中原有龙蟠虎踞的护卫，有肥沃黄土的滋养，有锦山秀水的装点，咽喉之

要塞，八方之通衢，在这里建都是历史的必然；

"兴，百姓苦；亡，百姓苦"。一朝之都系国之命脉，都毁则国不存。然而，国都无论其史长短，为后

人留下的皇宫遗址、殿宇建筑、帝王陵墓、佛寺道观等，均为人类不可复制的"古都文化"结晶。

本册从中原四大古都典型的历史之变与文明遗存楔入叙说，一展古都的千年风貌、废墟上的灿烂文明、

寺观里的厚重文化，以及古建和出土文物蕴含的历史事件、风土人情、生活趣闻、坊间传说等内容。

古都，均为每个朝代的大历史。

目录

篇

第一章　郑州三千六百年

古都

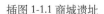

郑州三千六百年

1. 小学老师的大发现

商朝时代，人们把聚居成落的地方称为"邑"，即城邑。都城与一般城邑不同之处是都城中有宗庙，宗庙是商王朝最高权力的象征。郑州在 3600 年前是商王仲丁的都城隞，但这座都城在几千年大起大落的历史变革中被尘封起来了。当商代都城的面貌再次进入郑州人的视线时，时光已到了 20 世纪 50 年代初。

对于郑州市南学街小学的教师韩维周来说，1950 年的金秋是一个收获的季节，而且是意外的大收获。

韩维周除了教书育人之外，还酷爱考古。那时，他经常在郑州南郊二里岗一带寻宝似的收集一些遗弃之物，进行观察和研究。那时的郑州市刚刚解放，百废待兴，到处是建筑工地。那是一个星期天的上午，他又一次来到南郊二里岗，沿着坑坑洼洼的建筑工地走，边走边看，不时从挖出的土堆里弯腰拾东西。突然，他看到修路的民工挖土时扔出一些破碎的陶片，这引起了他的注意。他立即上前拾了起来，陶片上的绳纹好似向他传出了特殊的信息。他马上又拾起几片仔细地翻看着、对比着，越比越感到小小的陶片很神奇，那上面古朴的纹路，好像是一种密码。他反复把看，眼里放射出光芒，好像这些碎片在与他交流。他着迷了，沿着路边走边捡，直到天色晚了，看不清了，才带着丰硕的成果回家。

晚上，在昏暗的灯光下，他又拿出那些陶片翻来覆去看起来。他虽然热爱考古，也见过不少，但这些陶片却是见所未见、感所未感。他又找到仅有的文物参考书查阅，资料中对陶片的描述丰富了他的文物知识，他意识到，这陶片是 3000 多年前的商代遗物。

插图 1-1.1 商城遗址

在郑州市东南高高的古商城遗址上，休闲的老人在玩棋、散步，天真可爱的孩子在嬉戏，他们也许没想到，脚下踩的这片黄土是商代的都城。距今 3600 年前，一位叫"汤"的部族首领发动了中国历史上第一次以暴力更迭政权的革命，推翻了暴虐荒淫的夏桀，建立了商王朝，以"亳"为都城。这雄伟而庄严的古都城遗址，就是"亳"为郑州人民留下的身影。绵延 7 公里的郑州商城遗址，是迄今为止中国最古老的都市城邑。有专家考证这是商代早期商汤所都的亳；也有人认为这是商代中期"仲丁迁隞"的隞都。无论如何，郑州商城的发掘，对于研究商代历史和古代城市发展史，都有极重要的价值。

原来，韩维周在 20 世纪 20 年代初，曾在开封河南国学专修馆上学，学习期间他成绩最好的科目是国语。毕业后，他被河南古迹研究会录用，从此便从事了考古工作。他有幸与老一代考古学家一起工作，参加过安阳殷墟等多处古迹的考古发掘工作，积累了丰富的考古知识和经验。抗日战争爆发的第二年，开封古城被日军攻占，开封古迹研究会难以开展工作，自动解散了。韩维周只好回到他的故乡巩县（今河南省巩义市），找了一份小学教师的工作维持生计。一直到新中国成立，他到郑州南学街小学当上了语文老师，但他热爱的考古并没有放下。所以，他能从破碎的**陶片中感**受到特殊的信息，并**能鉴别出**其为商代遗物便在情理之中。

为了证实自己的结论，第二天，韩维周来到二里岗，行走在高低不平的沟沟坎坎中，穿越在残垣断壁间，在荒无人烟的土地上用小铁铲东挖挖、**西刨刨。**他很惊奇地发现，这些**如拇指**大小的陶片到处都有，好像捡不完拾不尽，他越拾越兴奋。这时，下起了小雨，秋风一吹，**一阵寒冷。**雨越下越大，他不经意间看到，被大雨冲刷

的泥土上露出了更多的陶片，而且有黑的、灰的，还有红色的，在雨水中一闪一闪的，眼前一片五彩缤纷。他忘记了自己是在大雨中，也忘记了秋风的冷意。他马上去捡，如获至宝。猛然看到前面有个闪亮的东西，他上前用小铲轻轻地拨了拨周围的泥土，取起一看，竟是一个石铲。这意外的收获，让他到工地上拾文物的兴趣一发不可收拾，自此之后，他常到那里去，拾来的不只是陶片，还有骨器、卜骨以及磨光的石器。他把捡来的宝物反复把看、反复思考，发现还有许多谜一般的问题使自己无从知晓。

1950 年冬，河南省文物管理委员会成立了，韩维周终于等来了印证的机会。他把自己的发现和认识写了一份报告，递交给了文物管理委员会。几天后他那家徒四壁的小屋里第一次迎来了三位考古专业人员，这是省文物管理委员会派来的。这所简陋的小屋里摆放的五彩斑斓的陶片、石器，让来人惊呆了。韩维周像和久别的亲人诉说一般，津津有味地讲述着收集这些文物的经过，讲述自己的认识想法，让三个考古工作者兴奋不已。一个揭秘重大发现的序幕拉开了。经文物部门科学鉴定，这些绳纹陶片和磨光石器被确认是商朝的遗物，距今已有 3600 多年了。

消息不胫而走，在文物考古界几乎是一颗重磅炸弹，使许多考古人的目光投向了郑州，投向了郑州的商代遗物。于是，众多的专家、学者、考古人员开始了寻找这个王朝身影的工作。1952 年 10 月，中央文化部、北京大学和考古研究所举办了考古工作者训练班，而商代遗物发现地郑州成了他们考古发掘的实习点。实习性的发

插图 1-1.2 夯土城墙下的**商文化雕塑**

郑州商代中期都城遗址，在河南省郑州市城内及郊外，总面积约 25 平方公里。20 世纪 50 年代初，在郑州市二里岗一带先后进行两次发掘，发现了很多重要的商代遗迹和遗物，命名为"商代二里岗文化"。1955 年秋发现了长方形的商代城垣，称为"郑州商城"。郑州商城遗址南城墙外的城南路建为一条"商都文化街"，融仿商代建筑、廊子、栅栏、雕塑小品为一体，商文化气息浓厚，古朴幽雅。

4

掘中，又发掘出许多商代遗物。商朝都城的面目逐渐明晰起来。

1951 年和 1953 年相继在郑州商城遗址上进行了规模空前的大面积的发掘，又发现了非常丰富的商代遗物。

2. 村民的慧眼

故事发生在 1954 年初春。郑州市东北角有一个小村叫司家庄，一天，一位村民赶着马车，像往常一样到邻村白家庄取土。白家庄村西有一道土寨墙，南北走向，这道土墙默默地躺在这里不知多少年了，村民们早已习以为常，对于它的存在几乎是视而不见，更没想过这道土墙的来龙去脉。

这天虽然是细雨濛濛，但村民们像往常一样到寨墙的残垣断壁取土。司家庄的这位村民来到寨墙下，一锹一锹地把淤积的泥土装上车。突然从上面掉下一个圆圆的物件，泛着绿色的铜锈。他急忙小心地刨开周围的泥土，拾起一看，竟是个古董。他虽然弄不清这是个什么物件儿，有多么悠久的历史，但对它有种不同寻常的感觉。于是，他来不及多想，便收起那古玩意，匆匆赶车，调头便走。这一切不经意间被白家庄的村民看见了，立即上前拦住了他，白家庄的村民坚持人马放行，物件儿留下。可司马庄的村民认为："我拾到的东西当然归我，这也是人之常情。"争执不下，他们找到了街道办事处，"仲裁"的结果是这物件不属于哪个村，更不能归个人，这是国家的，街道办事处收缴了这件文物。

街道办事处马上把情况报告给郑县文化局，文化局立即联系正在这里进行考古发掘的河南省文物考古工作组，工作组当即派出考古人员来到事发现场。这样，一个惊世的考古大发现揭开了序幕。

文物考古工作者对白家庄出土的那件古物作了初步鉴定，确认这是一件带有明显商代特征的铜罍，器物很完整，属商代贵族日常使用的容器。

土寨墙里怎么会埋下商代的器物呢？为了搞清真相，考古人员决定对白家庄的土寨墙组织发掘。考古队在发现铜罍的地方，开挖了两个探沟，惊奇地发现有两座古墓葬，两座古墓相互叠压着，显然其一座下葬年代较早，另一座稍晚。通过挖掘从墓葬里出土了铜器和陶器，经鉴定，这墓葬属郑州商代二里岗期文化。

经进一步发掘，发现这两座墓葬均坐落于夯土之上，"夯土"就是经过夯打的土层，是人类在没有发明烧制砖瓦前所采用的一种建筑方式，亦称"版筑"。根据经验，商代大墓中的填土都是经过夯打的。这说明这两座墓葬的下面还隐藏着不为人知的秘密。考古人员对夯土层作解剖性开沟发掘，却无新发现。但是考古人员并不气馁，继续开挖。他们在夯土层的四面同时开挖探沟，很快在南北探沟中找到了宽 20 余米的夯土层的尽头，但东西两端依然不见边缘，神秘地向前延伸。根据安阳殷墟大墓的发掘情况推知，不可能有如此大的墓葬。

1955 年连续两年，文物考古工作者在郑州城东的白家庄继续挖掘，把郑州东、北、西、南四周的夯土层串联起来，一个近似长方形的城垣出现在世人的眼前。

据中国夏商周断代史考古发掘显示，商朝古都周长近7公里，北城墙长1690米，西城墙长1700米，南城墙长1870米，整座城方圆25平方公里。西南城角、西北城角、东南城角都近似直角，只有北城东段向南倾斜。看来当时这座都城的建制不但规模大，而且很有规则。据专家估算，这么大规模的一座城池，其城墙建造的土方量约需87万立方米，需用1300万个劳动日才能完成。由此可以推算出即使当年每天投入的人力以万计，也得三四年才能建造好这座城墙。《诗经》写道：

商邑翼翼，四方之极。

赫赫厥声，濯濯厥灵。

诗中描写了都城整齐而威严，是四面八方的中心。商都城政声显赫，如神灵放射光明。从诗中再现的图景可想象到，3600年前这座都城是何等辉煌。专家认定，郑州商城是迄今所知的我国年代最早、规模最大的王都，是我国历史上第一座建有城垣的都城。

公元前1600年，成汤联合各方国和部落，征伐醉生梦死的夏桀，灭掉了夏王朝。成汤在3000名诸侯的拥戴下，登上了天子之位，宣告了商王朝的诞生。据文献记载，商朝受政治局面和经济发展各方面因素的影响和制约，先后四次迁移都城，实行政治与经济中心的大转移，以调整和维持商王的最高统治地位。开国之王成汤，建都于亳（今河南省郑州市）。至商朝第十代王仲丁时，把都城建在了隞（今河南省郑州市），由亳至隞。有学者认为，隞就是商代早期的亳都。有了都城亳，才有了郑州城。仲丁之后的商王河甲又把都城由亳迁到相（今河南省内黄县东南）。河甲之后的商王祖乙把都城由相迁到邢（今河南温县东）。祖乙之后的商王南庚又把都城迁至奄（今山东曲阜）。至此，商朝人离开了已习惯居住的河洛平原，华夏中心一时偏于中原之东。史称这种移动为"民无定所"。它给社会下层平民带来的是生活上的不习惯、生产上的损害。造成这种远离故土而迁移的原因是朝政上的王位纷争。每当王位争夺激烈、矛盾冲突厉害之时，便以迁都的方式来削弱敌对集团的势力，以求得朝政局面的稳定。这种形势下造成的稳定只能是短暂的。

成汤的第十四世孙盘庚继位后，他敏锐地发现了当前政局动荡的症结所在，于是决定再次迁都。此次迁都不同以往的是，选新都地址时他非常慎重，不顾来自贵族的各种阻力，发布文告，劝说百姓。最终，他率领臣民北渡黄河，迁都于殷（今河南安阳小屯）。自此，商朝的动乱政局得以扭转，经济迅速发展，国力得到恢复，

插图1-2 商汤画像（南宋马麟绘）

商汤，远古商部落首领，以宽厚仁慈闻名四方，召集众部，灭夏兴商，在位13年为商朝国王。此图画面上商汤头戴冕旒，目光前视，手有所指，面露悦容，身旁有一白兽，回首仰望，是商汤德政的象征；人物身上的衣纹、铁线描勾，形象地刻画出王者之气。马麟，南宋画家，画承家学，擅长人物、山水、花鸟，用笔圆劲，轩昂洒落，画风秀润。

6

文化得以繁荣。华夏灿烂的文化又重新在中原大地上大放异彩。商朝都于殷经历了273年，造就了商朝的全盛时期。

在商朝统治的500年里，郑州作为一代商王仲丁的都城，也是文明发展灿烂的时期。商城遗址规模宏大，城池布局严谨，结构建制合理而科学。整个商城分内城和外城，内城有宫殿区，宫殿区内有排水和蓄水设施。外城又称为廓城，内有各种手工业作坊、墓地、祭祀区等。城市各部分功能区分很明显，内城和外城的级别相差很大。

3. 商城国宝

1974年，正是"备战备荒"最紧张的年头，"备"的具体做法就是"深挖洞，广积粮"。一声"最高指示"，全民齐动员，男女老少纷纷拿起铁锹、箩筐等挖掘工具走入地下。"深挖洞"就是挖防空洞，不仅要挖，还要深挖。这对文物工作者来说，却是"焉知非福"的事，郑州的一处挖地道的工地上，却意外地挖出了国宝。

这年9月的一个雨天，郑州市南街寨街挖掘的防空洞工地仍在施工，这里距郑州市内西商城城墙遗址外约300米处，这个地方叫"杜岭"（今郑州市二七区杜岭街），是一个高4米左右的土岗。挖地道的人正一锹一锹挖着，突然迸出一道火花，在阴暗的洞内特别抢眼。有人大叫："是炸弹！"以为是战争年代留下的未爆炸的炸弹。人们过来细细查看，几个人把那金属物周围的土小心地剥离掉，金属物的真容露出来了，原来是一尊大鼎，足有1米高。人们借着昏暗的光线看到，鼎的全身是一层绿锈，特别是上面的饕餮花纹，"饕餮"是传说中的一种怪兽。鼎的上面还叠着一个铜鬲，"铜鬲"是古代煮饭用的炊器。人们又看到，与大鼎并列又露出一鼎。两件鼎都挖出来了，这时大家的心头蒙上了疑云，这下会不会冒犯了神灵呀！消息一传出去，一下拥来了很多人，把这个防空洞口围了起来，都想看看这个神物。

这么大的发现，必须马上向有关部门反映。有人跑到河南省博物馆，报告了情况。博物馆立即派人去现场调查。考古人员拨开人群，进到防空洞里，借着昏暗的灯光，摸到三百多米处，在洞的尽头，一大一小两尊大铜鼎出现在他们面前。考古人员震惊了，他仔细观察，两尊鼎从形制和纹饰上看基本相同，斗形、方腹、双耳足柱中空，表面有饕餮和乳钉纹饰。其制造工艺精良，造型非常气派。后来经鉴定，这是我国商代早期的青铜器。

考古工作者还需要绘制出土的方位图，要测量出它出土的准确位置，以便标在图纸上，测量时可费了一番周折。铜鼎被挖出的地方在杜岭的4米高的土岗上，距地面有6米，不容易找到它埋藏的位置。于是，防空洞的进口处往发掘处测量，然后，在地面上找相应的位置，但地面上有建筑物，特别是有小院、有楼房，找不到与地下相对的位置。于是，大家集思广益，决定改变测量方法，从铜鼎出土处用探铲向上钻，钻出地面，就可看清位置了。办法有了，但难度也来了。他们历来都是用铲往下挖，取土是从下往上提。而今却要反向钻，土是往下掉的，人只能在劈头盖脸的土下工作。况且，鼎上部的填土很坚硬。但是，河南省考古工作人员沉浸在意外得到国宝级的商代铜鼎的狂喜中，任何困难都阻挡不了他们。他们开始钻探了，前赴后继，6 米多的土层终于钻透了。大家一看地面上的钻孔乐了，原来钻到一户人家的大衣柜下面了。

那尊大青铜鼎命名为"杜岭一号"鼎，高 100 厘米，横长 62.5 厘米，重 84.6 公斤；小青铜鼎命名"杜岭二号"鼎，高 87 厘米，横长 61 厘米，重 64.25 公斤。它们比安阳出土的司母戊大鼎的年代早 100 多年。铜鬲命名"杜岭三号"，高 36 厘米，口径 22 厘米。

鼎在商代是一种炊器。许慎的《说文解字》中说："鼎，三足，两耳。"为什么是三条腿呢？作为炊器的鼎多为圆形三足，少数是圆形四足，一般较小。商朝人吃饭既无桌，也无案，吃饭时席地而坐，所以炊器也放在地上。这样的炊器，须有较高的腿来支撑，以方便就食。作为炊器的鼎，就是有腿的饭碗。也许为了"碗"的稳固性，就出现了四足鼎。当然，随着生活器具的改进和发展，鼎的形状也在不断地变化。战国时人们发明了"案"（如现在北方放在炕上的小桌），唐代人又做出了高腿的"案"，叫"桌"，鼎腿也变得矮小了。

商代的大型青铜方鼎，是一种华贵的祭器。商朝人在祭祀的仪式上，把大方鼎放在广场中央，内放祭祀品"牺牲"（即宰杀的牲畜），鼎下放入木柴或木炭，以此烧烤肉食，来祭祀祖先和神灵。这样看来，这种大方鼎也是炊器，只不过是专为祭祀神灵而用的。

1982 年 7 月，一名青年工人永远也忘不了 11 日这一天。那天，在商城遗址东南角外 50 多米的郑州回族食品厂厂房扩建工地上，许多工人在挖地基，按要求挖 5 米深。已经挖到要求的深度了，在炎热的太阳下劳动了许久的工人们，纷纷找地方乘凉，可这位青年工人却没有停下手中的工具，继续下挖。同伴们叫他走，他着魔似的还要挖。突然，铁锹发出清脆的声音，他惊奇而有些激动地说："下面有东西！"工友不以为然地走了。他忘记了头上炎热的太阳，要看个究竟。终于看到了一尊大铜鼎平躺着露出地面，是一尊双耳四足青铜鼎。他立刻给食品厂的领导报告，消息马上报了文物部门。河南省文物研究所和郑州市博物馆立即派考古人员赶到现场勘察。饕餮纹大圆鼎、饕餮纹大方鼎、素面盘、羊首樽、羊首罍、涡纹中柱盂等形制大、花纹精美的铜器纷纷出土。后来又挖出一件饕餮纹大方鼎和一些小物件。

自 20 世纪 50 年代至今，郑州商城的考古一直在继续着。发掘证明，以郑州市内东里路的商代宫殿遗址为中心，周边形成有内城、外城多层防御体系，整个遗址面积达 25 平方公里，城址面积约 16 平方公里，相当于明清时期的北京外城。有学

8

插图 1-3 商代青铜方鼎

20 世纪 70 年代，郑州市杜岭街出土两尊青铜大鼎，通高分别为 100 厘米、87 厘米，其形制、纹饰之美，令人惊叹。两尊商王室的重器在地下沉睡三千多年后，终于站出来说话了：郑州是 3600 多年前的商代都城。于是，郑州商城遗址，也从混沌朦胧变得形象清晰起来，它庄重地印证了郑州为商王朝开国之君成汤营建的国都亳，3600 年前世界规模最大、最繁华的城市。它把郑州带进"八大古都"之列，是中国大古都"俱乐部"中的成员。

者认为，这是中国第一座有规划布局的王都。3600 年前是商朝生活起居、发号施令的心脏，先后有 10 位商王曾在这里号令天下，祭祀祖先，接受四方诸侯的朝拜。

4. "市长"子产

西周末年，周朝第十代君主周厉王姬胡的小儿子，第十一代君主周宣王姬静的异母弟姬友为周朝的司徒，掌理邦教，封地在郑（今陕西省华县东），是春秋时期郑国的第一代国君，是为郑桓公。周幽王时期，郑桓公看出西周国势衰败，在太史伯的建议下，于桓公三十三年（公元前 774 年）将郑国财产、部族、宗族连同商人、百姓一同迁移到东虢国和郐之间（今河南省嵩山以东），成为新的郑国，号称新郑（今河南省郑州市新郑一带）。雄才大略的第三代国君郑庄公死后，郑国走向衰弱，郑国的权力被一些大家族执掌。此时，齐、晋、秦、楚等诸国逐渐强大起来。郑国就处在各国争霸穷兵黩武的地方，兵连祸结，灾难深重。郑国内部，大家族争权夺利，相互倾轧，内乱不止。在郑国经历 150 多年的停滞和衰败后，一位贤才横空出世，力挽狂澜，他就是郑国的政治家、思想家子产。

子产，为郑国第九位第十一任君主郑穆公的孙子，他的父亲是公子发，父亲叫子国。子产名公孙侨，字子产。子产生长在贵族之家，从小受到良好的教育，熟知周礼，知识渊博，文学修养深厚。郑国传至第十七任国君郑简公时，执政的子皮发现子产是个有用之才，穆公二十三年（公元前 543 年），子皮就让子产代替自己为其执掌大权，职务是郑国"执政大夫"，封地在东里。"东里"在今河南省郑州市管城区东大街一带，故又称他为"东里子产"。按管辖面积说，子产在两千五百多年前相当于现代郑州市"市长"。

春秋时代，中国文化最为辉煌灿烂，各类贤能之士最为活跃，或是能征善战的英雄，或是纵横捭阖的谋士，或是影响深远的思想家，或是改写历史进程的政治家。而子产使饱受战火和内乱之苦的郑国国力增强，社会井然，路不拾遗，夜不闭户，他被称为"春秋第一人"。

子产十七八岁时，就以自己的才干为国家处理了一件大事。周灵王七年（公元前 565 年），其父子国率军攻打蔡国（今河南省驻马店市上蔡县），蔡国是姬姓诸侯小国，不堪一击，郑军旗开得胜，并活捉了蔡国司马公子燮。

插图 1-4.1《子产画像》
（清代金农绘）

子产，复姓公孙，名侨，字子产，又字子美，郑穆公孙。春秋时郑国的政治家、思想家。在郑国为相数十年，仁厚慈爱、轻财重德、爱民重民，执政期间在政治上颇多建树，史称"春秋第一人"。

子国凯旋，举国欢庆，为他庆功。子国兴致勃勃，可他的儿子子产却忧心忡忡。父亲问他原因，他说道："小国无文德而有武功，祸莫大焉。楚人来讨，能无从乎？从之，晋师必至。晋楚伐郑，自今郑国不四五年，弗得宁矣。"他认为，蔡国的背后是强大的楚国，楚国自己的附庸国受欺辱了，它能坐视不管吗？郑国将无宁日了。儿子不但不为老子的胜利唱赞歌，竟敢口出狂言贬低老子的功劳，子国大怒，训斥子产说："这是国家大事，是执政大夫的责任，你一个小孩子懂什么，乱说是要治死罪的。"然而，小孩子的话说中了，不久楚国联合盟友晋国数次发兵攻打郑国，终于酿成大祸。

周灵王九年（公元前563年），郑国的几个公子乘郑国在国际上危难，举兵暴乱，争权夺利，子产的父亲大司马子国和正卿子驷，在抵抗暴乱中被杀，国君郑简公被劫持，囚禁北宫。正卿的儿子子西心中害怕，惊慌失措，一面给父吊唁，一面追拿杀父的仇人。此时，暴乱者早已躲入北宫了，子西无力再攻，即返回调兵，可家中已经破败不堪，无兵可调，只有仰天而叹，束手无策。

10

与子西同样有杀父之仇的子产，态度和做法正好与子西相反。他得到父被害的噩耗，处变不乱，镇定自若，没有立刻去处理丧事，也没有调兵遣将去追凶报仇。他以惊人的镇定采取措施，立即派人保护好各个部门机关，封闭好府库，把重要物资藏起，布置好守备兵力，把家臣属吏有次序地安置妥当。后院一切事宜安排好，没有了后顾之忧，他亲自率领十七乘兵车，向暴乱者的巢穴北宫发起攻击。他的平乱行动受到国人的称赞和支援，暴乱终于被平息，除掉了作乱的公子们。但是子产的胜利果实被子孔窃取，子孔成为新一任的"执政"首领。子孔傲慢无礼，独断专行，国人愤慨。十年后，郑国又发生政变，子孔被人乘乱杀死，子展接替"执政"之职，子产出任少卿，从此，子产走上仕途。

插图 1-4.2 子产畜鱼图

子产心地仁厚，孔子称赞他："有仁爱之德古遗风，敬事长上，体恤百姓。"子产辅郑，在春秋列国横征侵扰中，使郑国内政稳定，民生安乐。每当有人赠送活鱼给子产，子产从来不忍心让活生生的鱼受鼎俎烹割痛苦，就命人把鱼畜养在池塘里。眼见鱼儿优游水中，浮沉其间，子产心胸畅适，不禁感叹地说："得其所哉，得其所哉！"子产的仁德由民及物，不愧圣贤君子。

子产一上任便施展出他不凡的政治才能。他把处理国际关系作为首要事务，他不但善于洞察各国情况，而且以巧妙的手腕，处理好国际争端。特别是与大国交手中，表现了不卑不亢、不屈不挠的姿态，为弱小的郑国争得了应有的权利，赢得了尊严。在外交活动中，他那机智的辞令、犀利的攻势、优雅的风度，折服了人们。

一次，晋平公（公元前558—前532年）生了病，郑国派子产去慰问。晋为盟主之国，应以礼去问病，而子产却把赴晋问病作为一次重要的外交活动。他到了晋都后，晋国的国卿叔向给子产介绍病情，说已给晋王做了占卜，说国君得病是因为"实沈、台骀为祟"，然而连史官都不知道这"台骀"是什么神仙，也无从医治。知识渊博的子产马上解释说，很久以前，西方天帝金天氏少昊的后裔昧，任"玄冥师"之职，是负责治水的官员。他生了两个儿子，一个是允格，一个就是台骀。台骀继承父亲的职位后，尽忠职守，治理了汾水和洮水。帝王表彰他，把他封在汾河，沈、姒、蓐、黄这几个邦国，代代祭祀台骀。后来晋国把这几个邦国都灭了，再无人给台骀祭祀了。现在看来，晋侯的病并不是鬼神所致，是因为生活"昏乱无度"，没有良好的作息规律，违背了"男女辨性"，未能修身修德，又"出入饮食哀乐"。子产话中虽含讽谏之意，但凭其广博的知识，说得晋君口服心服，称他为"博物君子"。自此，郑晋盟好。

但是，尽管晋国是郑国的盟主，郑国虽弱小，子产也不会受大国的屈辱。一次，晋国得知郑国曾依于敌国楚国，便以盟主的身份命郑国来朝聘，就是命令郑国来访问，借以问罪。但子产面对晋王强势的责问，毫无惧色，沉着应答。他回顾了郑晋两国的友好历史，表示郑国对晋国每年都要以礼来访问，晋国所要求的事，郑国无不服从，对晋侯敬奉有加。然后说，郑国有时因各种原因不能不依于楚国，但责任不在郑国，是作为盟主的晋国没有更好地保护弱小的郑国。最后子产的语气由委婉含蓄，渐渐转入严厉的指责，晋国为了自己的利益，却不考虑小国遭遇的祸患而出手帮助，时间久之，小国就会变成晋国的仇敌了。晋侯听了子产的责备，自知理屈，对郑国问罪的态度马上转变了。子产又一次在大国面前维护了郑国的尊严和利益。

子产所表现出来的杰出才能得到国人的赞扬，郑国实力派人物子皮推荐他担任"执政"一职。子产受命于郑国多灾多难之际，开始了"执政"生涯。

子产治国讲究策略，照顾大贵族的利益，对贪暴过度者以惩处。有人建议要把国人议论政事的乡校毁掉，他坚持保留。他尊重周礼，但也不顾非议据实情改革。整顿田制，确认土地所有权，以制止贵族肆意侵夺。建立严密的户籍制度，以加强控制农民。善于用人之所长。为适应新的封建制和维护统治秩序的需要而"铸刑书"，将法律条文铸造在铁鼎，予以公布，开创了古代公布法律的先例，为世界历史上的首创。在一系列改革中，子产不回避争议，不压制争议，不怕争议。

子产执政一年，浪荡子不再轻浮嬉戏，老年人不必手提负重，儿童不用下田耕种。第二年，市场上买卖公平，市场繁荣。3年过去，郑国境内形成了夜不闭户、路不拾遗的优良民风和良好的社会秩序。4年后，农民收工不必把农具带回家，5年后，男子无须服兵役，遇有丧事自觉敬执丧葬之礼。子产执政26年，励精图治，廉洁奉公，为老百姓办了一件又一件的好事，大力推进改革，使郑国国力增强，社会风气大变。

周景王二十三年（公元前522年），子产生了病，把子太叔叫到病榻前说："我死以后，你必定担任为政。""为政"是处理具体国事的"六卿"之一，属朝之重臣。几个月后，子产病逝。据史记载，子产死后，郑国的男子舍弃玉佩，妇女舍弃缀珠的耳饰，在民巷中聚哭了3个月，娱乐的乐器都停了下来。那些青壮年痛哭失声，老人像孩童一样流着泪说："子产离我们而去了，郑国的百姓将来依靠谁啊！"孔子得知子产的死讯，声泪俱下地说："子产可是古代留给我们的恩惠啊！"老百姓知道子产为官廉洁、家无余财，纷纷拿出自己的金银首饰，帮助子产的子女办理丧事。但子产的子女遵父之愿，坚决不收，子太叔到陉山上背土埋葬了父亲，百姓便将金银首饰投到河中，以表怀念之情。这条河因有珠宝的绚丽光芒而泛起了金色的斑斓，从此得名"金水河"。这条金水河如今仍静静地在郑州市中心陪伴郑州人民流淌了两千五百多年。

晋人杜预拜谒子产墓，作《遗令》一文："其造冢居山之顶，四望周达，连山体之正而斜向东北，向新郑城，意不忘本也。必集洧水自然之石以为冢藏，贵不劳工巧，而此石不入世用也。君子尚其有情，小人无利可动，历千载无毁，俭之致也。"

1987 年，子产墓被评为郑州市重点文物保护单位。子产墓位于河南新郑市西南 15 公里的陉山的山顶。现存墓冢高 5 米，底边周长约 100 米，墓的修建没使用山上美丽的石头，而采洧水自然形成的红卵石砌成。墓顶圆底方。墓门朝向郑国都城，以示不忘郑国，隧道封其后而空其前，以示内无珍宝。墓东侧建有子产庙。庙前有一枯死的柏树，树根和死株之上生长了许多新的柏树，以至成为一片树林。如今庙废树枯，只有墙基轮廓尚存。每年春天，周围方圆百里的群众都会到陉山山顶子产墓前举行祭祀活动，至今香火不断。

插图 1-4.3 子产祠

子产祠原在郑州市东大街东段路北，西连开元寺，东与郑州文庙为邻。1916 年《郑县志》载："郑北鄙，又名东里，郑子产所居。"春秋时管城（今郑州市管城区）是子产的采邑，子产卒后在此修建了子产祠，塑像镌碑，彰扬其业绩，赞颂其功德。此后便成为历代官员、文士朝拜的圣地，留下了无数赞颂子产功德的题词和诗赋。清乾隆三年（公元1738 年）郑州知州张钺亦赋诗《子产祠》："乡校刑书宽猛兼，至今犹颂大夫贤。"经千年岁月子产祠数毁数修。宋代建神霄宫，元大德九年（公元 1305 年）在原址建大殿修山门，明万历三十九年（公元 1601 年）郑州知州王弘祖再次修整，并祠门立碑，上书"古之遗爱"。清乾隆十三年（公元 1748 年）郑州知州何源洙重加整修，题额为"惠人祠"。现建有子产祠园。

5. 大河村里

郑州商城，是一座博大精深的古都；郑州商城的地下，是一个神秘的百宝库。郑州商城大河村遗址，就是百宝库中一只珍贵的百宝箱。

20 世纪 60 年代的第四个年头的早春，在郑州东北 12 公里处的柳林乡杨槐村，发生了这样一个故事。这天，村民孙幸运如往日一样带着生产队的几个人到地里培育红薯苗。因为是早春，气温还未回升，他们挖煤火坑，准备育苗时给苗加温。

孙幸运挖坑时挖到了一座砖墓，发现了一块像镜子似的圆状物和一把已锈蚀的剑和两个陶罐。他把它们拿回了家。开春后农活一忙，他把那些东西忘到脑后了。

转眼过了六七个月，孙幸运仍没放在心上。可他的老婆却认为家里放死人的东西会招来霉气。孙幸运不敢怠慢了，于是就将文物交到了当时的郑州市博物馆。为此，他获得了一张奖状和 6 元钱的奖金。

自 1964 年以来，在大河村遗址先后发掘 21 次。大河村遗址为新石器时期村落遗址，面积达 40 万平方米，包含仰韶文化、龙山文化地层叠压堆积、夏商时期的文

化遗存。堆积层最厚达 12.5 米。遗址南北长 600 米，东西长 500 米。发掘揭露面积约 5000 平方米，出土房基 47 座，窖穴 297 个，墓葬 354 座，各类遗物 3.5 万余件。遗址中部是大河村先民居住区，房屋分布密集，房基东西并列，毗邻相连，大小不同，结构各异，较大的房基距今已有 5000 多年。1 号房基墙高 1 米，为我国同时期的房基中绝无仅有的。从房基的状态看，十分清楚地再现了当时房屋的建筑工序和施工方法。先民们建筑房屋时，先挖好房屋的基槽，把木桩栽到槽中，拴上横木，再把芦苇束架在上面，然后把草拌泥涂抹在上面，墙壁就筑成了。为了使墙更加坚固耐用，便架起火来烧烤。最后一道工序是架梁、缮草、盖房顶。据资料分析显示，这样建筑起来的房屋，防潮保温，使用时间长。房屋多为地面建筑，个别是半地穴式房屋，有单体房、双间房、多间房，房型的不同、大小的差别标示着主人的不同身份和相异的生活状况。

房间里筑有土台、火池，修有装饰物，多数房内有隔墙。这样具有浓厚生活气息的设置使大河村的先民们生活得舒适而安定。据科学测定证明，他们在大河村的生活延续了三千三百多年。

在考古发掘的基础上，又在大河村旁建起了一座"大河村遗址博物馆"。馆里除精选的具有代表性的出土文物 500 余件外，还有绘画、景观箱、沙盘、雕塑、古居模拟村、制陶作坊等观赏景物和场所。

大河村出土的陶器不但种类多，而且造型精巧，色彩鲜明，陶质特殊。其中最经典的是一件彩陶双连壶，造型非常优美，两壶并列，腹部相连，连接处有一圆孔，使两壶相通，天衣无缝；两壶的两侧，各附一壶耳，圆腹平底，尽显雍容华贵之态；泥质为红陶，红衣黑线，表面布满了平行线条，彩绘线条古朴流畅。这是中国古代造型最美的彩陶器，被誉为中国古代彩陶之冠。关于彩陶双连壶的出土与复原，有一段耐人寻味的故事。

插图 1-5.1 大河村遗址（房基 F1-4）

大河村遗址位于河南省郑州市柳林镇大河村西南，是一处新石器时代的大型聚落遗址，包含仰韶文化、龙山文化、商代文化三个不同历史时期的内容。面积约 30 万平方米，最引人注目的是残存的房屋。目前已发掘出房基 30 多座，建筑方式各异，有着明显的时代特征。出土的文物主要有红陶黑彩、白衣彩陶。彩陶片上描有各种天文图像，如太阳纹、月亮纹、星座纹、日珥纹等。这一发现，对研究仰韶文化的农业和古代天文学的关系具有重要意义。

在挖掘房基时，发现1号至4号房屋是相连的，四间房屋并排，最大的一间有20余平方米。在这四间相连的房基内，出土了大量的文物，其中复原28件。但当时在1号房基内出土的双连壶却修复不好，有人认为这两个壶各自独立，其依据是残缺的部分是壶鼻口，只是找不到壶鼻。经专家鉴定，认为两壶应是一个整体。于是按照这个思路去复原，发现它利用了连通器的原理将两壶连在了一起。复原后，将其命名为"双连壶"。另一件陶制精品白衣彩陶钵，也是在1号房基内出土的。

在出土的陶片上，有大量的天文图像，如太阳纹、月亮纹、星座纹。纹饰图案形象生动，内涵丰富。月亮纹显示出上弦月、下弦月和满月的不同形状，这是先民们对天体认识的体现。特别是绘制的太阳图案，更有科学价值。有的彩绘钵口，绘制出12个太阳，表明当时人们已有一年四季12个月份的概念；绘制的太阳形状很有可观性，太阳画成一个红色或黑色的圆点，圆点四周画上射线，表示太阳光芒四射。

插图1-5.2 双连壶（郑州大河村出土）

在没有文字出现之前，这是我国历史上最早的天象记录，是现代研究古代天文历法的珍贵资料。

大河村还出土大量的农业工具，如石斧、石铲、石镰以及高粱、粟和莲子等种子，表明农产品是当时主要的生活来源。

郑州商城大河村遗址，是一座丰富的文化宝库，为研究我国原始社会文化，提供了非常珍贵的实物资料；为复原中原地区的原始社会历史，提供了重要依据。

20世纪70年代初，郑州市北郊大河村仰韶文化遗址房基内出土一件彩陶壶，两壶并列，腹部相连处有一圆孔相通，两侧各附一耳，圆腹平底。高20厘米，内径20厘米。泥质红陶，红衣黑彩，器物表面满布平行线条。造型别致，构思新颖，彩绘线条古朴流畅，风格独特，称为"双连壶"，被誉为中国古代彩陶之冠，距今有5000年了。它是作为礼仪之用的酒器，为部落间结盟时领导者对饮所专享，是双边和好、沟通的象征。

6. 深山古刹

中原有座名山，为中岳嵩山。嵩山有座名峰，为少室山五乳峰，五乳峰下有座名寺，为少林寺。少林寺是中国佛教禅宗第一祖庭，为嵩山72寺之首。要说少林寺的由来，可是话长故事多。

南北朝时期，燕赵之内的拓跋氏统一了中国，建立北魏五朝。北魏六传至拓跋宏即位，是为孝文帝，其国力日渐强盛。孝文帝向南开拓不顺，南朝刘宋常来侵扰。为了征服南方，孝文帝便向云冈石窟的高僧跋陀求计。

这跋陀和尚是天竺人，他幼年丧父，其母认识了一名和尚，便让跋陀皈依佛门做了和尚的弟子。跋陀从师念佛虔诚，日背300余颂，师父很是器重他，六弟子中无人能比。但20多年后，其余5人皆成正果，连那个一天难学一颂的呆师兄也修成了罗汉，唯独跋陀没有收获。在他心中烦闷时，呆师兄开导他说："你在佛学上的修养与震旦（中国）有缘，你若能吃苦远游到那里，必成正果。"跋陀受到启发，即乘商船漂洋过海历经3年，到了中国。

跋陀到中国后云游四方，落脚于河西敦煌，受到河西王公和佛门的敬重。不久被孝文帝请到北魏都城平城（今山西大同），封为昭玄都统师，统领全国佛门，并在武周山开凿云冈石窟，让他大施教化。

孝文帝笃信佛教，认定跋陀是高僧，有事就请教于他。为征服南方汉人，孝文帝把跋陀请来。跋陀和尚一见孝文帝就纵论天下大势，大谈天时、地利、人和之道。最后在"人和"上给孝文帝提出四条改革方略：一要大兴佛教，收揽人心；二要推行均田制，安定民心；三要尊重汉人习俗、礼义，开汉学，学汉文化，各民族通婚；四要迁都洛阳，占据国之中心。

孝文帝对三四条不解。跋陀马上开导说："孟子有名言，'普天之下，莫非王土；率土之滨，莫非王臣'。因此，欲王天下，不能忘记天下万民。"孝文帝被激醒了，他冲破王室阻力推行改革，并亲自带头皈依佛门，说汉话，穿汉装，大改姓氏，改拓跋氏为元氏，更名为"元宏"，迁都于洛阳。他对跋陀特别感激，要把跋陀从云冈石窟搬到洛阳。

魏孝文帝太和十八年（公元494年），洛阳新都建成。跋陀随孝文帝到了洛阳，孝文帝特设禅院让他居住。此时，孝文帝在都城内外大建佛寺，达千余座。

跋陀性爱幽栖，故常到嵩山里住。他发现太室山和少室山相衔接的地方四周有十多座山峰，中间是块平地，远望如盛开的莲花，便要孝文帝在那里建寺。第二年，太和十九年（公元495年），孝文帝下诏破土动工建寺，寺建成后又亲自陪同跋陀前去观看，看到新寺地处少室山之阴，谷幽林茂，就起名叫"少林寺"。

少林寺虽为跋陀**和尚而建**，但他没有在**此继续**发展。527年又有一位印度僧人菩提达摩从海道泛舟3年到了中国。他登陆广州，到了金陵，受到武帝的接见。但二人话不投机，达摩北上到了少林寺，在寺内面壁9年，广集信徒，首传禅宗，被尊为中国佛教禅宗初祖，少林寺被称为中国佛教禅宗祖庭、大乘胜地。

少林寺的主体建筑有山门、天王殿、大雄宝殿、藏经阁、方丈室、达摩亭、千佛殿等。山门面阔三间，进深三间，单檐歇山顶，方门圆窗，雕脊彩瓦，重建于清雍正十三年（公元1735年），门额上的"少林寺"三字为康熙御笔，横匾上方嵌印"康熙御笔之宝"，黑底金字。

传说有一年六月初六，阴阳先生、和尚和财主3人同游少室山。他们登上连天峰时天气突变、云雾满山，忽听云端有说话之声。3人抬头一望，只见一座古寺，山门上有"竹林寺"三字。说话声来自山门前的一老一小两个和尚。小和尚问："师父，

SERIES ON THE HISTORY
AND CULTURE OF
CENTRAL PLAINS

中原历史文化系列丛书

插图1-6.1 少林寺山门

少林寺院规模宏大，从山门到千佛殿，七进院落，面积达3万平方米。少林寺山门为少林寺大门，清雍正十三年（公元1735年）修建，20世纪70年代翻修。山门的正门面阔3间、进深3间，单檐歇山顶建筑，坐落于2米高的砖台上，左右配以硬山式侧门和八字墙，八字墙东西两边对称立两座石坊，东石坊外横额有"祖源谛本"四字，内横额为"跋陀开创"四字；西石坊内横额书"大乘胜地"四字，外横额为"嵩少禅林"四字。门额上"少林寺"三个大字，是清康熙的亲笔，山门前石狮一对，雄雌相对，系清代雕刻。山门的整体结构配置高低相应，左右和谐，气势宏大。

竹林寺升天了，地上还有佛寺吗？"老和尚答道："少室山的北麓密林深处就有。"他们朝老和尚指的方向一看，果然看到一佛寺，但瞬间又消失了。三人认为这是块宝地，就争占此地。阴阳先生要安祖坟，和尚要建寺院，财主要建宅院，三人争论不下之时，魏孝文帝游嵩山到此。他见那和尚不凡，后来得知他原来就是从印度来传教的高僧跋陀，随即降旨在此建了寺院，取名少林寺。

原来是竹林寺里一老和尚摘了一个仙果。此仙果开花3000年后才结果。老和尚把仙果带到寺中，用它煮了一锅仙果汤。仙果汤煮好时，刚巧来了客人。老和尚迎接了客人返回时，仙果肉已被其他和尚吃完，只剩下一锅汤。老和尚一怒之下把汤泼在地上。只听一声巨响，寺院金光四射，慢慢上升。吃了仙果肉的和尚也升空而去，只有老和尚留在地上。从此，竹林寺从地上消失了。

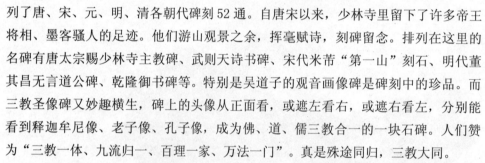

过了山门，踏上通向天王殿的甬道，两侧为马道，两旁有银杏树数株，浓荫蔽天，其中一棵时逾千年。道路两边为碑林，内立古碑，排列了唐、宋、元、明、清各朝代碑刻52通。自唐宋以来，少林寺里留下了许多帝王将相、墨客骚人的足迹。他们游山观景之余，挥毫赋诗，刻碑留念。排列在这里的名碑有唐太宗赐少林寺主教碑、武则天诗书碑、宋代米芾"第一山"刻石、明代董其昌无言道公碑、乾隆御书碑等。特别是吴道子的观音画像碑是碑刻中的珍品。而三教圣像碑又妙趣横生，碑上的头像从正面看，或遮左看右，或遮右看左，分别能看到释迦牟尼像、老子像、孔子像，成为佛、道、儒三教合一的一块石碑。人们赞为"三教一体、九流归一、百理一家、万法一门"。真是殊途同归，三教大同。

这个故事发生在唐高祖武德三年（公元620年）。李世民出兵潼关，逼近洛阳，为了大唐的统一，他决心除掉自立为郑王的王世充。当时李世民刚刚削平了西方与北方的敌对政权，为疲劳之师。而王世充正锐气十足，占领了少林寺柏谷庄园，实力雄厚，地处洛京八关之中，足以与李世民抗衡对峙。

据传，李世民在勘察地形时被郑兵俘获囚禁在洛阳王城牢中。此时，正在柏谷庄上屯田的少林僧徒听到唐王李世民被囚的消息非常着急，再也不甘心受郑军之欺。13位武艺高强的棍僧趁黑夜到洛阳城外施展轻功，潜入城中。由熟悉道路的志操和尚引路，找到了王城大牢。他们爬门越墙，突袭卫兵，到了大牢，看到李世民身带大枷靠墙而坐。武僧们除掉守狱兵丁，打开牢门，去掉枷锁，背起李世民就往外冲。刚出城，追兵赶来。众僧们夺得一匹马，扶李世民上马，且战且逃，不久天已微明。

刚转过一个山口，前面忽然闪出一队人马，众僧一惊，感到前后夹击已是绝路。而李世民一看，原来是唐将秦叔宝前来接应。李世民在十三棍僧的护卫下回到唐营。

李世民登基做了皇帝，下旨敕封少林僧徒，赞扬十三棍僧救驾的赫赫战功，每人赐紫罗袈裟一件，封和尚昙宗为大将军，赐食地四十顷、水磨一具，并刻石记述。

插图1-6.2康熙御笔"少林寺"

少林寺山门上方衡悬康熙御题"少林寺"匾额，长方黑金字，匾正中上方刻"康熙御笔之宝"六字印玺。清代康熙四十三年（公元1687年），传旨康熙要出游中岳，驾临少林，少林方丈敬斋大和尚，设巧计乘机请皇上书写匾额。康熙大帝来到山门，高悬空白匾额，好奇询问，敬斋急忙向前合掌告奏，迎万岁驾到，正让两和尚书写。康熙看见一老一小俩和尚，正在山门前分别持大笔和小字笔，铺纸而写，满头大汗，"少林寺"三个字歪歪扭扭，大字如斗，小字如蚁。康熙大笑，众僧乘机高呼："请万岁御赐！"康熙挥笔题写了"少林寺"三个大字。

16

7. 达摩传教

天王殿是少林寺的第二进建筑，殿前悬挂着一方匾额，上书"天下第一祖庭"，为乾隆手书。殿门外有守护佛法的"哼""哈"二将，殿内有四大天王塑像，足下各踩二鬼。人们把四大天王解释为风、调、雨、顺，象征吉祥如意、显正驱邪。

天王殿后是大雄宝殿，这是少林寺的中心建筑，为正殿。"大雄"是人们对佛祖释迦牟尼的尊称。"大雄"的意思是说释迦牟尼智力超凡，有大无畏的勇气。大殿正中供奉的就是主佛释迦牟尼。释迦牟尼为2500多年前印度释迦族净饭王的王子，出身贵族之家，后来出家，修炼成佛，创建了佛教。端坐于正中的释迦牟尼佛左手横放于左膝，名为"定印"，表示"禅定"。右手半握伸出二指，名为"天地印"，表示他成佛前，为众生牺牲了自己的头目脑髓。

释迦牟尼佛右边站立的老者，是"摩诃迦叶尊者"，为大弟子。释迦牟尼佛涅后，他是众佛徒的领导者，后世称之为"佛门初祖"。左边坐的是"药师佛"，他是"东方琉璃世界"的教主。他曾发下12大愿，要解除众生痛苦，专医人间疾病，为民消灾除难，满足人民的愿望。所以，他手掌上托着一粒药丸。释迦牟尼的右侧端坐的是西方极乐世界的教主"南无阿弥陀佛"。他手内端的是"金莲台"，表示接引众生。众生死后，他可用金莲台把死者接引到西方极乐世界里去，在那里无苦有乐。阿弥陀佛又是"无量光佛"和"无量寿佛"。他光明无量，遍洒甘露，福泽人间。

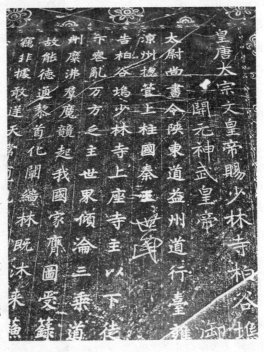

插图1-7.1 李世民石刻字

唐太宗李世民在做了皇帝之后，对少林寺大加封赐，为了表彰少林寺救驾有功的十三棍僧，在少林寺立一尊石碑，碑文记载着十三棍僧的名字和战功，李世民把自己的名字留在碑上，此碑名"太宗文皇帝御书碑"。石碑上的"世民"二字，就是唐太宗的御笔。此碑刻于1200年前，是少林寺最有价值的石碑。唐太宗封赐少林寺后，寺院名震四海。到了宋代它已拥有田地1.4万亩、殿堂5000余间，明代拥有僧人2000多名，香火旺盛。

在释迦牟尼主佛身后，有一南海观世音菩萨。她身躯高大，面貌美艳，满脸慈爱，是一位非常可爱的菩萨。她背靠悬崖，坐于巨石之上，左腿蜷，右腿伸，赤双足，踏于浮莲之上；左臂自然倚在崖壁上，手捏柳枝。一位洒脱、温柔、美貌的"自由女神"耸立在人们面前，给人以美好诚信的感觉。她左边站立的是双手合十、天真可爱的善财童子，右边是手捧宝珠、纯真无邪的龙女，更增添了美妙的意境与亲和魅力。大雄宝殿前有钟楼和鼓楼。东边钟楼旁有一块称为"嵩山第一碑"的碑刻，即"皇唐嵩岳少林寺碑"。此碑又称"李世民碑"，刻于唐玄宗时。碑文为李世民告谕少林寺上座寺主等人的教文，表彰寺僧助唐平王世充之乱的战功。此碑上唐太宗亲笔草签的"世民"十分珍贵，碑额有玄宗书七字，背后记录了十三棍僧救唐王的事迹。

大雄宝殿后是藏经阁高台旧址，其右侧是一巨型铁锅，直径1.65米，重650千克。据说少林寺鼎盛时，僧人用此锅炒菜煮饭。当时僧人之众多难以想象。藏经阁后为方丈室，是住持居住和处理日常事务之地。这里有一著名风景叫"少室晴雪"。站在方丈室门口，南眺少室山，阳光下可看到雪景。实际上那是对面山上的一块巨大石坪，周围绿树相抱，雨后阳光照射，反射出光芒，白亮如雪，耀眼夺目。

从方丈室出来，经过一座月门，便到了著名的达摩亭。达摩亭小巧玲珑。殿内悬挂匾额，上书的"雪印心珠"四字为乾隆御题。殿正中供奉的是达摩铜质坐像。

达摩，天竺国人，为香玉王的王子，生于四世纪，姓刹帝利，本名菩提多罗。他幼年从师于释迦牟尼大弟子摩诃迦叶的后裔第27代佛祖般若多罗大师。他幼年就有远游传法的志向，故取"达摩"为法名，意即"志向通大"，也叫"菩提达摩"。他师从般若学"大乘"教义达50年，学成后遵师意历经三载到达中国。

达摩到中国时是梁武帝天监十六年（公元517年）。他来到广州，受到广州刺史萧昂的热情接待。一年后，自幼笃信佛教的梁武帝闻知达摩在广州，便派大臣迎接他到金陵。梁武帝亲自出迎，让其住进皇宫，敬为国师。但达摩对于中国皇帝的献媚佛门看不惯，便不辞而别。

这天，他路经金陵雨花台，听到一个和尚在讲经说法，听者如潮，人声鼎沸。达摩听后，紧锁眉头、连连摇头、叹息而去。此讲经之人为洛阳来的慧可和尚。慧可和尚见达摩不凡，欲问究竟，便随后追赶。

慧可，原名姬光，虎牢（今河南省荥阳市汜水镇）人。他幼时是一个好学儒生，青年时博览群书，随父母信仰道教，好老庄之学。20岁后到少林寺，师从印度高师跋陀，学习小乘教义，为其得意弟子。老师让他云游传经，曾经到过金陵（今南京市）。40多岁时，跋陀死后，他云游至金陵。

插图 1-7.2 达摩渡江图图轴（明孙克弘绘）

明代著名画家孙克弘笔下的达摩鼻梁高耸，两目突出，回首顾盼，炯炯有神，面容镇定；裟裟随风飘飞，衣纹线条虽简，但概括性强，转折有力；脚套足环，坦然踏浪，坚定渡江，神采毕现。画家以细笔描绘，一位释教人物形象跃然纸上。此画虽是细写，但却有"意笔"的艺术效果。孙克弘（公元1533—1611年），一作克宏，字允执，号雪居。生性巧慧，状貌疏野。绘画擅花鸟、人物，善书法，画上常用隶书题跋。

达摩意欲北上传经。他来到长江边，但无船可渡，正巧一老妇端坐岸边，身边堆放一捆芦苇。达摩上前双手合十，向老妇求苇，说："请舍一芦苇，以苇代船渡江。"老妇应允。达摩把一叶芦苇放入江水之中，双脚一踏，眼观鼻，鼻照心，心向丹田，运足功夫，悠悠然快如风行，向对岸飘去。

这时，慧可和尚赶到江边。不想晚到一步，眼看着达摩脚踏苇叶渡江而去。他决意赶上，便随手将老妇那捆芦苇抛入水中。可他一踏上芦苇，便沉入江里。慧可急忙登岸，责怪老妇。老妇说："圣僧向我化去芦苇，我当相助。而你夺我芦苇，无缘相助。"说完扬长而去。这时，那捆芦苇又浮出水面，慧可明白有神相助，便马上忏悔，踏上芦苇过江，追赶上了达摩。他知道达摩非平凡之人，就请达摩北上嵩山，住持少林。达摩不搭理他，径向北行，慧可紧跟。二人若即若离，到了洛阳。

达摩在洛阳无人了解他，唯有慧可不离左右，他只好随慧可来到少林寺。达摩到少林寺后大传大乘教义，不受少林寺中信奉小乘教义的众僧欢迎。因为小乘要求修炼须终日静坐，舌抵上腭，调整呼吸，心存一境，专心参悟。而达摩传授的大乘，则倡导人人都能成佛，应让众生都成佛，不能永远坐在那里，要去普度众生。达摩看自己的佛法不为众僧理解，就向后山走去，在后山见到一天然石洞。据说此洞为上古蚩尤的住所，故名"蚩尤洞"。此时跟在达摩身后的只有慧可和尚。达摩这才问起慧可和尚的身世。

达摩了解到慧可的经历，知道他愿意学大乘教义，便收他为徒，并让他作为自己的护法人，取法名"慧可"，又名"僧可""神光"。两人在洞中席地而坐，共学大乘教义。

随着大乘的扩散和深入，少林寺僧徒纷纷随慧可来拜达摩为师。跋陀弟子们逐渐离开少林寺到林滤山中。9年之后，少林寺成了大乘门徒的天下。达摩被请下五乳峰，成了继跋陀后少林寺第二代方丈大和尚。

后来，人们把达摩采取禅定静虑、清除杂念、顿悟成佛之学称为"禅学"，逐渐形成佛教一派，称之为"大乘禅宗"。少林寺就成了禅宗祖庭，达摩为禅宗初祖，慧可为禅宗二祖。后人为纪念他们，在五乳峰修建了初祖庵和二祖庵。据传，当年达摩在五乳峰的石洞中居住，为清净吾心，进行静思，白天终日面壁静观，一束光线从狭小的洞口射进，达摩的静坐身影照在石壁上。9年后，那石壁上竟然显出了达摩静坐的阴影，如一幅淡墨画，惟妙惟肖。少林寺僧人把它看成"灵石"，当成寺内传世之宝。至清朝时，僧徒们怕影石丢失，凿下移入寺内，供于藏经阁，但后遭火灾而毁。现在文殊殿中的影石，实为复制品。达摩亭又名"立雪亭"，这是有关二祖慧可学大乘之法的故事。

插图 1-7.3 达摩面壁图（局部 明代宋旭绘）

山涧周围野草丛生，一泓流水身边而过，印度高僧静坐其间。画面逼真地描绘了达摩坚韧虔诚、苦行修炼的形象。画家刻画人物不重线条，而以大面积色块渲染人物静态，以艳丽逼眼的表象，来衬托达摩清心禅定的心态，突出了佛门"五蕴皆空"的无碍境界。明代画家宋旭，擅诗工书，兼长人物。此画笔墨苍劲，气势颇具。

8. 慧可断臂

《中国佛教》一书中的《慧可》篇是这样记述的：慧可随达摩学大乘六载，深得达摩的赞赏，但达摩仍然对他不放心，怕他把道学、儒学、小乘教义杂于大乘禅学。实际上流露出达摩没有把慧可定为自己的传法弟子，也就是说没有内定成接班人。

相传，在一个严冬的早上，慧可又去求法于师父，此时达摩正在亭内参禅入定。慧可见状不敢打扰，双手合十，恭恭敬敬站立于亭外。慧可从上午一直等到半夜，而达摩仍在参禅，没有"开定"。这时北风劲吹、大雪纷飞，但慧可仍在风雪之中挺立，直到翌日上午。当达摩参禅已毕，睁眼一看，慧可仍在静立，雪已过膝。达摩问慧可，在此等待什么，慧可明确回答："为求师父传法。"达摩说："若让我把禅门大法传于你，除非天降红雪。"慧可听此一言，心知师父仍怀疑自己心有杂念，孽根未除。于是，他抽出戒刀，刀落之处，左臂落地，鲜血如注，飞溅到白雪之上。慧可两眼一黑倒在血泊之中，周围的白雪被染成红色。此时，观音菩萨空中显圣，撒下红绫，顿时寺院红光映天，遍山皆红。达摩见此情状，忙起身招来众弟子把慧可扶回僧房。慧可断臂的代价获得了大乘之法的真传。于是，慧可"断臂求法"的故事传遍佛门，传遍天下，也感动了乾隆皇帝，他挥笔题下"雪仰心珠"四个大字。

千佛殿又叫毗卢阁、西方圣人殿，为少林寺殿宇之最大、建筑之精华。大殿正中供奉的是明代铜铸莲花毗卢遮那佛像。

"毗卢遮那"是梵语音译，含有犹如一轮巨日、光明普照、照遍世界、福泽众生之意，故密宗佛门称他位"大日如来""大光明佛"。按大乘佛教之说，释迦牟尼有3种佛身，也就是3种不同的佛像，毗卢遮那佛即为其中之一，为释迦牟尼的"法身佛"。其他两种是毗卢遮那佛为"报身佛"，释迦牟尼为"应身佛"。毗卢遮那佛，才是佛门真正的尊奉对象。毗卢遮那佛所坐的莲花座每一花瓣上有一尊小佛像，都是他的应身佛释迦牟尼。每个花瓣代表一个三千大世界，整个莲花座代表宇宙中的华藏世界。

千佛殿内最惹眼的是《五百罗汉朝毗卢》的彩色壁画。此画分布在殿内北、东、西三面墙壁上，面积达320平方米，其规模之大全国罕见。画面以山水云气为背景色，分为三层：上层山林、中层风云、下层水浪，五百罗汉彩绘其上。五百罗汉形象奇特，或降龙伏虎，或持钵显法，或高谈阔论，或朝觐上尊，形貌各异，千姿百态，个个传神，栩栩如生，皆面朝毗卢遮那佛，意味深长。500罗汉分为35组，每组包含一个生动的故事。

500罗汉的绘制采用了"重彩平涂法"，色彩朱黑谐和，勾勒粗犷有力，线条简练，笔法流畅，衣带飘浮，活灵活现，大有唐代画家吴道子"衣带当风"的画风。整个画面结构紧凑、布局谐调，为我国绘画艺术宝库中的经典之作。此画有一神秘现象，即色调的浓淡不一。每隔12年，一些罗汉的面色有的变淡，有的则变浓。细观之，罗汉多半为乌黑头面。这是绘画史上的一绝。有人对此现象作了解释，这不是画家故意之笔，也非神佛所为，其实是因颜料质地所致。此画出于明代人之手，那时采用的铅粉应属质量不佳的颜料。这些铅粉会因氧化而变暗、变黑。当时着色越重的地方，后来就变得越黑；着色越淡的地方，后来的变化就不大。

关于画的来历，还有一个传说。

插图 1-8.1 立雪亭

立雪亭又叫"达摩亭"，建于明代，台基2丈，深阔各3间，内供木质神龛，中悬一匾，为清乾隆帝御笔，书"雪印心珠"四个字，潜含"立雪"典故。北魏孝明帝正光元年（公元520年），洛阳香山寺和尚神光，到少林寺拜访印度高僧达摩，以求祖师真传。但达摩默然面壁，毫无理会。神光门外静立，从白日到黑夜肃然不动。天降大雪，积雪没膝，天明仍未见祖师。神光一心向真，为示意诚，砍断左臂，雪地红光，达摩心动，唤他入室，自此传道，赐法名慧可，史称"二祖"。

20

明朝万历年间，始建千佛殿。千佛殿正在建造时，一位中年人来到少林寺。此人一身农民打扮，并未引起人们的注意。可他出言不俗，向寺中住持长寿和尚说明来意，表示自己愿为千佛殿的建造出把力。长寿和尚问他能做什么，他说会画画，长寿和尚正需要画匠，就把他留下了。

这位农民打扮的中年人不声不响地开始在工地上作画。千佛殿落成之日，也是他的画完成之时。众人进殿一看，大为惊叹。几百丈画正巧贴满大殿中的东、西、北三面墙壁，画面色彩绚丽、鲜明，色调和谐润致，人物传神，形态逼真，博得众人一片喝彩。长寿和尚问他："此画何名？"他答道："五百罗汉朝毗卢。"长寿和尚忙设宴答谢。可宴席就绪之后，却找不到那位作画的人，只找到他留下的一首五言诗：

> 家住华山冲，窗含渭水东。
> 只知昔有宋，不知今有明。
> 六世隐姓名，耕画是家风。

诗后的落款是"山村画者"。"山村画者"何人？后来人们只能根据仅有的一诗考证，认为是宋朝时一位大臣的第六代子孙。

千佛殿内神龛前的地面上，有一片凹坑，每坑深约20厘米，共有48个。据说这是历代和尚在殿中演练武功所致，人们将形成的凹坑称之为"脚窝"。"中国功夫冠天下，天下功夫出少林"。少林寺不仅以其古老神秘的佛教文化名扬天下，而且也以其精湛的少林功夫驰名中外。

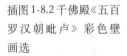

插图1-8.2千佛殿《五百罗汉朝毗卢》彩色壁画选

千佛殿是少林寺现存最大的佛殿，明末重建。殿内绘有大型壁画五百罗汉而得名。殿内供毗卢佛，故又称"毗卢阁"。千佛殿佛龛中供明代铸造的毗卢佛铜像。神龛后面北壁及东、西两壁，绘"五百罗汉朝毗卢"大型壁画，画面高7.5米，长42米，面积约320平方米，分为35组，一组一故事。五百罗汉形貌奇特，生动传神，构图严谨，气势磅礴，世所罕见。

相传，宋太祖赵匡胤自幼信佛，曾皈依少林佛门，拜元禅师为师，不但学佛修法，还潜心习武练功。他在少林寺一学就是10年。学成之后，赵匡胤跟随结拜兄长柴荣打天下，南征北战，战功赫赫。柴荣即位后，是为周世宗。周世宗不信佛，在显德二年，他下旨毁佛灭法沙汰佛门。一时之间，佛家寺、观、塔、庵、经像全毁。此时，从佛门走出来的赵匡胤极力进谏，灭法不能灭少林，毁佛不要毁佛经。同时他把所有收到的佛经送往少林寺保存。

不久，赵匡胤陈桥兵变，黄袍加身，登上了皇帝的宝座。当了皇帝的赵匡胤下旨重修少林寺，建起寺中规模庞大的藏经楼。由于他过去送到少林寺保存的佛经很多，所以少林寺成了天下佛门藏经卷最多最全的寺院。他的弟弟赵光义即位后，遗愿得以传承，封少林寺为"天下第一名刹"。如今题有这 6 个大字的匾额仍高高地悬挂在少林寺天王殿的重檐上。

围绕在少林寺上下左右的有许多寺、塔和武校，皆名闻天下。它们把少林寺佛教文化表现得更加深厚，吸引了更多的拜佛习武之人和观光者。塔林为历代少林寺僧人的坟茔。每当高僧故去，佛门弟子就在这块风水宝地上把高僧的遗骨、袈裟、**经卷等遗物**放入地宫，上面造塔，以示**功德和纪念**。因其功德和地位不同，塔的**形制也**不一样。如今，塔越**建越多，**形成了塔林。塔林位于少林寺西 500 米，占地 1.4 万平方米，是少林寺历代高僧的墓地。佛教界有名望、有地位的上层和尚的尸骨或骨灰都放入地窖，少林寺塔林是中国塔数最多的，有"第一大塔林"之誉。

在太室山玉柱峰下的法王寺是嵩山最古老的佛教寺院。东汉明帝永平十一年，印度竺法兰、摄摩腾来洛阳传教，初居白马寺。那时白马寺只是接待宾客的机关，而后建的法王寺专门为佛教所用，"法王"即佛的总称。此寺规模宏大，雄伟壮观，寺后有多座古塔。

永泰寺位于太室山西。这里群山环绕，峰峦叠翠，溪水潺洄，宝塔点缀其间，为嵩山的别样景致。此寺为南朝梁武帝萧衍的女儿明练公主和北魏宣武帝元恪的女儿永泰公主削发为尼的寺院，是佛教传入中国后的第一座女僧寺院。

嵩岳寺塔是现存中国最古的佛塔，始建于北魏正光元年（公元 520 年），距今已有 1400 多年的历史。传说释迦牟尼的"舍利"供奉于此。塔开四门，可通塔室。塔身 15 层檐，塔层密集，呈多种柔和的圆弧造型，造型别致，刚劲雄伟，浑厚丰润中显出俊俏秀丽之风格。

插图 1-8.3 嵩岳寺塔

嵩岳寺塔，为世界文化遗产"天地之中"历史文化建筑群之一。它位于郑州登封市城西北中岳嵩山南麓峻极峰下的嵩岳寺内，始建于北魏正光四年（公元 523 年），唐代重修塔顶。嵩岳寺塔已有 1400 多年的历史，虽经风雨侵蚀，仍巍然屹立，是中国现存最早的砖塔，也是全国古塔中的孤例。嵩岳寺塔为砖筑密檐式塔，也是唯一的一座十二边形塔，其近于圆形的平面，分为上下两段的塔身，是密檐塔的早期形态。

9. 嵩阳书院

我国古代培养士子、交流学术和传播文化的地方叫书院，是古代高等学府，为封建社会特有的一种教育组织，在我国教育史上影响深远且占有重要地位。书院之名起于唐代，至宋代形成书院制度。书院里充满着研究、讲学、藏书和交流等浓厚的文化特色。书院的建筑一般隐于山村之中，或位于名胜之地，融于自然山水间，具有园林风格；其建筑古朴典雅，环境幽静高雅。古代书院蕴藏着丰富的文化遗产和优良的学术传统。宋代有四大著名书院：湖南岳麓书院、江西白鹿洞书院、河南商丘睢阳书院、登封嵩阳书院。

嵩阳书院坐落在嵩山南麓峻极峰下，这里环境幽静，山溪汇流，山峦环抱，景色宜人，文物丰富，名扬古今。嵩阳书院始建于北魏太和八年（公元484年），初名"嵩阳寺"，是佛教活动之地。隋代时叫"嵩阳观"，唐代改名"奉天观"，又成了道教活动的场所。后唐时改为书院，至宋仁宗景二年（公元1035年），更名为"嵩阳书院"，成了理学教育基地。今天所看到的嵩阳书院是康熙十三年（公元1674年）重建的，大体保持了清代的建制。

书院大门前有一牌坊是新建的，匾额上有"高山仰止"四个大字。此四字和"曲径通幽"的两块匾额原在大门檐下，已被毁。穿过牌坊是大门，3间卷棚式硬山建筑，檐下有"嵩阳书院"四个大字。大门西侧，有一平台，叫杏坛，清**初学者耿介主持嵩阳书院时遵循孔子筑杏坛讲学的传统设置此坛**，用以讲学。**如今坛**上有古杏一棵，传为耿介所植。杏坛之北高耸着一尊巨大的石碑，这就是著名的大唐碑，叫《大唐嵩阳观纪圣德感应之颂碑》。碑9米高，由碑趺、碑身、碑首组成。碑文书法高超，浮雕精湛。碑趺上雕刻10个石龛，龛内为高浮雕武士。此碑被誉为稀世珍品，是中国书法宝库的一颗明珠。

《大唐嵩阳观纪圣德感应之颂碑》，隐藏着一个"鲁班立碑"的故事。说的是唐玄宗时代，嵩阳书院还叫"嵩阳观"时，有一位叫孙太冲的道人住于嵩阳观中。他每天上山挖采草药，然后在观内烧炉炼仙丹，为人治病，出了大名。有一次唐玄宗李隆基得了病，闻知孙太冲有医道，就请他看病。不想孙太师还真的将御医治不好的"御病"给治愈了。唐玄宗为感谢这位孙太冲，就派大臣到嵩阳观为孙大冲立碑，以示纪念。

皇帝御赐的立碑，当然隆重而气派。此碑由6块巨石构成，碑顶结构严谨，用了4块巨石，分为3层，雕造叠筑，碑顶高3.5米。碑的上层为圆雕形式做出二龙戏珠碑脊，中层是云盘，承托龙脊，由二石并列而成，其上浮雕了云朵，图案精美。下方是题额，方形，左右雕有降龙，两侧为麒麟浮雕。

故事就发生在这碑顶上。相传碑成把碑身立起来后，碑顶难以安装上去，因为

插图1-9.1 嵩阳书院大门

嵩阳书院，位于河南省郑州登封市城北的峻极峰下，因坐落于嵩山之阳，故名，是宋代四大书院之一。嵩阳书院原名"嵩阳寺"，创建于北魏太和八年（公元484年），隋大业年间，更名为"嵩阳观"。嵩阳书院中轴线的主要建筑有5进，廊庑俱全，古朴雅致。

它太大太重了。石匠们犯难了，想了许多办法，都不可行。正在此时，来了一位身背石匠箱子的老者。他站在碑前看了看，笑而不言。一个石匠以为他是来看笑话的，就让他走开，莫要碍事。老者说："我是半截入土的人了，什么苦不苦的，等到土堆到脖子上时，**心也就静**了！"老者说罢，一笑而去。

谁知此话却似一**把钥匙**，打开了那个石匠的心锁。说者有意，听者也上了心。于是这位石匠和大家一起在石碑周围堆泥土，泥土堆到一定的高度，顺着土坡把碑顶抬了上去，顺利安装成功。忙过之后，大家想起了那位老者，便细细琢磨那位老者的一言一行，有人认为他是鲁班前来指点，帮助解决难题的。于是，"鲁班立唐碑"的故事就从这里传扬出去，流传千古。

这块大唐碑上记叙的是孙太冲炼丹为唐玄宗治病的故事。碑文是唐代大书法家徐浩所书，字体为八分隶书，**笔法遒劲**，典雅润致，1078 个字，字字有功力，无一懈笔。可这碑文的撰写也是出自大家之手，那就是唐代著名的奸相李林甫。李林甫在朝中口蜜腹剑，陷害忠良，臭名昭著，人人憎恨。所以，清代景日见此碑文，厌悲之极，想铲平它，但见碑文所书的字体实为一绝，不忍下手，终于留下了它。然而人不怨天神怨，上天派来神龙要击毁此碑。可神龙看到这么好的书法也不忍心毁掉，只好看准碑上无字的一面，轰去一半，正面无损。

这个传说衬托出大唐碑之美，人们誉它为"嵩山碑王"。

10. 立雪求学

过了大门，遇到的第一个高大建筑是先圣殿，这里是当年嵩阳书院学生拜谒孔子的厅堂。殿内正中为孔子的站像，两侧为四大贤人的石刻像，左是孟子和曾子，右是颜子和子思。两山墙上有孔子 72 贤人的传略、12 先哲的画像。

先圣殿的后面是讲堂，为宋代"二程"讲学的地方。"二程"指程颢、程颐兄弟，洛阳伊川人，均为北宋时期著名理学家和教育家。他们出身于官宦世家，兄长程颢字伯淳，长期居住洛阳聚徒讲学；弟弟程颐前后从事讲学和著书达 30 余年。二程思想各有侧重，程颢著有《定性书》《识仁篇》等，程颐则有《易传》《颜子所好何学论》传世。其学说受到许多名彦硕儒的推崇。"二程"学说，后来为朱熹继承和发展，世称"程朱学派"。

讲堂面阔三间，是进深七架椽硬山式建筑。厅堂内有宋代和元代风格的讲案与

插图 1-9.2 嵩阳书院大唐碑

唐碑立于嵩阳书院门口，高 9 米，宽 2.04 米，厚 1.05 米，碑制宏大乃嵩山之冠。唐碑系唐玄宗天宝三年（公元 774 年）刻立，李林甫撰文，内容主要是叙述嵩阳观道士孙太冲为唐玄宗李隆基炼丹九转的故事。唐代大书法家徐浩书写。八分隶书，字迹工整，刚柔适度，书法遒雅。碑顶回篆刻额文，碑帽宝珠，图案流畅。碑座雕刻生动。唐碑文图雕工精美，石质细腻，历经 1200 多年风雨侵蚀，碑面仍平滑如新。由于碑文是李林甫所撰，明代监察御史蒋机曾留诗，以议其奸诈。

桌椅,虽然这些都是无奈的复制物,但尚能营造出一种文化氛围引人联想。东边墙壁上有壁画,形象地展示了当年嵩阳书院的学习情景。此画叫《二程讲学图》。讲学堂前是砖砌月台。二程讲学期间,这里发生了一个有名的故事,叫"程门立雪"。

故事的主角是杨时和游酢。杨时,福建将乐县(今福建省将乐县)人,从小聪明伶俐,4岁入村学,7岁能写诗,8岁就会作赋,人称神童。他15岁时攻读经史,宋神宗熙宁九年(公元1076年)登进士榜。他一生立志著书立说,曾在许多地方讲学,备受欢迎。居家时,长期在含云寺和龟山书院潜心攻读,著书教学。

北宋熙宁九年(公元1076年),杨时中徐铎榜进士,次年被授予汀州司户参军,掌户籍、赋税、仓库交纳等事。但他以病为由没有赴任,专心研究理学。宋神宗元丰四年(公元1081年),杨时被授予徐州"司法"。第二年,他慕名前往河南颍昌府(今河南省许昌市),拜师程颢门下,研习理学。

那时,程颢和弟弟程颐正在黄河洛水地区讲授孔孟理学。杨时在学习期间,勤奋好问,成绩优异,与同窗游酢、伊熔、谢良佐并称"程门高弟"。程颢也为自己的"四大弟子"骄傲。师生相处得很好。杨时回家的时候,程颢颇为自豪地说:"我的学说将向南方传播了。"又过了4年,程颢去世了,杨时听说以后,在卧室设了程颢的灵位哭祭,又用书信讣告当年同在程颢门下学习的人。

宋元祐八年(公元1093年)五月,40岁的杨时又一次北上求学,投在程颢的弟弟程颐的门下。那时,杨时对理学已有相当造诣;但是他仍然谦虚谨慎,不骄不躁,勤奋好学。他不仅学习勤勉,而且非常尊敬老师。学习期间的一天,杨时与他的学友游酢因对某问题有不同看法,为了求得一个正确答案,他俩一起去向老师程颐请教。

时值隆冬,天寒地冻,浓云密布。他们行至半途,朔风凛凛,瑞雪霏霏,冷飕飕的寒风肆无忌惮地灌进他们的领口。他们把衣服裹得紧紧的,匆匆赶路,到了嵩阳书院,看到讲堂门窗紧闭,二人悄悄透过门缝往里看,见老师坐于火炉旁,脸庞青瘤,胡须花白,双目微闭,打坐养神。杨时和游酢不敢惊动老师,就恭恭敬敬侍立在门外,等候老师醒来。

这时,远山如玉簇,树林如银装,房屋也披上了洁白的素装。杨时两人站在雪地里冷得发抖,但依然恭敬侍立。过了良久,程颐一觉醒来,从窗口发现雪中站立二人,满身落雪,积雪过膝,似在瑟瑟发抖,随即询问缘由,二人说明求问之意。程颐老先生急忙上去搀扶,深有感触地说:"涵养须用敬,进学在致知;知仁于精勤,有志者事竟成。"程老先生深感二人心诚,便拉起二人进了屋。

插图1-10 二程讲学图

程颢、程颐兄弟在学术上奠定了嵩阳书院居古代"四大书院"之首的地位,他们的学派被称为"洛学",使得嵩洛地区成了理学名区。"二程"是嵩阳书院的灵魂,程颢讲学,学生有如坐春风之感,而程颐讲学,则严肃规整。进入书院里讲学的大师,打破门户之见,求真求实。老师与弟子朝夕相处,浸润影响,砥砺节行,风范卓荦,为一世风标。

后来，杨时学得程门立雪的真谛，德行和威望一日比一日高，四方的学者不远千里而来与之交游，东南学者推杨时为"程学正宗"，世称"龟山先生"。据传，湖南的岳麓书院、江西的白鹿洞书院就是杨时弟子创建的。

除二程在此讲学外，来书院讲学的还有一代名儒范仲淹、司马光、吕梅、李纲、范纯仁等，书院名声大振，生徒有数百人。从书院走出的学生大都政绩显赫。书院遂成为洛派理学传播中心。至清代，耿介、汤斌、李来章、窦克勤、王泽益等名儒贤士，曾在此主持讲学，名播四方，求学者接踵而至。

11. 武帝封柏

嵩阳书院内原有三棵古柏，最小的一棵称为"大将军"，最大的两棵却称为"二将军"和"三将军"。如今只有"大将军"柏和"二将军"柏，相传"三将军"柏早已气死了。"大将军"柏与"二将军"柏在讲堂的两侧，南北相望。古柏讲述着一个两千多年的古老故事"汉封将军柏"。

西汉武帝元封元年（公元前110年），汉武帝刘彻登游嵩山，加封中岳后，又到这"嵩阳道观"（今登封市嵩阳书院）游览。他一进门，看见一棵柏树身材高大，枝叶茂密，不禁连声赞叹，那些随驾大员和护驾侍从也跟着迎合称奇、赞不绝口，一时帝呼臣应议论纷纷。汉武帝兴奋地说道："朕游遍天下，从未见过这么大的柏树！"他站在柏树前仰望再三，感叹之余，信口而言："真乃大将军也。"金口玉言，大家都齐声随和，称那棵柏树为"大将军柏"，从此，这棵柏树名正言顺地被叫"大将军"了。

汉武帝封罢"大将军"后，在群臣的簇拥下，乘兴往后院走去，登上月台，穿过二堂来到中院，迎面又见一棵古柏，这一棵比上一棵"大将军"要大得多。汉武帝心中颇有点懊悔。但金口已开，没法更改。最后，他还是拿定了主意，指着这棵大柏树说："朕封你为二将军。"群臣觉得加封得不合理，想向皇上建议，但又不敢直言，有个随驾御史官，自以为聪明，提醒汉武帝说："皇上，这棵柏树比前院那棵柏树大得多呀！"汉武帝固执己见，大声斥责道："什么大呀！小呀！先入者为主。"群臣吓得连忙叩头称是，再无人吭声了。

汉武帝由群臣簇拥着继续往前走，又见到一棵更大的柏树，这一棵比前两棵更大。他犹豫了一下，心想："怎么一棵比一棵大，可我已赐封在先，又不能改口，还是按先来后到次序加封吧。"于是，对着柏树说："再大你也是三将军了。"群臣们面面相觑。汉武帝封罢三棵古柏树，起驾到东海岸祭泰山去了。至于封得是不是合适，

插图1-11.1 乾隆御笔画《嵩阳汉柏图》

乾隆十五年（公元1750年），乾隆巡幸河南，赴中岳嵩山，游嵩阳书院，观汉柏，画"二将军柏"。乾隆御笔生动地描绘了老态龙钟的汉柏，突出了勃勃向上的精神面貌，形神兼备，笔触震颤。画的上方小行书题诗《汉柏行》。

26

反正金口已定，其他由后人评说了。汉武帝御封古柏的事传扬出去，越传越广，越传越久远，越传故事越多，渐渐又演绎出神话来。民间传说，三棵柏树虽然都被御封，但因封得不合理，心情各不一样，各自都有想法。"大将军"虽身材最小，但封号最大，便得意忘形，笑弯了腰，成了一棵弯树。"二将军"认为自己比"大将军"高大，反而位居第二，气愤难平，但却不敢直说，一肚子气闷在心里，时间久了，肚皮气炸了，树干开裂，成了空心柏，可容人居。火气更大的是"三将军"，认为御封太不合理，自己是老大，得到的封号反而最小，屈居那两棵柏树之下，委实憋屈，气得枝枯叶萎，一命呜呼。

后人游至此，看到三棵柏树的样子，有好事者留下讽刺诗一首：

> 大封小来小封大，先入为主成笑话。
> 三将军恼怒被气死，二将军不服肚气炸，
> 大将军高兴笑弯腰，金口玉言谁评价。

传说归传说，三棵古柏中"三将军"实是在明末战火中死去，如今尚存两棵柏，从受封至今已有2500多年的历史。而据植物学家研究，这两棵柏树已有4500年左右的历史。"二将军"高18.2米，冠被17.8米，树身要10个人才能合抱，被誉为"华夏第一柏"。虽然树干皮色已成枯树般的灰褐，可纹理清晰，尽现青春岁月的挺拔风采。那些虬曲如游龙的枝丫，如团团苍绿的云；团团绿云中掩**藏着历史的诡秘**风月，诉说**着被御封的古老**故事。"大将军"高约10米，围粗5米，呈倾斜状。

在讲堂之东，有一棵槐树，高19.5米，腰围4米，据说为"二程"所植。讲堂后的泮池，是由两个相连的圆池组成。两池用方块毛面青石砌成。泮池中原有古桥一座，早已被毁，今为复制，系卷拱式花岗岩石桥。前后有踏道5级，两边有栏板望柱，望柱呈方形，柱顶饰变形宝瓶和莲叶。东西两侧拱卷外石上刻"泮池"二字，行书体。

关于泮池的由来之说已久。据说孔子家居泮水之滨，少年时常在泮水畔读书。后人为仿效儒学先师孔子勤奋好学的精神，就在学宫或书院修泮池，以警示学生好学上进。嵩阳书院的泮池即为此而设。据说，当年书院的学生凡考中秀才的，都要绕泮池一周，而后去先圣祠拜谒孔子。这是一种仪式，表示要继承孔子的博学，永远效法孔子之德，安邦治国。还有一种说法是，考生考前要绕泮池走一周，这是一种祈祷求愿的仪式，寓意绕泮池一周能得好运，投考可中。

过了泮池就是道统祠。此祠为康熙二十八年（公元1689年）河南巡抚大中丞阁

插图1-11.2 嵩阳书院柏树

据说嵩阳书院原有三棵"将军柏"，分别被称为"大将军""二将军""三将军"。如今只有两棵"将军柏"，没有"三将军"，而且"二将军"又比"大将军"大得多，"汉武帝错封三柏"成为千古趣谈。此棵逾千年之柏，貌古形诡，苍皮斑驳，树干粗壮，虬枝盘结，大枝斜出，如鲲鹏展翅，一派生机。

兴邦捐奉银创建，乾隆四年（公元1739年）重建。"道统"是儒家的传道系统之意。古代儒家倡导有道统就有治统，因为"治统得道统而盛，道统赖治统而光"。可见，道统的设立在封建社会有着非常重要的地位。今道统祠内有三位圣人半身石膏塑像，中间是五帝之一的帝尧，后边墙壁是《帝尧巡狩嵩山》巨幅画；帝尧左侧是周公，后面的壁画是《周公阳城侧影》；帝尧右侧是大禹，后面为《大禹嵩山治水》图。这三位圣人在嵩山活动较多，留下的遗物和传说随处可见可闻。三幅壁画是三位贤人功业的再现。道统祠内敬奉三位圣人，是众望所归。

道统祠的后面是藏书楼，是书院最后一座建筑，这里是古代贮藏"典章"之处，为康熙二十三年（公元1684年）河南巡抚王自藻所建。清代诗人焦钦宠曾作《藏书楼》一诗，意境颇佳：

> 书楼藏书书有楼，楼环山色望中收。
> 不才幸坐春风里，立雪程门许我游。

在书院中轴线建筑的东西两侧，分别建有博约斋、三益斋、敬义斋、四勿斋，这些书斋是当时学生的教室。书院西侧有书院考课生徒的考场。

12. 中岳庙

中岳庙是道教著名宫观，位于河南省登封市嵩山东麓。中岳庙始建于秦，原名"太室祠"，为祭太室山神而建。汉武帝曾于元封元年（公元前110年）来此祭祀，行至山峰前，忽听山呼"万岁"之声。他非常高兴，下令扩建太室祠。从此太室祠名扬天下，中岳庙开始走上辉煌。北魏时此祠改名为"中岳庙"，不仅祭太室山神，还要祭中岳山神。唐代时，中岳神被封为"天中王"，宋代冠之"中天崇圣帝"，中岳山的山神也步步高升了。所以历代帝王为了保住自己的圣名，稳固江山，在大事告于天的祈祷活动中，总要告于中岳神。宋代时，宋太祖赵匡胤、宋真宗赵恒都对中岳庙进行了大规模的整修，并按汴京皇宫形式修建。中岳庙至此规模宏大，鼎盛一时，有"飞甍映日，杰阁联云"之誉。可惜明代时中岳庙遭灭顶之火灾，成为灰烬。好在热衷于汉文化的乾隆皇帝又仿照北京故宫的形式，全面修复中岳庙。现在的中岳庙建制就是清代乾隆年间的风格，人们称中岳庙为"小故宫"。

山门前300米处有一道门叫"太室阙"，为中岳庙象征性大门。它与嵩山的少室阙、启母阙合称"汉三阙"。阙，是汉代建在城门、宫殿、庙宇前的对称建筑物，两阙之间的空缺，作为道路，是大门的象征。它还有一个重要作用，就是站在城阙上可远望、察看敌情，因此也把"阙"叫"观"。太室阙是汉代太室山庙前的神道阙，建于东汉时期，阙身四面雕有人物、动物、建筑物等50余幅画，形态生动，线条流畅。

中华门后是"遥参亭"。遥参亭呈八角攒尖苏琉璃瓦重檐，造型秀丽，形象优美，工艺精巧。顾名思义，是虔诚的香客遥遥参拜之处。亭基为1.85米高的方形墩台，四周砖砌十字孔花围墙，南北各有12级台阶。坊木和雀替上有透花人物和数幅戏曲故事雕刻。

遥参亭后面就是"天中阁"。天中阁为中岳庙原大门，原名"黄中楼"。今阁额楷书三字"中岳庙"，字体丰润厚重，与整座建筑相得益彰。阁房建在高7米、宽298平方米的砖砌墩台上。其面阔五间，为重檐歇山式绿琉璃瓦房，精致秀丽，四周有回廊，形制与天安门相似。登临阁上，居高凌空，尽览中岳庙胜景。台下有三座高大宽阔的圆券门洞，双合门扇，厚重硕大，上装每颗重达1.5千克的虎头大铁钉126个。两边有石狮，东面的雄狮足踩绣球，口含圆球。屏墙上有二龙戏珠浮雕和凤凰戏麒麟图案。

过了天中阁，就是"配天作镇坊"。中岳神是土神，所以土配天，天地俱在，可威灵镇佑，称之为"配天作镇"；中岳山神能通晓万物，洞察一切，法力无边，被称之为"宇宙具瞻"。"坊"，为过去标榜功德的建筑物。配天作镇坊原名"宇宙坊"，清初重修。斗拱雀替，雕饰华丽，正楼额书的"配天作镇"，字体丰实。宋太宗赵光义于太平兴国八年（公元983年），奉中岳山神为"中天崇圣大帝"，后在庙内建"崇圣门"纪念，位于配天作镇坊的后面。

插图 1-12.1 中岳庙天中阁

中岳庙，位于河南登封市嵩山东麓的黄盖峰下，群山环抱，峰峦耸峙，布局谨严，规模宏伟。翠柏掩阳，红墙黄瓦，金碧辉煌。为五岳中现存规模最大、保存较完整的古建筑群，是华夏文明圣地。

崇圣门后是"化三门"。清代所立《重修中岳庙碑记》中解释了化三门碑文是这样叙述的："化三门者，取三才变化之义也。"道教认为，人体内有"三尸神"残害人身，"上尸青姑伐人眼，中尸白姑伐人脏，下尸血姑伐人胃命"。三尸神不仅如此残害人体，还能记录人的言行过失，在庚申日时，趁人熟睡，上告神灵，以陷害人体。原来人的暗中背后，有"三尸神"在暗算，可恶至极，令人生畏。要去除这三尸神，必来中岳庙；到中岳庙，必过化三门；经过化三门，就能将人体内的三尸恶神化解，得到康乐并无忧无痛了。化三门被人们誉为"消灾门""吉祥门"。

中岳庙崇圣门后东侧，有一座古神库，全木结构建筑。北宋英宗治平元年（公元1064年）六月二十八日，忠武军（今河南省许昌市）的几位铁匠开始铸铁人，共用两年时间铸成。每个铁人重约1500千克，高2.5～2.65米不等，全身13节范合而成。每个铁人由60～70块铁块组合，层层排列，技艺十分复杂。4尊铁人武士风度，握拳振臂，怒目挺胸，神威十足，俗称"镇库铁人"，也有人称"守库将军"。据说北宋平治元年（公元1064年）整修中岳庙时，为防火除邪保护神库而铸立的。

相传，北宋英宗年间，敕命修葺年久失修的中岳庙。在大规模的整修过程中，拆除下来的神像如何放置不好决定。这时从陕西来了一位风水道人，他了解了情况后建议把神像埋入地下保存。中岳庙道长觉得合理，便挖一地宫，将旧神像封存起来，在地面上加盖一建筑物，名曰"神库"。修复工程将要竣工时，大家都很高兴，但道长又犯愁了，如果寺院内发生火灾神库难躲不测，皇上怪罪下来，承受不起。道长为此事寝食不安，有人建议还应当请陕西那位道人想办法。

道长立即差人快马加鞭日夜兼程赶往陕西，不几日，陕西道人请到。道长向道人详说顾虑后，道人听后沉思未语，接下来的几天道人详细察看了庙内庙外、东西南北。然后对道长说："庙内发生火灾原因不在庙内，而在庙后西边那座小山头上，只要能镇住它就可免灾。"可用什么来镇呢？道人说，道教信奉祭祀的"水星"，可用铁人去镇，铁人可代表水星，故铁人一立，便可消灾避难。

于是，大家就在神库四角分别铸立一尊铁人。东北角铁人面向西南镇守"神库"，其余3个铁人统统面向西北，牢牢盯住庙后西边的山。从此以后，中岳庙再没发生过火灾，围绕着铁人也有了许多传说。

这4尊铁人是我国现存铸铁艺术品中形体最大、保存最好、造型最佳的艺术珍品，奉为中岳嵩山"镇山之宝"。许多善男信女不远千里前来**烧香还愿**，祈求**幸福平安**。更有**每逢三月**、十月庙会携子来此认**干亲者成**群结队，**彩云幛幔**、吉祥**红绳挂**满铁人全身和周围古柏枝杈，形成一道亮丽、吉祥、和睦的人文景观。

关于中岳庙中的铁人民间有这样一个传说。传说这里原有8个铁人。**北宋末年**，金兵南侵，震怒了8位铁人。他们个个怒目圆睁，**摩拳擦掌**，义愤填膺，大有奋勇杀敌之势。8铁人一商量，在一个夜晚，乔装打扮，悄悄来到黄河岸边想去前线抗金报国。可是，河边只有老艄公的一只小船，只可乘4个铁人。无奈只好先渡4个铁人过河，另4个铁人在岸上等候。未等到小船摆渡返回，天已大亮，中岳庙的住持派人找来，就把未来得及过河的4个铁人拉了回去。船上那4个铁人也未能过河。原来，这4个铁人上船后，艄公摆渡到河中心，感觉越来越重，信口而言道："你们4个人重得像铁人。"说者无意，听者有心。天机岂可泄露？天机一破，船与铁人沉入黄河之中。所以，现今中岳庙内只有4个铁人，还一副怒目而视之状，大有壮志未酬的遗恨。

据说，身上疼痛的人只要到中岳庙里摸摸铁人身上与自己相同的部位就会病除。宋代登封县（今河南省登封市）令又兼任中岳庙令，为使中岳庙免遭火灾，按道教奉祀"水星"习俗，把"水星"变成铁人形象铸立庙中。所以历代道人称四大铁人为"四大水星"。

13. 庙中珍品

化三门后是"峻极门"，处于中岳庙的中心位置。峻极门东侧有一尊石碑，上刻五岳真形图和五岳演义性的传说，叫"五岳真形之图碑"，为明万历二年（公元1574年）刻立，其实刻的是五岳坐落的方位。它是我国历史上最早按等高线作图法

插图 1-12.2 镇库铁人

耸立在崇圣门东侧的4尊铁人显得特别引人注目。铁人分别坐落在神库四周，为镇库铁人，是宋代平治元年（公元1064年）忠武军匠人董詹所铸造。铁人身高均为3.5米，握拳耸臂、怒目挺胸，形象高大、威武，是目前我国现存形体最大、保存最为完好的四大铁人。据中岳庙佛教道士讲，围绕这四位铁人，当地流传着许多传说。

绘制的五岳山势形状图，科技含量很高。此碑与峻极门前甬道两侧四座"四岳殿台"相呼应。台上原有乾隆年间重修的角楼，供奉风、雷、雨、云4位神仙，象征风调雨顺。后被拆除，仅存殿台。四岳殿台依次是东岳泰山殿台、南岳衡山殿台、西岳华山殿台和北岳恒山殿台，加上中岳殿本身，寓意着"五岳俱在""五行俱全"的宗教观念。古人把中岳庙称之"土神之宫"。金、木、水、火、土五行中，"土"为尊，故中岳庙为五岳之首。历代帝王每年总要祭祀五岳之神，以求江山稳固、国泰民安。但东、南、西、北、中的帝王要跑到5座山去祭祀，即为帝王之尊，也难以如愿，而只要到中岳庙里祭祀五岳之神，那就方便多了，只要在庙内设祭，一次就可将五岳全祭了。

现在的峻极门为清代**乾隆**年间**遗物**，为清代典型的**宫**廷式建筑，看上去很有气势。**峻极门后为峻极坊**，高**大巍峨**，四柱三楼形式建制，黄瓦盖顶，额上题"崇高峻极"4字。坊名源于《诗经》中"嵩高维岳，峻极于天"的诗句。相传题字为康熙帝御书。

峻极坊又称"迎神门"，是迎"中岳神"。中岳神供奉于"中岳大殿"，中岳大殿是整个中岳庙宇的核心建筑，为历代中岳庙道徒活动的中心，按北京故宫太和殿形制而建。殿高20余米，920平方米，是河南省现存最大的单体木结构建筑。殿内天花板上用柏树根雕成盘龙藻井，蛟龙卷须昂首、盘旋升飞，一派神威，形象生动，人们称之为"老龙盘窝"，是根雕艺术的佳品。

相传修建中岳庙时，来了**一位老木**匠。他表示要为建神庙出一把力。但工头看他**衣衫褴褛**，便顺手扔过去一柏树根让他**雕琢**。**此**后，大家再没**见到这老者**，更无人提起。中岳**大殿完工**之日，人们才**发现天花板**上少了一块相应的装饰，左找右寻没有见到合适的东西。工头怒火中烧奋力一脚，正巧踢到一个树根，低头一看，大吃一惊，那树根上露出一块藻井，精致漂亮。他断定必是那个破衣烂衫的老头所为，感到此人不凡。他急忙拾起树根，将它装到天花板上，不大不小，严丝合缝。他想感激那位老者，老者却早已不知去向。大家传说，这定是木匠敬奉的神灵鲁班显圣，到此妙力相助。中岳大殿外檐下的匾额有13块，其中最珍贵的一块是"威灵镇佑"一匾，是清代文宗咸丰皇帝的御书。大殿正中有一神龛，占有10间房屋的面积，内供岳神"天中王"坐像，高5米，身穿金袍，冕旒正笏。坐像两侧和龛外两侧均有形象生动的众神雕像。

中岳大殿月台前中轴甬道两侧有两座御碑亭，八角、重檐、黄瓦，玲珑秀丽，典型的清代式建筑，东为"御香亭"，内立乾隆十五年乾隆帝自制诗碑；西为"御帛亭"，内立乾隆四十八年乾隆帝自制诗碑。中岳庙内石刻碑碣80多品，风格多样，

SERIES ON THE HISTORY AND CULTURE OF CENTRAL PLAINS

中原历史文化系列丛书

插图 1-13 《五岳真形之图》

现存于中岳庙内的《五岳真形之图》原碑刻于明代，主要内容以五个道教符号代表五岳，五岳图下均有文字说明，图上资料源于明万历二年（公元1574年）登封县（今河南省登封市）孙秉阳刻的《五岳真形图》。原碑高126厘米，宽74厘米，圆首。碑阳刻《张宣慰登泰山记》，碑阴刻《五岳真形之图》。图内中岳嵩山居中，其他按方位排列依次是：左上北岳恒山，左下西岳华山，右上东岳泰山，右下南岳衡山。明代万历年间河南监察下令重刻此碑。重刻《五岳真形之图》时对部分文字作了改写，与万历二年图碑内容基本相同。图上有署名为"赐进士第巡按河南监察御史皖人方大美"的跋文，未注年代。但根据方大美为明万历十四年（公元1586年）进士的身份，故推此图碑刻当在万历年间。

史料丰富。立于东岳殿台和南岳殿台之间的中岳嵩山高灵庙碑，就是其中的珍品。

中岳大殿后为寝殿，是天中王和天灵妃的寝宫，规模仅次于中岳大殿。殿中有天中王及天灵妃塑像；天中王熟睡状，天灵妃在榻旁陪坐，人称"睡爷爷""坐奶奶"。寝宫后为御书楼，为历代贮存道教经典符箓处。御书楼后是黄盖峰，可拾级上行，约1公里峰顶有座八角亭。黄盖峰原名"神盖山"，汉武帝刘彻游览嵩山时，曾经登上此峰观光，因为皇帝身穿大红袍，黄罗伞一撑开，如黄云盖顶，就把此山改名为"黄盖峰"了。

中岳庙每年的农历三月初十、十月初都有传统的庙会，会期长达10天。届时人潮如流，民俗活动丰富多彩，香烟缭绕。特别是在庙会期间，四周百姓举行的求子习俗，很有趣味。凡婚后不孕的妇女，到庙会上从道人手中"求"一泥娃娃，用红头绳拴牢带回家，即可期待怀孕，俗称"拴娃娃"。

柏树历来是中国庙宇中的珍品，中岳庙的整个院落内共有自汉唐以来的柏树29棵，苍翠蓊郁，壁瓦辉映。古柏老干嶙枝，千姿百态。它们或攀曲缠绕，或龙飞凤舞，或铁骨嶙峋，或屈蟠俯伏。徜徉其间，颇有"路从古柏荫中转，殿向云峰缺处开"的意境，妙不可言。

中岳庙的雄伟建筑是我国古代劳动人民建筑艺术的光辉成就和智慧结晶，永远屹立于中原大地，屹立于中国人民的心中。

14. 测影建都

世界上最古老的天文台在中国的河南省郑州市登封告城镇。告城镇在郑州市登封东南12公里处，是我国著名的阳城故地。阳城是中国第一个王朝夏朝的都城。在阳城的东北角有一古庙，叫周公庙。

周公，姓姬名旦，为周文王的第四子，是周武王的胞弟。周公是周朝时的爵位，其职责是辅佐周王治理天下。姬旦是中国历史上的第一代周公，他的封地在周（今陕西省宝鸡市岐山北）。周公旦是西周初年著名的政治家、军事家和教育家。他十分重视人才，思贤若渴，礼贤下士，历史留下他"一沐三握发""一饭三吐哺"之敬重贤才的美谈佳话。

灭掉商朝之后，周武王姬发由于日夜操劳，身染重病，在临终前向姬旦表明，愿意把王位传给姬旦周公，他认为这位弟弟德才兼备，因此，这事不需要占卜，即可当面决定。周公心中伤感，不肯接受。周武王死后，太子姬诵继承了王位，是谓周成王。十几岁的周成王哪能应对得了不断的内忧外患、尚未稳固的复杂形势，这时迫切需要一位既有才干又有威望的人来及时处理国事、控制局面，周公毅然挑起了代替成王理政受国的重担。他上任后成功地平息了东夷部落的叛乱，巩固了周成王的政权。

周武王在世时，曾同周公商谈过迁都之事，为了更好地控制辽阔疆域的东方，就要在洛水和伊水之间的平原地带建立新都。周公平息了东夷部落叛乱之后，建新

32

都之事提到了议事日程。周公开始了这个决定周朝命运的行动，建新都的主要劳力是"殷顽民"，所谓顽民即指那些殷商遗民中的上层分子。这样，让那些梦想复商的"顽民"们脱离了原来住地，失去了社会影响力；并且将其集中起来，也便于看管。为了看管"殷顽民"，周公曾经派了八师兵力驻守防范。

新都选址在洛邑（今河南省洛阳）。它位于伊水和洛水流经的伊洛盆地中心，地势平坦，土壤肥沃，南望龙门山，北倚邙山，群山环抱，地势险要。伊、洛、湛、涧四条河汇流其间。东有虎牢关，西有函谷关，据东西交通的咽喉要道。顺大河而下，可达殷人故地。顺洛水，可达齐、鲁。南有汝、颖二水，可达徐夷、淮夷。伊、洛盆地确实是定都的好地方。几千年前的周公旦就充分认识到"得中原者得天下"的重要性，并着力实施。为了营建洛邑，他首先制造舆论，利用周代十分盛行的"占星术"，使找出的都城必为"风水吉地"。

周公辅王的第五年（公元前1020年），营建新都洛邑正式开工了。三月初五，召公先来到洛邑，经过占卜，把城址确定在涧水和洛水的交汇处。接着规划城郭、宗庙、朝、市的具体位置，五月十一日规划工作完成。第二天，周公来到洛邑，全面视察了新邑规划，重新占卜。他在勘测中，建立了"测景台"，古代"景"与"影"相通，所以，后人又称为"测影台"。那时，人们认为阳城（今河南省郑州市东南）为天地之中心，同时也是周朝的国之中心，所以周公在阳城"垒土圭，正地中"，测日影，定四时，为营建东都得出了天文依据，迁都也就名正言顺、顺理成章了。经过一年左右的时间，新都建成了。新都城方圆1720丈，外城方圆70里。城内宫殿富丽堂皇，新都命名"新邑"，或叫"新洛邑"。新都为周王所居，又叫"王城"。新都城的东郊，湛水以东，殷民集中居住那里，命名"成周"，意思是"成就周道"。原来的都城镐京，称作"宗周"。

明代河南巡抚张用为纪念周公建测景台，在阳城建造了一座周公庙。庙门三开间硬山式，门前有一照壁，上嵌"千古中传"石额一方，形象地赞颂了测影台和观星台的功用和伟大。大门后是垂花门，过垂花门便可见周公测景台。

周公测景台为周公测影定地之中心处。测影是周公制定古老节气的方法。测日影是靠一柱来测定，称为"圭"，原为土圭。唐玄宗开元十一年，著名天文学家南宫说为纪念周公测影，换土圭为石圭。测景台由上下两部分组成，下部呈梯形状的就是"圭"，今看到的是石圭，高1.95米；上部呈正方形，平面上立一石柱，称"表"，高1.965米。表上刻"周公测景台"五个字。"表"用来"测土深，正日影，求地中，验四时"。也就是说，立圭测出日影，以求得地中，验证四季变化。当时，周公在

SERIES ON THE HISTORY
AND CULTURE OF
CENTRAL PLAINS

中原历史文化系列丛书

插图1-14周公测景台

测景台，是我国古代测量日影，验证四时和计年的仪器。西周迁都洛邑前，周公为此选址，在阳城（今河南省登封市告城镇）建台立圭和表以观测日影，确认阳城是"天下之中"。"圭表"，成为古代测日影的仪器。"圭"就是地面上的土堆，"表"是直立于圭上的一根杆子，用圭和表测影，叫"立杆测影"。用立杆测影研究历法，是天文学发展的一次飞跃。周代，"圭表"的使用规范了，表长定为八尺。《周礼》中载有"日至之景，尺有五寸"的记载，意即在天地之中的夏至那天中午，八尺表的影长刚好一尺五寸。

这里实地观测，把日影最长的一天定为冬至，日影最短的一天定为夏至，把日影从长到短和从短到长的中间点，分别定为春分和秋分，于是，四时之分就形成了。深测土，就是测距离。周公通过观测，认定从周朝的发源地西岐（陕西）到中原的距离，其中心就在古阳城（今河南省郑州市登封告城）。于是，出现了"中州""中原""中岳""天中"等称谓，并有了最早的地理纬度概念。

在石圭的北面有一副对联，为唐中宗时太史丞、天文学家南宫说所拟："道通天地有外形，石蕴阴阳无影中"，对联生动地概括了测景台的功能。

15. 观星台

周公测景台尽管有很大作用，但毕竟简陋，测影也会出现误差。到了元代，有人就在周公测景台的基础上创建了新的观测仪器，此人叫郭守敬。

郭守敬，元代著名天文学家和水利专家，为13世纪世界上杰出的科学家。郭守敬自幼就对自然现象很感兴趣，尤其对天文学十分爱好，求学时曾创造过天文仪器的模型。20岁时他承担了修石桥的任务，受到人们的称赞。他还特别关心农业生产。经推荐，郭守敬受元世祖忽必烈的召见，力陈发展水利交通的重要性，此建议受到表彰。后来在修渠灌田、兴修交通中做出了突出贡献。

13世纪末，元朝忽必烈统一了全国，结束了长期分裂的局面。为了巩固统治，顺应人民发展生产的要求，忽必烈对农牧业的发展十分重视，决定改革历法，以适应农业发展的需要。任务交给了王恂和郭守敬。

郭守敬研究了西汉以来的历法，发现过去遗留下来的天文仪器破旧、落后，已不实用。他在原仪器的基础上大胆改制，重新设计，经过3年的努力苦钻，改制和新创了天文仪器十余种。其中简仪、赤道经纬、日晷三种仪器合一的新型天文仪器诞生了，它用以观察日、月、星的变化。元代至元十六年（公元1279年），郭守敬组织天文观测人员分几路从京城大都（今北京市）出发，经河南直抵海南，行程数万里，进行了大规模的天文观测活动。在全国27个地方建立了天文台和观测站，进行天文研究，登封观星台是中心观测站。

为了更准确地观测天象，元代至元十三年（公元1276年），郭守敬创建了"观

插图1-15.1《男十忙》图和《女十忙》图（清末木版画）

郭守敬和其他的天文学家经过艰苦奋斗、精确计算，用了17年完成颁行了《授时历》，确定了一回归年的长度为365.2425日，一朔望月的长度为29.530593日，摒弃了沿用几百年的上元积年法，它的精确度只比地球绕太阳公转一周的时间差了26秒。这部著作的"授民以时"命意，和人们的生产、生活和大自然的季节变化息息相关，促进了生产力的发展和生活水平的提高。木版年画《男十忙》《女十忙》，生动形象地反映了《授时历》包含的丰富的天文知识对生产的巨大用。杨家埠（山东潍坊）木版年画具有丰富的想象力和浪漫主义，记录下了中国民居和民间社会生活的情况，对中国古代文化研究有一定的参考价值。

星台"。它是中国现存最古老的天文台，是世界上现存较早的天文科学建筑物，距今已有700多年的历史。观星台位于河南省登封市东南7.5公里的告城镇，北依嵩山，南望箕山，处颍河之滨，地望十分优越，曾是古代阳城所在地。它在周公庙里周公测景台后20米处，是一座高大的青砖石结构建筑，由台身和量天尺两部分组成。台身形状是覆斗状，其作用是"昼参日影，夜观极星，以正朝夕"。平面呈正方形，上小下大，高9.46米，整体通高16.7米。台顶每边长8米，北部有2间小房。台顶在明代增建，有小室。北壁中间为一上下直通的凹形直槽，叫"高表"。高表顶端装置一**横梁**，以测日影。从石槽下方自南向北用36块青石**连接成**一长台，叫"石圭"，又叫量天尺，其长31.196米，宽0.53米，方位与今天测子午的方向是相符的。石圭上面刻有双股水道，南端有注水池，北端有泄水池，上有刻度，以测水平。整个建筑巍峨宏伟，严谨厚实。观星台不仅保存了中国古代圭表测影的实物，也是自周公土圭测影以来测影技术发展的高峰。它反映了我国天文科学发展的卓越成就，是我国天文科学发展史上的宝贵遗产，对研究我国天文史和建筑史都有很高的价值。

在观星台的东北角，有一台叫"正方案"的天文仪器。中间为一铜座，上有铜杆，用来测量方向，确定正南和正北。其原理是"立竿见影"。此种仪器也是郭守敬创造的。

观星台的西北角有一台仪器，叫仰仪，实为球面日晷，用来观察二十四节气的变化，观测日食、月食的变化。仰仪也是郭守敬所创造的。

观景台所在的阳城遗址，如今地面上只能看到一段阳城古城墙遗址。阳城，后来改名"告城"。阳城为何改名告城呢？武则天于万岁通天元年（公元696年）曾到嵩山峻极峰建造祭坛，加封天中王为"神岳天中皇帝"，封天灵妃为"天中皇后"。为了纪念她"登嵩山，封中岳"的盛大典礼，就把当时的嵩阳县改为"登封"（意为登嵩山而封），把阳城改名"告城"（意为登山加封大功告成）。告城附近有条石淙河，风光旖旎，景色宜人。武则天在此建一座三阳宫，多次到此避暑。后来这里便成了嵩山的一大风景，叫"石淙冷饮"，成为嵩山八大胜景之一。

告城本来因夏禹建都于此知名度就很高，再有武则天改名造宫，锦上添花，更是声名远播了。特别是这里在考古挖掘中发现了东周遗址，出土了印有"阳城仓器"戳记陶器、印有"阳城"戳记的陶量以及战国时期的一些遗物，告城镇的"古阳城遗址"的价值就无法估量了。而在它旁边的观星台，更丰富了"阳城遗址"的文化内涵。

插图1-15.2 观星台

元世祖忽必烈统一中国后，命郭守敬、王恂等人进行历法改革，在全国建立27个天文台和观测站。登封观星台即其中之一。它位于告成镇周公庙内，距周公测景台20米。观星台建于元至元年间（公元1271—1294年），是我国现存时代最早、保护较好的天文台，在世界上也属最早的天文建筑之一。它反映了我国古代科学家在天文学上的卓越成就，在世界天文史、建筑史上都有很高价值。

SERIES ON THE HISTORY
AND CULTURE OF
CENTRAL PLAINS

中原历史文化系列丛书

第二章　洛阳九朝看兴废

古都

第二章

洛阳九朝看兴废

一 兴废古城

二 伊阙形胜

三 石窟首创

四 宾阳浮雕

五 明星洞窟

六 女皇赛诗

七 情落香山

八 焚经比赛

九 白马古寺

十 关林圣地

十一 武财神

十二 北邙古墓

十三 壁画故事

十四 「枕河蹬山」

十五 刘秀陵园

二

洛阳九朝看兴废

1. 兴废古城

周武王灭商以后，建周王朝，都镐京，史称西周。为巩固周朝对东方的统治，周武王曾计划在中原伊、洛二水一带夏人故居地建新都，但未及实现就病逝了。西周传至第十三位帝王周平王时，都城镐京（今陕西省西安市长安区西北）已残破不堪，加上西部犬戎部落的威胁，镐京受到严重威胁。迁都提到议事日程上。周平王元年（公元前 770 年），在郑、秦、晋等诸侯的护卫下迁都洛邑，建立了周王朝，史称东周。洛阳因周公姬旦辅成王而兴盛，故又名"成周"。自此，洛阳以王都之城载入史册。

考古发掘东周的建筑遗迹，多为宫殿遗址，出土的建筑构件，最多的是建房用的瓦、青铜斗拱、青铜饰件和青铜屋模型等。由此可以想象，东周时的洛阳宫殿建筑是十分宏伟壮观的。京都洛邑作为东周的政治、经济、文化中心，不仅城市建设已具相当规模，而且农业、手工业、商业以及思想文化都有很大的发展，成为"商遍天下，富冠海内"的名都。在春秋战国争霸中，至周赧王五十九年（公元前 256 年），秦灭周而统一天下，东周在都城洛阳共传 25 王，前后经历了 515 年。

洛阳第二次作都城是在东汉。"洛阳"之名始见于《战国策》："苏秦过洛阳。"秦统一全国分三十六郡，地处河、洛、伊三川之地的洛阳，划归三川郡，为全国各郡之首。公元前 206 年，项羽封申阳为河南王，王郡置于洛阳。第二年，汉王刘邦攻下洛阳，建立汉王朝后，又在洛阳建都，只 3 个月就迁到长安，但长安新皇宫未建好，他常在洛阳处理国事。按五行之说，汉为"火德"忌水，遂将洛阳改为"雒阳"。新莽地皇三年（公元 23 年），更始帝刘玄从河南南阳迁都于洛阳，5 个月后迁都长

SERIES ON THE HISTORY AND CULTURE OF

中原历史文化系列丛书

插图 2-1.1 洛阳老城丽景门

自代表王权的九鼎置于洛阳后，洛阳称"天中"，"中国"之名由此诞生。自夏始有 13 朝 104 位帝王在此执政，洛阳老城的建城史可追溯至公元前 1042 年的西周。洛阳老城丽景门内是隋唐时朝廷诸省、府、卫、堂、馆、局、台、寺等国家机关的办公场所，另有内坊，左、右春坊等供官员居住。丽景门内右侧为大社，是百官及万民祭祀土神和谷神的地方。1945 年，日军在丽景门缴枪投降。解放洛阳时，丽景门久攻不下，守城国民党军队被围自动投降。丽景门城楼屡经毁败、屡经修复。司马光诗曰："若问古今兴废事，请君只看洛阳城。"据《河洛民风》记载，丽景门长期以来是百官及万民祭祀神的地方，祈求风调雨顺，国泰民安，富贵吉祥。

安。汉刘玄更始三年（公元25年），汉光武帝刘秀中兴汉室称帝，定都雒阳，史称"东汉"。洛阳又一次迎来了发展的机遇。在周、秦的建城基础上，东汉营建都城。据史书记载，当时洛阳城"东西六里十一步，南北九里一百步"，故称"九六"城。城内有南宫和北宫。城内最高建筑朱雀阙巍峨峻丽，耸入云霄，在数十里之外均能看到；北宫的德阳殿雄伟高大，四周可容万人。城内有大街24条，最宽处有50米。街道两旁房屋星罗棋布，有园林水榭。城南有可容纳数万名学生的太学及皇帝祭祀祖先的明堂、观天象的灵台等。宏伟壮丽的东汉都城是当时世界上第一流的大城市。张衡在《东京赋》作了生动的描写。刘秀在位期间，"退功臣，进文吏"，兴修水利，减轻赋税徭役，释放官私奴婢，加强中央集权，使社会经济得以恢复和发展，汉朝呈"中兴"之势。据东汉末年政论家、哲学家仲长统云说，东汉时期的京都洛阳，"船车贾贩，周于四方；废居积贮，满于都城，琦珞宝货，巨室不能容；马牛羊豕，山谷不能受"。东汉自汉光武帝刘秀在洛阳定都之后，共计12帝，历196年。

东汉末年，献帝初平元年（公元190年）三月，董卓胁迫献帝迁都长安，"尽徙洛阳人数百万口于长安"。一把大火，致使洛阳"二百里内无复孑遗"。直到建安元年（公元196年）秋，杨奉、韩暹等奉帝还洛阳，仍然一片荒凉。曹操入洛阳，看到洛阳破败不堪，实难为都，毅然挟献帝移居许昌。到建安二十五年（公元220年），魏文帝曹丕篡汉自立，迁都洛阳，开始建皇宫、筑殿堂、造园林。这是洛阳作为都城的第三次辉煌时代。

公元265年，曹魏的晋王司马炎胁迫曹奂让位，曹魏政权存在46年而灭亡。司马炎取代曹魏建立晋朝，是为晋武帝，国号为晋，史称"西晋"，洛阳继曹魏都城之后第四次成为都城，晋代的洛阳在东汉曹魏故城基础上营建，开始呈现出一派繁荣景象。此时的洛阳建有三大市：城内宫城之西有"金市"、城东建春门外谷水南的"有牛马市"、大城南羊市。据《洛阳伽蓝记》记载，洛阳城东门外、阳渠之北的建阳里内，高三丈土台上有二层楼，为晋朝"旗亭"，上悬大鼓，击鼓以罢市。洛阳的经济繁荣，从"三市"的盛况可见一斑。贵族在洛阳开辟了美丽的园林，最著名的是晋代石崇的"金谷园"。可是，晋怀帝司马炽永嘉五年（公元311年），匈奴攻陷洛阳，掳走怀帝，终致八王之乱，洛阳之都遭到极大破坏，许多宫殿被焚烧，财产被抢掠，城市化成一堆瓦砾灰烬。

北魏太和十八年（公元494年），北魏占领中原，统一北方，迁都洛阳，洛阳第五次成为都城。

北魏孝文帝是个大有作为的皇帝，他坚持改革，整顿吏治，严惩贪官污吏，恢复经济，发展生产。他提倡学汉文、说汉话、穿汉服，促进了北方民族的大融合。遭到严重破坏的洛阳得到了恢复和发展。洛阳城规模空前宏大，东西20里，南北15里，宫殿壮丽辉煌，是全国最繁华的大都市。北魏建都洛阳41年，历经8个帝王。

隋文帝仁寿四年（公元604年）三月，太子杨广弑父自立，为隋炀帝。隋炀帝继位后，迁都洛阳，改洛阳为"东京"，洛阳第六次成为大都城。隋炀帝开始大规模地营建东京，周围约50里役使数百万人开凿南北大运河，把全国富商大贾数万家迁至洛阳。洛阳成为全国水陆交通枢纽，商业空前繁荣，人口增至百万以上，衣冠文物、文学艺术，皆盛极一时。

武则天临朝听政后，改东都洛阳为"神都"。洛阳第七次成为都城。公元690年，武则天废其子唐睿宗李旦称帝，改唐为周，以神都为周都，从其他州郡迁民户数十万，以充实都城，达到历史上的鼎盛。宫殿建筑宏伟壮丽，贮粮充足，食盐布匹山积，手工业发达，三彩陶瓷制作精美。唐代有6个皇帝移都洛阳，前后共40多年。"安史之乱"后，洛阳又一次遭到严重破坏，"宫室焚烧，十不存一"。

唐王朝在农民起义的沉重打击下分崩离析，名存实亡。公元907年，朱温废唐哀宗李柷后，自立为帝，建立梁朝，史称"后梁"。初都开封，后迁都洛阳，洛阳第八次成为都城。五代十国混乱局面从此开始。朱温贪色，公元912年，朱温的第三子朱友圭为争夺帝位，杀朱温，自立为帝，仍定都洛阳。公元913年二月，朱友贞杀友圭，自立为帝，后迁都开封。后梁，是建都洛阳的第八个王朝，历经二帝，共4年。

公元923年，李存勖消灭开封的后梁政权，自立为帝，帝号唐庄宗，国号唐，史称"后唐"，初都开封后迁洛阳。洛阳第九次成为都城。公元936年，太原节度使石敬瑭在契丹贵族的帮助下，攻占洛阳，后唐亡。后唐都洛13年，历经四帝。

洛阳历史上有9个王朝建都，历经70多个皇帝，共1700年，在中国八大古都中，建都时间最早，历时最长，朝代最多。

插图2-1.2 女皇武则天画像（清代金古良《无双谱》）

武则天，女政治家、诗人，中国历史上唯一的正统女皇帝，也是即位年龄最大（67岁即位）、寿命最长（终年83岁）的皇帝之一。公元683年唐高宗死，她先后立两个儿子为帝，又先后废中宗、禁睿宗，自己以皇太后的名义临朝听政。公元690年，自立为皇帝，定都洛阳，改称神都，建立武周王朝。此图取自清代《无双谱》。清代著名版画《无双谱》，为金古良白描手绘。图谱刊刻于清康熙三十三年（公元1694年），作者挑选了从汉至宋40个历史名人，绘成绣像并题诗文，认为他们都是举世无双的人物，故称《无双谱》。人物造型生动传神，刻工精美。

2. 伊阙形胜

河南省古都洛阳之南12公里处，伊河两岸有两座青山，河西是龙门山，又叫天竺山；河东叫香山，因产香葛而得名。两山对峙，伊水中流，景色秀丽。唐代诗人韦应物游龙门留诗曰："凿山导伊流，中断若天辟。都门遥相望，佳气生朝夕。"诗中不但精辟地描写了龙门地理形胜、佛光山色，而且交代了龙门的来历，龙门是"劈"出来的。

《水经注》记载："昔大禹疏以通水，两山相对，望之若阙，伊水历其间北流，故谓之伊阙矣。"《汉书》里也有此说："昔大禹治水，山陵挡路者毁之，故凿龙门，辟伊阙。"禹劈龙门山，史有所述，民有传说，言之凿凿。禹承父愿治理洪水，疏九河，导百川，龙门山前水患无穷，禹举斧劈山，这故事里包含着人民对治水英雄大禹的崇拜和敬仰。宋代司马光在《凿龙门辨》中说："或问禹凿龙门，辟伊阙有诸？迁叟曰：'龙门伊阙天所为也，禹沿之耳。非山横其前，水雍不流，禹始凿而辟之，然后通也。'"这清楚地说明龙门伊阙是天然形成的。水流至龙门山不畅通了，禹领导人民开凿，使水顺利地流过。

其实，龙门的原名叫"伊阙"。洛阳东南近百里的中岳嵩山，一路向西延伸，呈迭次递减之势，到了伊河之畔。山是东西走向，河是南北而流，延伸到这里，断然形成两山对峙，而中间成为峡谷山豁，宽达 300 余米，远远望去，香山和龙门山对立，形如大门，伊水从"门"中喷薄而出，衬托得岸崖巍然，十分壮丽。这就是传说大禹治水时开凿的"龙门"。大禹巨斧一挥之间，山峰轰然而开，伊水畅流其间，昔日水乡泽国，顿成良田沃野，远望犹如一座天然门阙，故古称"伊阙"。

插图 2-2.1 龙门山色

龙门，古称伊阙，龙门山和香山夹峙，形若门阙，伊水中流，宛如长龙穿门。"龙门山色"古城八景之首。山清水秀，石窟瑰丽，香葛香山。拱桥宏伟，长虹卧波，凭栏四望，青山如画，林木葱茏，碧泉飞溅，河水清澈，潺潺北流。

"伊阙"为何又叫"龙门"？这可是隋炀帝的"龙言"。《元和郡县图志》记载了这样一件有趣的事：有一次隋炀帝游览邙山，登高远眺，伊阙形胜尽收眼底，大为感慨，果然是好地方，兴由所致，对随行的大臣们说："此非龙门耶？自古何因不建都于此？"站在身旁的大臣苏威马上迎合说："自古非不知，以俟陛下。"古来的帝王们都知道这里是龙门，就等陛下你来这里建都城。"帝大悦，遂议都焉"，隋炀帝当场拍板，洛阳就是都城了。隋炀帝之所以称"伊阙"为"龙门"，因为历代皇帝都是把自己当成"真龙天子"，而伊阙之北正对着"真龙天子"居住的皇宫和洛阳外郭的定鼎门。从此，"龙门"一名，就顺理成章地传开，随着清清的伊水流播至今。

隋炀帝考察了龙门并选定了洛阳为都，下诏说明了建都洛阳的理由："洛阳自古之都，王畿之地，天地之所合，阴阳之所和。控以三河，固以四塞，水陆通，贡赋等，故汉祖曰：'吾行天下多矣，唯见洛阳。'"唐代诗人韦应物有诗曰："山水本自佳，游人已忘虑。碧泉更幽绝，赏爱未能去。"置身于龙门山下，眼观周围山色，诗人流连忘返。山上翠柏成林，郁郁苍苍；山下伊水潺潺，清澈见底；泉水淙淙，千姿百态，使人乐以忘忧、宠辱皆无。唐代大诗人白居易评价说："洛都四郊，山水之胜，龙门首焉。"

以洛阳为都因其得天独厚的地理优势，同时也为加强对关东和江南的统治。龙门不只是"峥嵘两山门，共挹一水秀"的美景胜地，因其重要的地理位置和险峻的山

川形势，成为历代守御的重要关隘和军事战略要地。虽然自春秋之后，龙门战事频仍，但它作为洛阳古都之南的一道天然屏障和南大门的作用始终没有改变，使古老的都城免遭许多战火的破坏和劫难。

自从北魏孝文帝迁都洛阳后，龙门又添了一项功能，就是开窟造像。"造像"，即古代为生人、亡人或已身祈福，在寺庙里，或山崖石壁间，镌石成佛像，也有以金属铸造佛像，都称之为"造像"。龙门从北魏至唐代，是皇家贵族发愿造像最集中的地方，是皇家意志和行为的体现，具有浓厚的国家宗教色彩。北魏和唐代在龙门大规模营建洞窟达 140 多年，在所有洞窟中，北魏洞窟约占 30%、唐代占 60%，其他朝代仅占 10% 左右。

北魏和唐代两朝的造像风格迥然不同。北魏时期人们崇尚以瘦为美，所造佛像脸部瘦长，双肩瘦削，胸部平直，衣纹的雕刻使用平直刀法，坚劲质朴，生活气息较浓，佛的形象趋向活泼、清秀、温和，追求的是秀骨清像式的艺术风格。而唐代的人以胖为美，所以所造佛像也以胖为美，脸部浑圆，双肩宽厚，胸部隆起，衣纹的雕刻使用圆刀法，自然流畅。既继承了北魏的优秀传统，又汲取了汉民族的文化，创造了雄健生动而又纯朴自然的写实作风，达到了造像艺术的顶峰。

在北魏时期雕琢的众多洞窟多为皇室贵族和宫廷大臣的造像，反映出北魏王朝举国崇佛的历史情态。这些形制瑰异、琳琅满目的石刻艺术品，是中国传统文化与域外文明交汇融合的珍贵记录。而唐代的洞窟，造像规模宏伟，气势磅礴，雍容大度，多为群像，将佛国世界那种充满了祥和色彩的理想意境淋漓尽致地表达出来，体现了大唐帝国强大的物质力量和精神力量，显示了唐代雕刻艺术的最高成就。

插图 2-2.2 北魏石窟造像

巩义市石窟是北魏皇室开凿的一座石窟，孝文帝创建了寺院，宣武帝时开始凿石为窟，刻佛像千万尊。石窟造像多方圆脸型，神态文雅恬静，衣纹简练。其中最精美的为第一窟"帝后礼佛图"，构图分三层，东边是以皇帝为首的男供养为前导，画面中仪态雍雅的贵族和身体矮小的侍从，形成了尊卑鲜明的对照。第四窟的"帝后礼佛图"人物造型独具匠心，前呼后拥的礼佛仪仗队中供养人大腹便便，相貌森严，侍从瘦小低微，比主像小三分之一。仪仗队中有的为帝后携提衣裙，有的执扇撑伞，有的手捧祭器，浩浩荡荡地簇拥着帝后。构图简练生动，刻工细腻，为我国石窟浮雕艺术中罕见的杰作。

龙门石窟开凿于北魏孝文帝迁都洛阳（公元 494 年）前后，后来历经东西魏、北齐、北周，到隋唐至宋等朝代又连续大规模营造达 400 余年。密布于伊水东西两山的峭壁上，南北长达 1 公里，共有 97000 余尊佛像，1300 多个石窟。现存窟龛 2345 个，题记和碑刻 3600 余品，佛塔 50 余座，造像 10 万余尊。龙门石窟成为中国四大石窟之首（山西云冈石窟、甘肃敦煌莫高窟和甘肃天水麦积山石窟）。2000 年 11 月，经联合国教科文组织第 24 届世界遗产委员会通过，龙门石窟被列入《世界遗产名录》。

3. 石窟首创

北魏统一北方后，外来的宗教佛教成为北魏思想统治的精神支柱。其都城平城（今山西省大同市）虽物质丰富，但那里是用兵的好地方，不具备文治的条件。为了控制中原地区，北魏孝文帝拓跋宏太和十七年（公元493年），将都城从平城迁到地处中原中心位置的洛阳。他迁都后要做的一件大事就是为祖母冯太后开凿石窟雕像，祈福做功德。为何孝文帝对开凿石窟这么情有独钟呢？

孝文帝拓跋宏是鲜卑族人，鲜卑人是中国北方游牧民族之一。据考证，鲜卑人的祖先在大兴安岭曾过着穴居的生活，他们走出洞穴之后，仍然在石洞中建祖庙。所以，他们最早祭祀祖先也在天然的石室里举行。鲜卑人在入主中原之前，就在国都平城之城西15公里的武周山开凿了云冈石窟。

北魏是佛教在中国传播与发展的重要历史阶段，孝文帝崇信佛教，他迁都洛阳的过程中，也把佛教的发展中心转移到了新都城。在开凿云冈石窟情结的驱使下，在中原又动工开创了龙门石窟和巩县（今河南省巩义市）石窟。在洛阳，他选择了山清水秀的龙门山，开始了皇家营造龙门的第一斧、第一凿，揭开了创建龙门石窟辉煌的第一篇章，是龙门石窟开创的前

插图 2-3.1 古阳洞主佛佛祖释迦牟尼雕像

古阳洞正壁为孝文帝所造的三尊像，佛祖释迦牟尼居中坐，通高7.82米，头作高肉髻，面相长圆，体躯较瘦削，身披褒衣博带袈裟，双手叠压呈禅定印。主尊佛像两侧侍立二菩萨，头戴宝冠，面容清秀，上身袒露，下着长裙，表情庄重文静，姿态优美，是龙门北魏时期的代表作品。古阳洞大小龛内的造像，都是北魏后期流行的瘦削形的秀骨清像，是具有时代特征的造像。各龛的龛楣和龛内佛像的背光及头光，是极富于变化的优美图案纹饰，表现了当时的雕刻和绘画技巧的高超水平。

奏，为数百年龙门石窟的营造拉了序幕。从孝文帝开始，他的母亲、堂弟、叔母等几家皇室，争先恐后在此开龛雕像。不少地方官吏和小官僚也纷纷加入到这个行列里来。龙门石窟中有三分之一为北魏时期所开凿。孝文帝太和十七年（公元493年），在龙门开凿的"古阳洞"就是孝文帝拓跋宏开凿的第一个石窟，有"龙门第一窟"之称，成了"皇窟"的代表作和反映北魏佛教盛行的典范。

古阳洞位于龙门西山南段中部，原本是一座天然石室，利用天然石洞开凿洞窟，是对其祖先习俗的继承和发展。孝文帝拓跋宏全国总动员，用了两年时间完成了迁都洛阳的大计，在大力汉化改革中，将北方包括鲜卑人的各族移民融入中原。于公元493年开凿的古阳洞，历经十余年渐次完工，故而此洞窟不但开凿最早、历时长久，而且成为规模宏大、内容丰富、艺术最精湛的洞窟之一。魏碑书体精华"龙门二十品"该洞就占19品。

最有特色的是，洞中雕刻的群像与北魏前期的石窟雕像相比，艺术风格的变化和雕像服饰的变化都集中反映了北魏孝文帝实行汉化政策，以及借鉴东晋、南朝和中原汉文化后全新的艺术氛围。

古阳洞高约11米，宽约9米，进深13.5米。洞中窟顶是圆穹形，地面是马蹄形，环绕石壁的是密布的佛龛，富丽堂皇，千姿百态。各龛的龛楣和龛内佛像的背光及

头光，是极富于变化的优美图案纹饰，表现了当时的雕刻和绘画技巧的水平。正壁的主佛为释迦牟尼，结跏趺坐于方形台座之上，通高7.82米，身材细高精瘦，面相长圆，带着微笑，头作高肉髻，身披褒衣博带袈裟，双手叠压呈禅定印。主尊佛像两侧是陪侍菩萨，身躯向后微倾，头戴宝冠，面容清秀，上身袒露，下着长裙，表情庄重文静，姿态优美，造型厚重，比例匀称，是龙门北魏时期的代表作品。

值得注意的是释迦牟尼头上的宝冠并非佛家佩饰，而是道教产物。这是在清代八国联军攻占北京时，慈禧太后逃亡西安回北京途中，路过龙门而留下的宝冠。

1936年初夏，我国著名建筑学专家梁思成、林徽因带着学生到龙门石窟考察时，在古阳洞内看到的主尊不是释迦牟尼，而是道家天尊。梁思成当即就说："这肯定是清末补上去的，门户之争竟至于此！"那时的古阳洞叫"老君洞"，曾有道士居住，由于门户之见，道士把主佛释迦牟尼用泥塑"包装"成道家形象。新中国成立后，人们把主佛身上的道家泥塑衣饰剥去，释迦牟尼才随着新中国的成立而被解放，重见龙门蔚蓝的天空。

古阳洞北侧的墙壁上有三层大型佛龛，排列整齐，最上面一排的造像与云冈石窟一脉相承，佛像皆结跏趺坐，形体浑厚。但第二层就有了明显变化，交脚弥勒雕像瘦小细腰，双腿交叉坐于台座上。这是北魏龙门石窟"秀骨清像"的艺术风格。最下层的雕像风格又表现出雍容大度的特色，是唐代人物形象的风格。不同时期的雕像集于一窟，说明古阳洞雕琢绵延朝代之久。北魏前期雕像的最突出特点是面相丰圆，肢体肥壮，神态温静。而孝文帝迁都洛阳后，实行了一系列汉化政策，特别是南朝的士大夫生活及中原汉文化，对孝文帝的改革影响很大。南朝士大夫平日讲究漂亮的容貌，脸上涂脂抹粉，身穿宽大的衣服，腰结宽带，头戴高帽。他们出则乘车，入则扶持，终日饮酒赋诗，吃药学仙，坐而谈玄，一副神仙之态。中原人的服饰也是"褒衣博带"式的。这些生活方式和时尚都直接影响了北魏迁都洛阳后雕像的艺术风格。古阳洞里既有"秀骨清像"，也有"褒衣博带"形状，二种风格高度和谐统一于一洞之内，除了证明历史的悠久

插图2-3.2 古阳洞中"龙门二十品"拓片

"龙门二十品"指选自古阳洞等石窟中北魏时期的二十方造像题记，是魏碑书法的代表。题记中记述的功德主人，多是北魏的王公贵族、高级官吏和有道高僧，他们为孝文帝歌功颂德或祈福禳灾，往往涉及当年的史实，具有史料价值。其书法艺术是在汉隶和晋楷的基础上发展演化的，上承汉隶，下开唐楷，兼有隶楷两体之神韵，从而形成了端庄大方、刚健质朴的格调，是北魏书法艺术的精华。

外，还创造出典型的中原佛教雕像风格，给河南留下了一份宝贵财富。龙门石窟进入了世界文化遗产的行列，更增添了河南人的骄傲与自豪。

龙门石窟中的碑刻题记有2800余方，这在中国众多石窟群中是独有的。因为碑刻数量多，龙门石窟又被称作"古碑林"。题记中北魏时期的占半数以上，而且多数集中在古阳洞中。清代中期，从2800多块题记中，精选出题记20块有代表性的作品，称为"龙门二十品"，得到了历朝的推崇。其中19块碑刻，就在古阳洞内。

这些碑刻题记是魏碑书法杰出的代表作，均出自书法名家之手。这些造像记中的功德主，多是北魏的王公贵族、高级官吏和有道高僧。他们为孝文帝歌功颂德或为祈福禳灾而开龛造像。他们的名字多在史书上有所记载。这些造像题记中往往涉及当年的史实，因此，"龙门二十品"不但是北魏时期书法艺术的精华之作、魏碑书法的代表作，也是具有研究价值的史料。

"龙门二十品"碑刻字体落笔明朗，收笔利落，锋芒皆露，端正大方，魄力雄强，气象浑穆，上承汉隶，下开唐楷，代表了汉隶书向楷书过渡的走向，表现了魏碑体成熟而独特的艺术风格，标志着北魏书法艺术的造诣，在我国书法史上占有国宝级的重要地位，是今天书法界特别崇尚的一种书体。

古阳洞中的另一种精品是浮雕组画。洞壁上的佛浮雕如一本连环画册，详细记载了释迦牟尼的传奇故事，包括乘象入胎、游园休憩、树下降生、步步生莲、九龙灌顶、摩耶报喜、私陀占相、立为太子、山林之思、遣散仆马、苦修成道等画面。每一幅都包含一个动人的故事。

洞之北壁有一幅玲珑剔透的佳品，那是一幅秀骨清像式的礼佛图浮雕，它表现的是一群贵族妇女的活动。这些贵夫人长裙曳地，鱼贯而行，曲线流畅，优美自然。她们好似在一种宗教乐声中，踏着节拍行进在礼佛途中，面容肃穆沉静，态度虔诚。整个画面和谐舒朗，简洁完整，给人一种小巧精制的美感。

4. 宾阳浮雕

北魏孝文帝于公元 499 年去世，他的次子元恪继位，是为魏宣武帝。孝文帝是迁都中原的第一位皇帝，其下葬举国瞩目。宣武帝元恪将父亲葬于洛阳北邙长陵，于第二年即魏宣武帝景明元年（公元 500 年），下诏要在龙门山为父母孝文帝和文昭皇太后做功德营造洞窟，这就是"宾阳洞"。

宾阳洞位于龙门山西山的北端，原名"灵岩寺"，北魏杨炫之写了一部《洛阳伽蓝记》，是记载政治、人物、风俗、地理以及传闻故事等的重要典籍。《洛阳伽蓝记》中记载："京南阙口有石窟寺、灵岩寺。"清朝时叫作"宾阳洞"。清代顺治年间，洛阳县令武攀龙撰写的《重修宾阳洞碑记》里，对"宾阳"的含义作了诠释："寻为宾阳，盖取寅宾出日之义。"《尚书考灵曜》说："春夏民欲早作，故令民日出而作，是谓寅宾出日。""寅宾"有恭敬导引之义。

宾阳洞原计划开凿三个洞窟，据《魏书·释老志》记载，是公元 500 年开工雕琢，前后共经三个主管营造。第三位营造的主管刘腾把其中一个洞窟开凿完成后去世，再加上政治动荡，致使全部工程停了下来，计划中的其他两个洞窟也没有完工。公元 523 年 3 月，完成的这个洞窟后人称为"宾阳中洞"，历时 24 年，用工 802366 个。其富丽堂皇的景象是龙门众多石窟之冠。

宾阳洞构造宏伟，是一座令人叹为观止的艺术殿堂。宾阳洞的窟楣，为火焰纹浮雕，细腻精美，中间是兽头，拱端为二龙回首，拱下端各雕石柱。窟口分别为两

46

个木结构的屋形龛，龛内各有护法力士一尊。窟门高近 7 米，门道两侧有三层浮雕，第一层是飞天，第二层是供养菩萨，第三层是护法天王。

洞窟进深 9.84 米，宽 11 米，洞高 9.3 米。石窟的窟顶是穹隆形的，如蒙古包的顶部；上雕莲花宝盖，并雕有 10 个伎乐，供养天人。天人挺健飘逸，迎风飞翔。石窟的地面为马蹄形的莲花雕刻，周边是莲花花瓣、水波纹和其他装饰图案，宛若铺上鲜艳美丽的地毯，融入了北方游牧民族的生活习俗。环视洞中石壁，从南向北依次是过去世佛燃灯佛、现在世佛释迦牟尼、未来世佛弥勒佛三世的佛像。

主佛释迦牟尼像高达 8.4 米，雕刻手法和北魏鲜卑拓跋部固有粗犷敦厚风格大有不同，它吸收了中原地区汉文化的特点，又融入了当时南朝流行的"清瘦俊逸"的风尚，形成了北魏迁都洛阳之后佛教雕像"秀骨清像"的艺术形式。站立的释迦牟尼佛像，体躯修长，面容清瘦，眉目疏朗，嘴角上翘，

表情温和。这种洒脱的神采，正是新手法、新风格的体现。佛像上的衣饰，不是云冈石窟中双领下垂式袈裟和偏袒右肩式袈裟，而是中原地区"褒衣博带"的款式，衣裙下部为一层一层折叠着的羊肠纹。这样的人物形象，已与中原地区现实生活中的人物接近了许多。这种雕像正是北魏孝文帝迁都洛阳后，进行一系列改制的烙印。它形成了北魏时期佛教中国化、民族化的风格，并在全国迅速流行开来。

石窟前壁的入口南北两壁上，雕刻上下四层浮雕。最上层是"维摩诘经变像"，画面中南座是维摩诘，文殊菩萨坐北。维摩诘，也称云维摩，他原是一个奴隶主，拥有大片的庄园，难以数计的财产，妻妾成群。然而，他有渊博的学问，能言善辩，又精于佛理。在这幅浮雕中，维摩诘冠带长髯，形貌清瘦，略带病容，左手持麈，斜倚几帐内，正在与文殊论道。北石壁上的文殊师利，为最能言善辩的菩萨。得悉维摩诘生病的消息后，佛派他去探视，可是不曾想到，他一见维摩诘，就与其展开了激烈的辩论。画面中的文殊菩萨隐于莲花宝座内，一手举在胸前，一副论道侃侃而谈的形象。他们周围闻法的弟子们，个个聚精会神，就连画面上空中的天女们也激动得洒下雨花。整个浮雕画面生活气息浓厚，境界高雅。

在"维摩诘经变像"下面一层的浮雕反映的是佛本生的故事，也就是佛祖释迦牟尼前世的故事。这个故事在两幅大型浮雕中得到生动的反映。北石壁上"萨埵那太子舍身饲虎图"，讲述一个感人至深的故事：三个王子到山中游玩，看到悬崖下一只母虎快要饿死了，还有它身边的七只小虎娃。据说，母虎饿极可能会吃掉虎娃。两个哥哥无动于衷，而三王子萨埵那太子却于心不忍，他要以自己的血肉之躯喂虎，

插图 2-4.1 宾阳洞中主佛雕像

宾阳洞北魏开凿，隋代完成（公元 595—616 年），历经 21 年。主佛释迦牟尼端坐中央，面部修长清秀，面容和蔼慈祥，略带微笑。迦叶、阿难二弟子和文殊、普贤二菩萨侍立左右。迦叶形象老成持重，阿难形象活泼开朗，望之栩栩如生。佛像的衣饰由北魏早期的袒露右肩和通肩式，变为褒衣博带式，是孝文帝实行汉化政策在石刻艺术上的反映。

以保全小虎的生命。他脱下衣服跳下悬崖，正落在母虎身边。可母虎已没有吃他的力气了，太子就用树枝刺破皮肤流出鲜血喂母虎，母虎渐渐恢复生气，起来带小虎把太子吃掉了。太子的两个哥哥在悬崖下捡到了弟弟的骨头和头发，痛哭着掩埋了弟弟的尸骨和头发。

南壁的浮雕雕刻的是《须达那太子施舍图》，是释迦牟尼的另一个前生故事。释迦牟尼的前生叫须那达太子，他乐善好施，有求必应。有几个婆罗门外道装成老弱病残向太子索要代步工具，太子就给他们一头大象，国王把他逐出王宫，因为这只大象是国家唯一战无不胜的大象。须那达太子拜别父母，带着妻儿进山修道去了。他们在路上又遇到几个装扮不同形象的外道婆罗门乞求，须达那太子又起怜悯之心，边走边施舍，他走到深山之后，实在没有可施舍的了，就把妻儿都给了人家。

这两幅浮雕图都反映了佛教的舍生行善、因果报应的主题思想。

第三层浮雕是《孝文帝礼佛图》和《文昭皇后礼佛图》。原图高2米，宽4米，分别以孝文帝和文昭皇后为中心，组成南北相对的礼佛行进队列，构图严谨，雕刻精美，以简洁明快的线条，刻画了群体形象，生动地反映了帝王生活，表现出因地位不同而形成的性格特征和思想境界的差异，是我国古代雕刻艺术的杰作。可惜的是，现在只有两幅浮雕的残迹。原图到哪里去了呢？这里面有个曲折的故事。

故事发生在20世纪30年代。美国古董商普爱伦很喜欢中国洛阳龙门石窟的雕刻。他在龙门石窟的宾阳中洞里看到了《孝文帝礼佛图》和《文昭皇后礼佛图》的浮雕，情不自禁地用照相机拍了下来。他返回北京后，找到琉璃厂彬记古董商行的老板岳彬，指着照片上的图说："嗨，我想要这两个东西。"于是双方签订了协议，用1.4万银元买"石头平纹人围屏像二十件"，包括他特指的"这两个东西"。其实岳彬也无能力搞到照片上的那两幅浮雕，但为了银元，他还是跑到洛阳，找到洛阳古董商马龙图，指着那两幅浮雕的照片说："这个就在龙门，你就找吧，我想要它。"经过一番讨价还价，最后以5000元成交。但是马龙图也没有直接搞到手。于是他找到了偃师县杨沟村的保甲长王梦林，还有同村的土匪王东立、王毛、王魁等人，出价2000元，要他们把"石头平纹人围屏像二十件"搞到手。这些保甲长和土匪干坏事的胆量是没得说的，但是却没有"取图"的手艺。文的不行来武的，他们持枪威逼本村的石匠王光喜、王水、王惠成三人，到石窟盗凿。

在漆黑的夜晚，这些地头蛇胁迫着石匠来到宾阳中洞，借着手电筒的一线光亮，用锤子和凿等工具，开始了对两幅浮雕的敲凿。那一声声的凿石声传出洞窟，回荡

插图2-4.2 宾阳中洞《帝后礼佛图》

《帝后礼佛图》雕刻的是北魏孝文帝和文昭皇后的供养行列。北段刻孝文帝头戴冕旒，身穿衮服，在诸王、中官及手持伞盖、羽葆、长剑、香盒的近侍官女和御林军的前导、簇拥下，缓缓行进。画面中的人物密集重叠，顾盼照应，浑然一体。从人物的位置、相互关系、风度威仪间，描绘出帝王迥异常表的高贵与尊严。人物衣冠发式、伞盖、羽葆等仪仗制度，无不表现出孝文帝的汉化政策成果显著。整幅浮雕采取横向构图，人形处理因此显得颀长，并略带向前的倾斜感，既有帝王生活气派，又有飘然如仙的宗教意味；官女们含睇若笑，娇慵前行，流露出沟通人世和天界的欲求。

古都

48

在夜空，似在愤怒地控诉抗争，又如在呼喊求救。保甲长和土匪们虽说胆大，但毕竟是做贼心虚。他们在南北两个路口站岗放哨，遇有过路人，就立即用暗号通知洞内的王光喜等石匠停止敲凿，等人走过，再接着干。如此昼伏夜出，连续数日，两幅浮雕终于被敲凿了下来，但已成碎块。他们把碎块装进麻袋，运到洛阳城，又马上运到北京。在北京拼接后，随着普爱伦越洋渡海到了美国。如今，在美国纽约的大都会博物馆内收藏的是那幅《孝文帝礼佛图》，在堪萨斯州的纳尔逊博物馆收藏着另一幅《文昭皇后礼佛图》，但都是伤痕累累了。

1952年，有关人员在北京炭儿胡同的彬记古玩铺内发现了岳彬当年与普爱伦签订的合同。消息传出，文物界群情激愤，300余名知名人士联合要求人民政府严惩岳彬。岳彬被判死刑缓期两年执行，最后病死在狱中。

5. 明星洞窟

公元7世纪末，武则天打破了中国历史上的陈规和禁区，赫赫威扬地登上了女皇宝座。并且，她以自己的才华、智慧和胆识，在政治、经济、军事、文化等领域大有作为，做出了突出的成就。她之所以成为中国历史唯一的一位女皇，与她用佛教神学预言来鸣锣开道有密切关系。

武则天笃信佛教成癖，曾自谕："幼崇释教，夙慕皈依。"唐太宗李世民弥留之际，问她死后的去向，按习例皇帝喜欢的美女要陪葬，李世民也是这个意思，可武则天回答得很机敏。她说："我立誓削发为尼，以报天恩于万一。"这话正中崇信佛教的李世民下怀，因此她保住了生命，虽然进了感业寺出家为尼，但太子李治一上台，便将他爱慕已久的武则天接回宫中，从小尼姑又一次升为皇妃。几年的寺院青灯黄卷生活，她参透了政治与宗教之间微妙的关系，此后，她娴熟地利用崇信的佛教，一步步走上权力的顶峰，圆了皇帝梦。

龙门石窟开洞造像出现两个高峰期，第一个高峰期是北魏，唐代创造了第二个高峰期。唐代占造像总数的70%，而全部的唐代造像里，多达80%的造像出自唐高宗李治和武则天当政期间，不只是数量最多，而且艺术上也达到了石窟艺术光辉的顶点，创造出诸如千佛洞、惠暕洞、摩崖三佛龛等一批经典，而奉先寺的卢舍那大佛则是经典中的经典，是龙门洞窟中的"明星洞窟"。

武则天登上皇位之后，特别迷信弥勒佛。佛教所说的"三世佛"即过去佛无量佛、现在佛释迦佛及未来佛弥勒佛。依佛经的本意，过去无量佛已不问人间之事了，现在佛释迦牟尼在管理着人间，而未来佛弥勒佛正在兜率宫修行，未来世界的主宰者必然是他。武则天崇信弥勒佛的思想，将其体现在龙门造像中。武则天登基那天庄严宣布建立大周王朝时，自称"圣神皇帝"，但她犹嫌不明，之后

插图2-5.1 武则天的"除罪金简"

武则天晚年感罪孽深重，怕下地狱。于是做一块金简，把罪过刻其上。在她77岁时（公元700年4月），游幸登封城三阳宫得重病，病好时适七月七"乞巧"日，再游嵩山，派太监胡超，将金简投向山下。时隔1200多年，1982年5月登封农民屈西怀在嵩山采药，于山顶峻极峰石缝发现金简。金简长36.5厘米，宽8厘米，厚不足0.1厘米，重233.5克。上镌双钩文字63个："大周国主武曌（zhào），好乐真道，长生神仙，谨诣中岳嵩高山门，投金简一通，乞三官九府，除武曌（zhào）罪名。太岁庚子（公元700年）七月甲寅，小使臣胡超稽首再拜谨奏。"

又加尊号为"慈氏越古金轮圣神皇帝",这一加就明确告诉人们,她就是弥勒佛了。"慈氏"就是"弥勒"。她在登基前后,时时事事都或明或暗地渲染自己是弥勒佛转世。而在奉先寺的卢舍那大佛,她的弥勒佛思想更得到淋漓尽致的反映。

奉先寺位于龙门西山南部的山腰上,是龙门山最大的露天摩崖佛龛,它三面环山,一面临水,东西宽 36 米,南北长 37 米余,始凿于唐高宗初年,历时 15 年完成。大佛龛中的雕像布局为一佛、二弟子、二菩萨、二天王、二力士等一铺九尊大像。居中端坐的是主尊,是卢舍那大佛。左为弟子迦叶与文殊菩萨,右为弟子阿难和普贤菩萨。石洞气势磅礴,佛像雕技精湛。

"卢舍那"的含义是"诸恶皆尽除,众德悉备,净色遍照法界",是佛在显示美德时的一种理想化身,是释迦牟尼的极身像,也就是说它是释迦牟尼的另一种身份,另一个形象。全像通高 17.14 米,仅头高即 4 米,耳长 1.9 米。

据说卢舍那大佛雕琢之时,正得宠的武则天曾捐出两万贯脂粉钱助其工程。雕琢的艺术大师们在塑造卢舍那大佛形象时冲脱了宗教仪规的藩篱束缚,但又不偏离佛经中的"造像量度"的原则,有意将大佛雕为女性形象。人们传说这与武则天捐银子有关,所以,民间流传卢舍那大佛就是依照武则天的相貌塑造的。相传,唐高宗上元二年,奉先寺卢舍那大佛竣工之日,武则天率文武大臣亲临龙门,参加了卢舍那大佛的开光大典。这样,卢舍那大佛为武则天的化身之说也就不无道理了。

卢舍那大佛确实美丽无与伦比,她面颊丰满圆润,头顶有高肉髻波状发纹;嘴角稍翘,流露一丝喜悦,既表现出庄严雄伟而睿智慈祥的性格,又流露出脉脉含情的少女之美。更令人惊叹的是,她那眉与眼,修眉弯弯,犹如新月,一双秀目,充盈智丰,微微下视状,默默传递着安详与慈爱,那智慧的光芒里洋溢着对芸芸众生的关注,对凡尘的洞察。当站在她面前礼佛仰视瞻望圣容时,正巧和她的目光相遇在一条斜线上,形成了人神交流的奇妙境界,肃然起敬之情油然而生。神的庄严令人生威,美丽又令人恭而不亵。而令人更感神秘的是,在阴天或晴天、早晨或晚间不同光线中,能看到卢舍那大佛不同的微笑仪态,或宁静,或含蓄,或神秘。造像题记对卢舍那大佛的表情做出了美而精的概括:"大慈大悲,如月如日。"雕琢大师们只用寥寥数笔就勾勒出大佛的衣饰随衣挂线的艺术效果,显示出朴素无华、洗

50

插图 2-5.2 奉先寺全景

奉先寺是龙门石窟规模最大、艺术最为精湛的摩崖型群雕。主佛莲座北侧的题记称之为"大卢舍那像龛",隶属于当时的皇家寺院奉先寺而得名。共有九尊大像,中间主佛卢舍那为释迦牟尼的报身佛,通高 17.14 米,头高 4 米,耳朵长达 1.9 米。面部丰满圆润,头顶波形发纹。双眉如新月,秀目凝视前方。鼻梁高直,小小嘴巴露出祥和笑意。双耳顺长,略向下垂,下颏略圆。面部圆融和谐,安详自在,鲜明圣洁。身着通肩式袈裟,衣纹简朴无华。主佛与其他佛像构成一组极富情态质感的美术群体形象,形态各异、刻画传神的造像,显示了盛唐雕塑艺术的高度成就,成为石雕艺术史上的奇观。

练流畅的风韵。在形神兼备之美里，表现出雕刻艺术家们对生活的细致观察，对生活的准确理解。他们把审美理念与美学思想都融化在自己的艺术创作里，宗教教义中的概念与典型形象的构筑达到了高度的和谐与完美的统一。

卢舍那大佛的左侧迦叶身首虽残，但饱经风霜的老僧形象依然活灵活现；右侧的阿难则是浓眉大眼，年轻睿智，透露出虔诚大方、充满自信的心境，宛如一聪慧少年。左右一老一少，相得益彰，互相映衬，十分和谐。普贤和文殊二菩萨头戴宝冠，身披璎珞宝珠，衣饰华丽，显得雍容华贵，面部端庄而矜持。而护法天王身着铠甲，手托宝塔，足踏夜叉，一派威风凛凛之气势；那力士的形象更是"武气"逼人。他们赤膊袒胸，蹙眉怒目，坚毅勇猛中流露出暴躁的性格。这些武士与菩萨文武相映，统一协调，把群像组合得和谐完美，起到了烘托主佛卢舍那至尊至上的作用。

奉先寺内整个洞窟布局左右呼应，浑然一体，是唐代宫廷的写照，在一定程度上反映出唐王朝皇家心目中的"圣贤"形象，也折射出唐代佛教发展的盛况，以及唐代国力强大的现实和社会繁荣景象。

在艺术上，奉先寺的雕像反映出工匠们雕刻技艺的高超。他们善于运用对比和夸张的艺术手法进行烘托、渲染，是唐代艺术家在审美时尚、美学理念等方面的高度表现。奉先寺雕像是中国古代艺术的瑰宝，在美学史上占有极重要的地位。

6. 女皇赛诗

与龙门石窟相对的伊河东岸上，有一座著名的寺庙香山寺。它的出名与中国历史上两位名人有关，即武则天和白居易。

香山寺建筑古朴浑厚，掩映于群山苍松翠柏之中。它始建于北魏熙平元年（公元516年），武则天天授元年（公元690年），武则天的侄子梁王武三思奏请武则天重修香山寺，并正式命名为"香山寺"。武三思一生做尽了坏事，这一奏请也算是一件好事。史书描写当时的香山寺气势是"危楼切汉，飞阁凌霄，石像七龛，浮屠八角"。其规模之大以致使其成为盛唐时期"龙门十寺"之首。香山寺重修后，崇信佛教的武则天就把它立为佛寺，命名为香山寺，并逐渐成了武则天休闲度假的胜地。香山寺有一建筑石楼，那是武则天驾临香山寺常坐朝的地方。

武则天不仅是一位有作为的女政治家，也是一位女诗人，在《全唐诗》中录有她的诗58首，多为庙堂祭奠之作，也有记游抒情诗篇，其《如意娘》诗云："看朱成碧思纷纷，憔悴支离为忆君。不信比来长下泪，开箱验取石榴裙。"

SERIES ON THE HISTORY AND CULTURE OF CENTRAL PLAINS

中原历史文化系列丛书

插图2-6.1 上官婉儿画像（古风画辑）

上官婉儿又称上官昭容，唐代女官、诗人、皇妃。陕州陕县（今河南省三门峡市）人，聪慧善文，14岁时即为武则天重用，掌管宫中制诰多年，有"巾帼宰相"之名。唐中宗时，封为昭容，权势更盛，在政坛、文坛有着显要地位，从此以皇妃的身份掌管内廷与外朝的政令文告。《全唐诗》收其遗诗32首。公元710年，临淄王（即唐玄宗）起兵发动唐隆政变，与韦后同时被杀。

据说有一年的春天，武则天率领文武百官来到香山寺，她诗兴大发，这次的诗兴不在她自己写诗吟咏，而是要举行"赛诗会"。赛诗会的主持人是上官婉儿。

上官婉儿是唐高宗时的宰相上官仪的孙女。上官仪因替唐高宗起草废黜武则天的诏书，被武则天所杀，尚在襁褓的上官婉儿随母郑氏配入内廷为奴。在为奴期间，她的母亲对其精心培养。上官婉儿美丽聪明、才华横溢，熟读诗书，不仅能吟诗著文，而且明达吏事。她14岁已出落得妖冶艳丽、秀美轻盈，一颦一笑自成风度，加上天生聪秀，过目成诵，文采过人，下笔千言。仪凤二年（公元677年），武则天召见她到宫中，当场命题，让其依题著文。上官婉儿文不加点，须臾而成，珠圆玉润，调叶声和，尤其她的书法秀媚，格仿簪花。武则天看后大悦，当即下令免去她奴婢身份，并把掌管宫中诏命的大权交给了她。不久，上官婉儿又因违忤旨意，被判死刑，但武则天惜其文才，就特赦了，只是处以黥面而已。以后，上官婉儿就尽心侍奉，曲意迎合，更得武则天欢心。从圣历元年（公元698年）始，武则天又让她处理百司奏表，参决政务，百官的奏折须经她过目，武则天只在上面签个字，就颁行天下，权势达到顶峰。她追随武则天25年，成了事实上的"巾帼宰相"。

上官婉儿做赛诗会的主持人，当然是顺理成章。赛诗会规定，诗成先交稿者，御赐一件锦袍。主持人上官婉儿宣布赛诗会开始，她接到的第一篇诗作，是武则天的左史、诗人东方虬的。上官婉儿朗声宣咏此诗，立即得到了武则天的称赞，按规定赐给东方虬一件锦袍。东方虬穿上锦袍，风光占尽，众人非常羡慕。评过第一交诗者，接着就评其他诗作最佳者，虽无奖赏，但能受到女皇的肯定和称赞，也是殊荣。于是大家争先交稿，武则天一一点评。结果宋之问、武三思和沈佺期三人得到最高褒赏。特别是宋之问的诗作，文采飞扬，诗中不仅开宗明义地为武则天歌功颂德，还特别为武则天戴上了一顶关心农耕的桂冠。据传，赛诗会开得生动，还对正在发展的唐代诗歌创作起到了推波助澜的作用。唐代诗坛上又留下"香山赋诗夺锦袍"的佳话。

7. 情落香山

香山寺的另一个佳话，是唐代诗人白居易所创。白居易对香山有着深厚的感情，他曾为香山寺的修葺写了《修香山记》，并将在洛阳所写的800首诗结集为《白氏洛中集》，存放于寺中藏经堂。他退隐后常住寺内，死后葬于此。香山寺因有白居易墓而得名白园。

52

插图 2-6.2 上官婉儿墓壁龛出土的墓志

历史上著名的唐朝"巾帼宰相"上官婉儿的墓穴，在咸阳附近发现，墓穴破坏较严重，随葬品不多，甬道内墓志一合保存完好。除记载墓主人为葬于唐景云元年（公元710年）的唐中宗昭容上官氏（即上官婉儿）外，简单涉及其世系、生平、享年等信息，世人关注的诗文及当时政治等情况则未涉及。但考古人员在墓内没发现棺椁，墓主人身在何处成疑。专家分析，由于上官婉儿经历武则天到唐玄宗时期，当时武氏和李氏家族争斗不已，其很可能因某种政治原因遭遇"官方毁墓"。出土的墓志盖上有"大唐故昭容上官氏铭"字样。

白居易，中唐诗坛的主将，是新乐府运动的领袖。白居易生于河南省新郑市，他的祖上是当官"移民"到河南的。他从小聪慧好学，写诗总是反复锤炼，诵读得口舌都生了疮，写诗写得手和胳膊都磨出了老茧。他的诗意境清新，语言流畅通俗。

太和三年（公元829年）春天，57岁的白居易因病辞去刑部侍郎的官职。不久，在他的门生、时任宰相牛僧孺的帮助下，诏受"太子宾客"，分司东都洛阳。太子宾客的主要工作是为太子侍从规谏，赞相礼仪。所谓"分司东都"，就是以"太子宾客"的名义派往洛阳任职，分管洛阳方面的事。但太子长住在长安，分司的太子宾客自然无事可做，因此，"分司东都"的太子宾客是一个高级闲官。可是白居易当真了，接到任命他还很兴奋，在《咏所乐》一诗中表示当时的心情："而我何所乐，所乐在分司。"在《偶作寄朗之》诗中又表达："自到东都后，安闲更得宜。分司胜刺史，致仕胜分司。"其实，这时，他已厌倦了政治斗争，他说这次回洛阳，就是要"隐于朝市"，正如他在《归履道宅》一诗中表示的决心："往时多暂住，今日是长归。"

白居易回到洛阳，他选择了山清水秀的香山寺作为寓所。太和六年（公元832年）七月，白居易曾为好友元稹撰写墓志，元稹家人为了答谢他，给他一笔不小的"润格"费六七十万。他全部捐献给僧人，作为修葺香山寺的资费，使香山寺面貌一新。

在太和四年冬至太和七年四月，他做了三年的河南尹；开成元年（公元836年）秋，迁升太子少傅、晋冯翊县开国侯；会昌二年（公元842年），升任礼部尚书，这一年他已70岁了。按照"大夫七十而致事"的传统习惯，他就要彻底"离休""停官致仕"了。他为官30多年后，这一年，结束了政治生涯，开始了真正的隐居生活。

会昌二年（公元842年），白居易71岁时，他与香山寺僧如满，结香火社，白衣鸠杖，自号"香山居士""醉吟先生"。

白居易为官清贫自守，体察民情，从未忘记老百姓的疾苦，希望天下穷苦百姓都能过上温饱的日子。会昌四年（公元844年）春，73岁的他又为洛阳龙门做了一件好事：洛阳龙门西南伊河上有"八节滩""九峭石"，地势险要，来往船只常触

插图2-7.1香山九老图（局部 明代谢环绘）

白居易于公元829年定居洛阳，在洛阳待了整整17年。履道池台是白居易晚年居住、活动的主要场所，这里既有群体的雅集聚会，也有诗人与一二好友的促膝对酌等活动。从白居易的诗中，可以看到在履道池台中，一位行住坐卧自由随性、身心神貌自在安适的老年诗人形象。《香山九老图》（局部）刻画了白居易和李元爽、禅僧如满等9位老者在香山生活的情景。选取的局部是画的主体：厅堂宽大，几案分明，一长者面露喜悦，挥毫泼墨；三位围观者，或凝神静观，或若有所思，人物神态各异，刻画精微。堂前石径一仆端盘前行。画家重在描绘人物表情，笔法工整严谨，衣纹线条准确，挺拔秀逸，极富质感，色彩鲜艳古拙。

礁，船毁人亡。白居易对此非常关心，73岁的他倾尽家财，召集民工，"贫才出力，仁者施财"，终于疏浚了河道，治理了"八节滩""九峭石"的伊河险段，使得"夜舟过此无倾覆，朝胫从今免苦辛"。白居易对这件事十分欣慰，他临终前一年，写的《欢喜二偈》一诗中表达了这种心情："心中别有欢喜事，开得龙门八节滩。"他在《开龙门八节石滩》诗中也表达了完成心愿的欣慰："七十三翁旦暮身，誓开险路滩作通津。夜舟过此无倾覆，朝胫从今免苦辛。十里叱滩变河汉，八寒阴狱化阳春。我身虽殁心长在，暗施慈悲与后人。"

会昌五年（公元845年），白居易和在洛阳的6位年过70的朋友组成七老会。后来95岁的僧人如满和136岁的李元爽也参加了七老会，号称"九老图""香山九老"。他们白衣鸠杖，在香山寺徘徊，或行吟山林，或啸唱泉边，写出许多歌咏龙门山水美景的诗篇，在诗坛上传为佳话。正如白居易在《香山寺二绝》中所描写的："空门寂静老夫闲，伴鸟随云往复还。家酝满瓶书满架，半移生计入香山。"

传说，五个冬日的清晨，天上落下雪花，飘飘洒洒。白居易与僧人佛光二人，乘兴划一叶小船，从建春门沿伊河逆水而行，优哉游哉，往香山寺方向而去。白居易坐于船尾，亲自做饭烹茶。二人一路低吟长啸，把酒论诗，引得岸上的人驻足观望，羡慕不已。

白居易就是以这样"在家出家"的状态，过着"心向佛道，意在诗酒"的生活。

会昌六年（公元846年）八月，75岁的白居易病逝，闪耀了75年的诗坛巨星陨落在洛阳龙门香山。白居易的家人根据他的遗愿，把他安葬在香山琵琶峰下。琵琶峰形似琵琶，山峰上松柏苍翠。诗人以《琵琶行》长诗名世，死后以琵琶峰为葬身之地，也许是巧合。

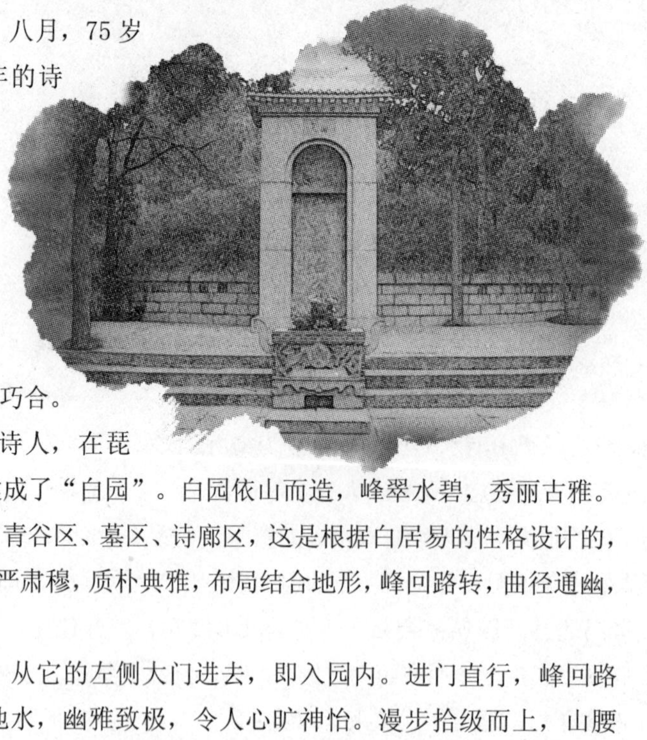

人们为了纪念这位伟大诗人，在琵琶峰上对他的墓加以扩建，建成了"白园"。白园依山而造，峰翠水碧，秀丽古雅。白园占地44亩，分为三个区：青谷区、墓区、诗廊区，这是根据白居易的性格设计的，它体现了唐代的风采。白园庄严肃穆，质朴典雅，布局结合地形，峰回路转，曲径通幽，依山筑房建亭，高低错落。

白园最前面的是青谷区，从它的左侧大门进去，即入园内。进门直行，峰回路转，林木森森；清澈碧亮的池水，幽雅致极，令人心旷神怡。漫步拾级而上，山腰有亭翼然而立，名曰"听伊亭"。白居易晚年闲居时，常邀友人元稹、刘禹锡等著名诗人在此对弈、饮酒、品茗、论诗，志向相投，雅趣相同，惬意无限。由伊亭而上，在危岩翠柏中，看到一座古朴典雅的阁庐乐天堂，里面是用汉白玉雕成的诗人白居易石像。

墓区在乐天堂之右。白居易墓呈椭圆形，高4米，周长52米。几乎占满了琵

54

插图2-7.2 龙门香山白居易墓

在洛阳市城南13公里处的龙门东山琵琶峰上，有一座依山傍水、秀色宜人的小巧园地，叫"白园"。进门路转峰回，林木森森；山泉叮咚，池水清碧。漫步石级而上，至琵琶峰顶。在翠柏丛中，有砖砌矮墙围成墓丘一座，圆形墓顶，芳草萋萋。墓前一高大石碑，上刻"唐少傅白公墓"。登高望墓，形似琵琶，白墓所在之丘为"琴箱"，东南芳草墓道长长，四周冬青齐整，翠绿色的草地中央，三根"琴弦"清晰可见，此即琵琶的"曲颈"。《琵琶行》之颂长吟，缥缈其间。

琶峰巅。墓后是一条向东延伸的山梁,与香山的山腰相接。山梁上是一线细径,尽头松柏浓郁。登高望墓,这景况巧如一把琵琶,墓丘犹如琴箱,山梁上的细径貌似琴弦。白居易在世时通晓音律,死后依然犹抱琵琶弹奏着。

8. 焚经比赛

从洛阳市之东的邙山、洛水之间,长林古木之中,有一片红墙碧瓦的古式建筑群,那就是白马寺,它是名扬天下的"中华第一古刹"。顾名思义,白马寺与"白马"有关,于是,就有了"白马驮佛经"的故事。

故事发生在东汉永平七年(公元64年)。据《后汉书》记载,有一天晚上,汉明帝在皇宫内寝,梦见一金人,身高一丈六尺,威武雄壮,头顶金光闪烁,在宫殿上空环绕飞行。明帝醒来,召集大臣,述说梦境,让大臣们圆梦,并问是何方神仙。大殿上一片沉寂,无人敢于应声。还是他笃信佛祖的兄弟刘英打破了沉寂,说那是佛。大臣傅毅也忙启奏说:"臣闻天竺有得道者,号之曰佛,飞行虚空,身有日光,殆将其神也!"汉明帝信以为真,即派遣蔡愔、秦景、王遵等18人到西天天竺国(今印度)取经。他们跋山涉水,历经艰难险阻到达了大月氏(今阿富汗),巧遇了在此传播佛教的天竺僧人迦叶摩腾和竺法兰,向他们介绍了中原汉朝的情况,并转达了汉明帝取经拜佛的愿望。两位大师看到明帝派人不远万里前来取经,心意虔诚,决定随同他们到中国传经。他们把释迦牟尼像和写在贝罗树叶上的佛经《四十二章经》,用一匹白马驮着,于永平十年(公元67年),千辛万苦来到汉都洛阳。汉明帝非常高兴,听两位大师宣讲了佛教教义,并安排他们住进官署鸿胪寺。公元68年,汉明帝敕令在洛阳西雍门外的御道北面,按照两位大师提供的天竺国佛教寺院的蓝图样式修造了一组建筑。这座建筑命名时,取印度僧人暂住的"鸿胪寺"的"寺"字,再选驮经白马的"白马"二字,称之为"白马寺",含有纪念白马驮经之功的意思。随后,即让迦叶摩腾和竺法兰两位僧人移住到白马寺,译经传法,死后又葬于白马寺内。现在看到的两座石马,是宋代的太师太保、驸马都尉魏咸信的墓前之物。1935年前后,当时白马寺的主持僧人德浩法师重修寺院时,将石马移于此。

白马寺在历史上曾发生过一场著名的宗教论战。唐初有一部关于佛教的论文集

插图2-8.1 白马驮经图轴(明代丁云鹏绘)

汉明帝一梦见金人,即派遣使者蔡愔前往天竺求取佛经。两年后,天竺僧竺法兰与迦叶摩腾自西域以白马驮经到中国,明帝创建白马寺以藏经。明代画家丁云鹏据此故事绘制《白马驮经图》。该图完成于天启乙丑(公元1625年),为丁氏晚年之作,已脱早年繁细之风,而趋疏简清逸之境。丁云鹏,能诗书,擅绘画,白描、人物、山水、花卉、佛像、墨模无不精工,其中以人物画居多。他精研释道人物,得法吴道子;白描师自李龙眠,丝发之间,眉睫意态毕具。设色学钱选,而以精工见长。所绘神佛罗汉,不拘泥前人,形象生动,栩栩如生。

《广弘明集》，主要讲述南北朝至唐朝的佛教史和哲学史。在这部史书中的《汉显宗开佛化法本内传》里，记载了这个"焚经比教"的故事。

故事缘起于东汉永平年间五台山的一场佛道建寺纷争。五台山本属道家所有。据《文殊师利法宝藏陀罗尼经》载，佛祖对金刚密迹主菩萨说："我灭度后，于此瞻部洲东北方，有国名'大振那'。其国中有山，号曰'五顶'。文殊师利童子，游行居此，为诸众生，于中说法。""大振那"是指中国，"五顶山"就是五台山。按佛祖释迦牟尼指示，五台山的道教被佛教取代，成了佛教名山。

直到东汉永平七年，汉明帝因夜梦金人，遂派人出使西域，请来了两位印度胡僧迦叶摩腾和竺法兰，带来了佛教万言经典。后来两位僧人自洛阳赴五台山朝拜文殊菩萨，文殊菩萨就是"文殊师利童子"。他们一到五台山，看到山上气势宏伟，景色迤逦，还发现山上很早就建了阿育王舍利塔，又是文殊菩萨演教居住之地，就生出了在五台山建寺的想法。可是，道家看他们选择寺址，冲了自家的风水宝地，怒火中烧，两位印度僧人仗恃逞强，也不相让。道教拍案而起，道士贺正之、诸善信串联五岳十八观及太上三洞690名道士联名上表汉明帝，痛斥佛经虚诞，声言要与西域胡僧比法，以辨真伪。汉明帝也想看看新传佛教和本土道家优劣之分，即下旨准奏，令在白马寺南门外筑台比度。

公元71年初，已是白马寺建成的第三年，定于正月十五元宵节为佛道两家比经试法的日子。那天，白马寺前的赛台下热闹非凡，佛道两家各集家门的精兵强将，前来助阵，汉明帝率领文武百官亲临现场，更增添了隆重气氛。

比赛一开始，首先比经文数量。道士登上西赛台，把几大车的纸绢缣帛木牍竹简经文典籍以及道教"灵宝诸经"六百余卷，搬上了赛台。胡僧佛徒只捧出了四十二章"贝叶金页真经"登上了东赛台。他们的经文少，体积小，只占赛台上一小块地方，显得有点弱势。所以，比赛第一个回合，胜家当然是道教。胡僧佛徒默不作声，开始了比赛的第二个回合。

第二个回合的比赛项目是诵经说法。道家大有乘胜压人之势，拿出了太极两仪、老子庄周、黄帝内经、五行丹药、山南海北、古往今来、伏羲女娲以及八八六十四卦等内容，言之滔滔不绝，津津有味。胡僧却是呜呜噜噜、咕咕哝哝，阿弥陀佛之声不断，大家还没听懂，他们就诵完经了。谁赢谁输，大家莫衷一是，汉明帝和他的文武百官也蒙了，哪里能作出裁判。就在全场难分胜负之时，自以为占了先机的道家发话了，还要比什么让佛家尽管说来。道家看他们并不出声，满以为自己稳操胜券，突然听见胡僧态度明朗地说道："比焚烧经卷宝物如何？真经不怕火炼，我佛家敢把佛像、佛舍利子、袈裟、禅杖、钵盂等宝物全都押上。"道家一听，为之

插图 2-8.2 白马寺焚经台遗址

洛阳白马寺之南，有两个高高的夯土丘，就是传说中的焚经台。土台前原有东汉释道焚经台碑，现已迁至白马寺下僧院中。缘起于东汉永平年间五台山的一场佛教和道教建寺纷争。根据《国史旧闻》书中的记载："永平十四年正月十五日，明帝集诸道士，于白马寺，使于摩腾、竺法兰二人赛法。"此后佛教在中国声名大震，许多大臣、宫娥以及老百姓们，在一片片赞叹声中，大都皈依佛教，甚至出家为僧。汉明帝也从此更加虔信佛教了。中国原本是无所谓宗教的，道家也只不过属诸子百家之一，但从此事之后就有了宗教。于是中国开始一步步地积弱。至今，焚经台土还是红色的，传说就是比法时烧红的。

56

一惊，没想到佛家把道士们推到了两难的境地。若答应条件，古往今来，哪有比赛焚烧经卷的；若不答应，那是丢人现眼，面子可失大了。越想越气，来不及多想，就依了他们，比赛烧经卷。汉明帝也感到惊奇，只得命人备下柴火，让双方做好准备。

道家准备的动静很大，他们600多名道士立马列队，绕着赛台诵起经文，祈求天尊显灵，保佑自己；而胡僧们却非常平静，不显山不露水，胸有成竹。

只听汉明帝一声令下，两座赛台上同时举火，点燃了各自的经卷，霎时，旷野风劲，风助火势，火助风威，烈焰腾空。观众举目望去，道家的赛台上火焰熊熊。在竹木简牍噼噼啪啪的爆裂声中，道家经卷化为灰烬，而胡僧赛台上烈火灿灿、金光闪闪，光明一片，袈裟、舍利子、佛像、禅杖、钵盂等完好无损，突然间，贝叶经里的金页"光明五色，直上空中，旋环如盖，遍覆大众"。此时僧徒们又恰如其分地奏起印度音乐，中国人初听此曲，如闻仙乐，万分惊奇；此时，被焚烧的一些小金页飘向空中，纷纷落下，场上欢声不断。再看看道士们大惊失色，有的竟落下泪珠，惋惜道家的经卷。到此时，道士诸善信、费叔才仰天长叫："天不助我！"当场气绝身亡。

印度僧人迦叶摩腾和竺法兰因此获得了在五台山建寺的权利。从此之后，佛教声名大震，许多大臣、宫娥以及老百姓们在一阵阵赞叹声中大都皈依了三宝，甚至出家为僧，成了佛陀座下的忠实弟子。汉明帝信佛更加虔诚崇敬。据史记载，赛经法之后，共有1460多人出家，包括五岳道士吕惠通等620人在内。

9. 白马古寺

白马寺始建于东汉明帝永平十一年（公元68年），距今已有1900多年的历史。它背依邙山，坐北朝南，占地6万平方米，是佛教传入中国后由官府兴建的第一座菩提道场。白马寺又称为中国佛教的"释源""祖庭"。"释源"者，即释教之源，也就是佛教的发源地；"祖庭"者，即祖师之庭院。白马寺为一长方形的院落，寺的主要建筑都分布在由南向北的中轴线上。

白马寺的大门之外，左右相对有两匹石马，高1.8米，长2.2米，大小和真马相当，形象温和驯良。两匹石马为宋代优秀的石刻艺术品。山门有门洞三个，象征佛教所称的"三解脱门"，称之为涅之门，为东汉所建。

山门内西侧有块残缺不全的半截石碑，碑文为宋代翰林学士苏易简撰写。碑文不是由上而下通写，而是用短行分成几排刻写，故称"断文碑"。东侧一块石碑为元代遗存，上面刻着《洛京白马寺祖庭记》，记载了白马寺的由来。字体是"赵体"，潇洒工整，丰神秀骨，为不可多得的书法艺术

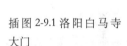

插图 2-9.1 洛阳白马寺大门

古都洛阳东郊，邙山洛水之间，葱茏古木之中，有座古刹，就是白马寺。白马寺创建于东汉永平十一年（公元68年），已有近2000年的历史。世界著名伽蓝，乃佛教传入我国后官办的第一座寺院，中外佛教界誉之为"释源""祖庭"。公元67年，汉使及印度二位高僧迦叶摩腾、竺法兰，以白马驮载佛经、佛像抵达洛阳，汉明帝躬亲迎奉。公元68年，汉明帝敕令在洛阳雍门外建僧院，为铭记白马驮经之功，故命名该僧院为"白马寺"。

珍品。两块石碑显示了白马寺古文化的厚重。之后，有东西对称的钟楼和鼓楼，钟楼以东、鼓楼以西分别为两位印度高僧迦叶摩腾和竺法兰的墓冢。墓冢以弧形青石砌成，略呈圆形。东边墓碑上刻"汉启道圆通摩腾大师墓"，西边墓碑上刻"汉开教总持大师竺法大师墓"。墓重建于明崇祯七年，由"赐进士中宪大夫知河南府事尹明翼"重立。他们带到中国的佛经《四十二章经》，就是在白马寺里翻译成汉语的。后来另一位天竺僧人昙柯迦罗，在这里又译出了第一部汉文佛律《僧祇戒心》，历朝历代还有许多西域和其他国家的僧侣，到白马寺学习和交流。

北魏时，在洛阳的寺庙中，白马寺的香火最盛。唐朝时，武则天任命她的男宠薛怀义，做了白马寺的住持。笃信佛教的武则天，于垂拱元年（公元685年），对白马寺院进行了大规模的扩建，建筑宏伟，有千余僧人，到中国来的佛教徒也纷纷到白马寺朝拜。唐朝时期的白马寺发展到了历史上的顶峰。此后白马寺又几经兴废，明嘉靖三十四年（公元1555年）和清康熙五十二年（公元1713年）的两次重修，奠定了今日的规模格局。

白马寺内现存五层大殿，坐落在一条笔直的中轴线上，两旁偏殿则互相对称。五重大殿由南向北依次为天王殿、大佛殿、大雄殿、接引殿和毗卢殿。每座大殿都有造像，多为元、明、清时期的作品。天王殿内因供奉四大天王而得名。殿内迎面而遇的是赤脚打坐的大肚弥勒佛。他笑容满面，和蔼可亲；右手持念珠，左手握布袋，趣味横生，人们又叫他为"欢喜佛"。他为何手握布袋呢？传说五代时期有位和尚叫契此，他身体肥胖，言语无拒，笑口常开，打坐时赤脚，外出时背着大布袋到闹市行乞，随地卧寝，形如疯癫，人称"布袋和尚"。后梁贞明二年（公元916年），他在浙江奉化岳林寺东廊的磐石上圆寂，临终时留下四句偈语："弥勒真弥勒，化身千百亿；时时示世人，世人自不知。"因此后人都以为他是弥勒佛化身，供奉于佛寺第一殿。这弥勒佛是佛教所说的未来佛。此佛无忧无虑，笑口常开。他只要降临人间，便会带来天下太平，风调雨顺，五谷丰登。他最受老百姓的欢迎和喜爱。后来，弥勒佛的塑像总是放在寺院中第一座大殿内供奉，人们进入寺院，首先看到的便是弥勒佛的笑脸，有解脱自在、法乐无边的感觉。

天王殿两侧站立的是四大天王塑像，又叫四大金刚，代表"风""调""雨""顺"，个个威风凛凛，体态雄伟，均是清代泥塑。弥勒佛像背后北面站着的是韦驮天将，他是佛教的护法神。他身着武将之装，正对着释迦牟尼像，执行着维护讲经道场的任务，不许邪魔侵扰，显示了"法"的威严、威力。天王殿后面，是白马寺的主要殿堂，重大的佛事活动都在此举行。殿内正中的佛坛上七尊塑像，须弥座上

插图2-9.2 布袋和尚图（南宋法常绘）

布袋和尚图是南宋禅宗常表现的绘画题材。南宋著名画家法常在《布袋和尚图》中的布袋和尚为半身像，和尚双手捧腹，开口大笑。头部造型准确传神，富有强烈的感染力，几笔浓墨勾勒出的衣褶，表现了禅宗随意与自由的艺术风格。法常，宣和年间在长沙出家，南宋理宗、度宗时为临安（今杭州）长庆寺僧，性英爽，嗜酒。他正义爱国，敢于语伤奸相贾似道，遭追捕后，避祸于绍兴丘氏家。至元朝，在天台山万年寺圆寂。法常是位佛教阐扬者，也是天才画家。他工山水、佛像、人物、龙虎、猿鹤、禽鸟、树石、芦雁等，皆能随笔写成，造型严谨，形象准确。墨法蕴藉，幽淡含蓄，形简神俱，回味无穷。其画透露出秀逸清冷的浓浓禅意，艺术感染力强。

是高 2.4 米的主尊释迦牟尼，刻画为右手持花而讲经的形象，但他讲经却是无言的表情，即所谓"涅会上""捻花示众"，让众僧去猜测。据说这是释迦牟尼最后一次的讲经说法活动，叫"不语说法"。东西侍立的是两尊供养天人，手持鲜花，体态婀娜，也称"散花天女"。

大殿东南角悬挂着一只大钟，为明代太监黄锦所铸，其重 1250 千克，高 1.65 米，造型古朴大方。每当夜深人静、月白清风之时，僧人撞击此钟，声传四野，经久不绝。远在 12.5 公里之外的洛阳老城钟楼上的一口大钟，也应声而和；老城钟楼上大钟一敲响，这里的大钟也应和响起来。民间有"东边撞钟西边响，西边撞钟东边鸣"的佳话。大佛殿后是大雄殿，是白马寺内最大的殿宇。"大雄"是佛教徒对释迦牟尼的又一尊称，即大世英雄于世独尊的意思。大殿内，有座巨大的木雕贴金双层佛龛，金碧辉煌。佛龛的上层正中雕有大鹏金翅鸟，鸟嘴人身，袒胸露腹，佩璎珞念珠，作腾空跳跃状，两翅下各一人，旁有三龙。传说大鹏金翅鸟最爱吃龙，龙难以忍受，无奈之中去求如来佛保护。如来就从身披的袈裟上抽出丝线，一根丝线覆盖一条龙。在如来佛的保护下，龙从此免受危害。大殿正中是释迦牟尼塑像，左侧为"琉璃世界"的药师佛，左侧为西方"极乐世界"的阿弥陀佛。大殿两侧是十八罗汉，形态各异。西侧的罗汉头戴花冠，上衣下裙，与其他十七尊削发光顶的罗汉不同，俨然是一位女性形象，显得端庄娴雅，人们说这是"十八罗汉一枝花"。十八罗汉像是白马寺镇寺之宝。

过了大雄殿是接引殿，按佛教说法，佛家弟子修行到最后阶段，就有了一定的功果，阿弥陀佛便会来，引他到西方极乐世界去。

插图 2-9.3 玄奘取经回长安图

玄奘于唐贞观十九年（公元 645 年）回长安，受到官民的热烈欢迎。第二天，在朱雀街之南陈列从印度带的佛经佛像，之后陈列品送弘福寺储存。二月，唐太宗李世民在洛阳宫会见他，劝他还俗做官，他拒绝了。唐太宗又让他跟随去攻打高丽，他也拒绝了。玄奘要求组织译场，翻译佛经，唐太宗安排他去弘福寺，4 年他译完《瑜伽师地论》100 卷。这一年 12 月玄奘移居慈恩寺，任上座。唐永徽三年（公元 652 年）玄奘在慈恩寺西院建大雁塔。第二年始译《阿里达摩顺正理论》。永徽五年译毕，共 80 卷。

从接引殿后面东西两侧拾级而上，过了拱形桥，清凉台便在眼前了。据说，清凉台是汉明帝刘庄小时候避暑读书之处。后来是印度高僧迦叶摩腾和竺法兰居住译经之处，直到他们生命的最后时光。这之后，安世高在汉桓帝时来此译经。据《开元释教录》记载，从东汉至西晋先后在此译经的达 34 人，共译出经书 700 多部 1400 多卷。以后，又有许多人加入译经的队伍中。从东汉到清代，在白马寺翻译佛教经典的数量之大、品类之多，世所罕见。所以，清凉台应是中国佛教文化的发祥地。

白马寺最后一重大殿是毗卢阁，自东汉以后就是藏经之所。阁内佛坛上居中的主尊是摩诃毗卢遮那佛，"毗卢佛"是对他的简称，意为"大日佛"，是光明普照、佛法无边的象征。毗卢佛是佛教的一个重要教派，称为"密宗"（也叫"真言宗"）。据说毗卢佛是释迦牟尼的法身像，释迦牟尼是应身像，龙门石窟奉先寺卢舍那大佛是极身像，这就是佛教的法、应、极三身。

10. 关林圣地

中国圣人中知名度最高的有两个，一个是文圣孔子，一个是武圣关羽。关羽"武圣"的圣名是清雍正八年（公元1730年）被封的。根据礼制，皇帝的墓称"陵"，王侯的墓称"冢"，百姓的墓称"坟"，圣人的墓则称"林"。中国只有孔子和关羽的墓称为"孔林"和"关林"，是对圣人最高的敕封。

关羽一生对国以忠，事主以勇，处世以仁，待人以义。他死后人们设牌位崇敬，渐升为画像崇拜，进而盖庙祭拜。汉代追封他为"壮缪侯"，宋封为"忠惠公"，元封为"壮缪义勇武安英济王"，清封为"忠义神武关圣大帝"。

关林，相传是埋葬关羽首级的地方，位于洛阳之南行8公里处的关林镇，建筑宏伟，环境幽雅。1780余年来，关林峻宇连甍，古柏森然，淄素入庙，视为严宫，形成了浓厚的关公文化。明万历二十年（公元1592年），在汉代关庙的原址上，修庙植柏，进行扩建，至清乾隆时，又加以扩建。主体建筑平面布局呈"回"字形，包括两重庭院、三进殿宇、四座石坊、百余间廊庑厅堂，占地180余亩。整个建筑群，从大门外的舞楼，向北直到后北门形成一条中轴线，中轴线上有大门、仪门、大殿、二殿、三殿、墓冢，其他建筑皆沿中轴线左右对称。大殿是整个关林的核心，这就是"居中为尊"的中国传统思想意识的反映。

舞楼，是大门前相对独立的一座建筑，它的周围叫关林广场，舞楼居广场中央。舞楼平面布局呈"凸"字形，突出的部分为前台。前台长9.3米，宽3.5米，高2.25米，没有山墙，顶部为面阔3间的木构歇山式，祭祀关羽时观众可从正面和两个侧面观看舞台上的演出。舞楼的前后檐柱是用五彩斗拱承托起五架梁，上用爪柱托起单步梁，支撑着金檩及歇山式顶檩，角柱支撑飞檐，角梁外延呈龙头形。后台左右外伸5间，是演员化妆和休息处。上层歇山顶正脊上立有背驮宝瓶的雄狮；戗脊上立有天马、狮子等。整座舞楼望去宛如一座重檐楼阁拔地而起，蔚为壮观。舞楼设计巧妙，构筑精美，殊是罕见，为中国早期舞台建筑的杰作。

为什么在此建一座戏楼呢？因为关林被列为朝廷礼制的祭礼庙宇，所以，到关林举行祭祀活动就成了"国家级"的祭祀礼俗规格。祭祀酬神时必演大戏来助祭，以显其庄严与隆重。清代乾隆五十六年，有一位商人出于对关公的敬仰施银添建此楼，既得朝廷的赞许，又得了民意。楼建成后，每年农历正月十三春祭、五月十三诞祭、九月十三秋祭之时，舞楼上锣鼓琴弦齐鸣，台下人头攒动。

与舞楼相对的关林大门两边的八字墙上篆书"忠、义、仁、勇"四个大字，这

四个字是关羽一生为人的道德规范。它已衍化为中华民族精神中独特的文化因子，是中国崇敬关羽、信奉关羽的基石。大门的建制按帝王规格兴建，五开间，三门道，门额上悬的是金字匾额，上书"关林"二字。门楣上有门户，两扇朱红大门上镶嵌着九九八十一颗金色乳钉，这是封建社会里最高等级的标志，象征着关羽的至尊地位。大门外有白色大理石质料的狮子，雄健威武，为目前洛阳地区石狮之最。大门的东西两侧，耸立着 60 米高的三门道石牌坊，坊额上有颂扬关羽的题字。

仪门，是关林的第二道门，建于明万历二十年，取"有仪万象"之意而命名，是仿官衙而建筑的。前后檐下有 10 幅图画，画的都是关羽的故事。门的左侧为《关圣帝君》图，相传为岳飞所画；右为碑刻《关帝诗竹》图；门额上的"威扬六合"为慈禧太后题字。"六合"指东、西、南、北、上、下六方，意为关羽威名天下。据说光绪皇帝继位之后，慈禧太后忽然对写字有了兴趣。因为写字能显示学问，所以她拼命练书法，却始终拿不出手。于是她心生一计，想找一个女子代笔。寻找善于书法的女子的旨意迅速传到各省。四川有个能写擅画的才女缪筼素，被四川官员送进京。面试通过后，慈禧便将其留在宫中专为自己题词代笔。从此，

插图 2-10.1 慈禧太后御笔匾额

1901 年 9 月，慈禧在关林，瞻礼拈香，亲书"威扬六合""气壮嵩高"匾额。光绪皇帝为关林的题匾是"光昭日月"。

许多王公大臣不断得到慈禧赏赐的"御笔"，还盖上"慈禧太后御笔之宝"鲜红的印玺。被蒙在鼓里的王公大臣们，能得到"御笔墨宝"，高兴异常；也有知道是代御笔题词的，但因为是太后亲赠，也就揣着明白装糊涂，当成难得的珍品，大谢恩赐。

八国联军攻入京城那年，慈禧太后仓皇出逃，跋涉辗转到了西安。一年后返京途中，于 1901 年 9 月 16 日到达洛阳。19 日到关林上香，慈禧看到关羽像，心情激动，感慨良多。为了表示心意，不能不题字。但缪筼素不在身边，慈禧就亲笔书写了"威扬六合"和"气壮嵩高"两块匾额，这才是慈禧太后的真迹。

过仪门是甬道，栏板夹筑，长 35 米，宽 4 米，甬道之端是辉煌的关林大殿。甬道两旁有 36 根望柱，柱上雕刻着大小 104 个石狮。故甬道有"洛阳小卢沟"之称。甬道两旁还竖立两个石制华表，巨龙盘绕，气势非凡。东、西对称的分别为高 15 米的钟楼和鼓楼，钟楼里有一口明代大钟。

拜殿，是供祭祀的场所，过去每年春秋都在这里隆重祭祀关羽。高 6.52 米的焚香炉，对称地立在拜殿月台前甬道两边，四面坡亭式顶，为清代砖砌仿木构建筑。拜殿的匾额和楹联，均为乾隆皇帝南巡洛阳到关林祭祀时亲笔所题。殿内一把大刀，那就是关公的"青龙偃月刀"，重 30 多公斤，高 3.5 米。它随关公过五关、斩六将，南征北战，成为中国历史上的名刀。按封建朝政祀典规定，百官僚属要用称为"太牢"的整猪整羊作祭品，在月台之上拜殿之下，举行谒拜仪式，场面大，人数多，香火盛，分外隆重。

"关林翠柏"为千年美景，古柏森森，葱茏回合，每当大雨急住乍晴之时，云气如烟，似袅袅香篆，悠悠绕冢流走，变化奇幻，令人拍案称奇。关林苍松翠柏，

藏着很多民间美丽的传说故事，表达了人民对关公的崇敬与信仰。

西焚香炉后月台前西侧，有两棵柏树，西边的那棵"龙头柏"，有一枯枝下伸，形似龙头；东边的那棵"凤尾柏"，树根裸露，呈扇面形，环纹又密，犹如凤尾拖地。传说这两棵柏树是真龙真凤变的。传说一个夜晚，关羽秉烛读《春秋》，正值东海龙王和南岭金凤出巡，它们来到关林，看到关羽借着月色看书批阅文卷。这一龙一凤受到感动，分别落在两棵柏树上，龙目凤眼放射光芒，庙宇照得一片通明，关羽感到灯光正亮，更认真地读起来。日子久了，龙与凤就与柏树长成了一体，龙头变成了柏树枝，就是西边那棵"龙头柏"；凤尾变成了柏树根，就是东边那棵"凤尾柏"。

62

还有一棵"松上柏"。传说农历五月十三是关羽诞辰日，每年的这一天，关林里有成千上万的烧香祭拜者，就连各地的鸟儿也在这天赶来朝拜，祈求平安。有一年，西岳华山的一只黄鹂带着礼物远道飞到关林。它的礼物是口中衔着的一粒松子。它看到供桌上摆满了人们对关羽虔诚的心意时，就把松子放到一棵巨柏的树洞里，并祝愿松子生长。这棵巨柏上果然长出了松树，枝叶繁茂，直插云霄。人们就把这棵树叫"松上柏"。

"松上柏"如一则寓言故事，而"旋生柏"却是一则神话故事。关林里柏树的树枝，多是旋转着生长，密密的树纹，扭着许多圆圈，形似扭腰麻花。据传，关羽被封为三界伏魔大帝后，就常到各地降妖除怪，为民除害。关羽出行时，总是乘着一股白气，白气旋转升空，远行他方。关羽除害勤劳不息，出去的次数很多，以至白气升空时，把柏树旋成了现在这个样子。在关羽墓前有几棵柏树旋得特别厉害，被称为"旋生柏"。

插图 2-10.2 关羽墓冢

关羽墓在洛阳关林内。关林是关羽葬首之所，也是我国唯一的冢、庙、林三祀合一的古代建筑群。关羽死后头颅在河南洛阳，身子葬在湖北当阳。现在洛阳、当阳各有一处关羽墓，故有关羽"头枕洛阳，身卧当阳，魂归山西"之说。墓冢高7米，周长70米，砦石为垣，立石雕栏杆，上刻"巨龙如海"等图案。墓前碑亭中，竖"汉寿亭侯墓"碑。陵园风景幽丽，古柏参天，远山近水，四季常新。

11. 武财神

关羽，字云长，东汉末年山西解州（今山西运城）人，蜀国五虎将之首。关羽一生推崇并致力于实践"忠"与"仁"。因此，他成了勇武超人、神威凛凛、忠心耿耿、顶天立地的英雄豪杰，是封建社会千古传颂的人伦楷模，受到历代帝王和百姓的崇高敬仰。历代王朝都为其封号，汉封侯、宋封王、明封帝，就连几个大宗教也为此争高低，儒称圣、释称佛、道称天尊。历史上曾有16个帝王颁旨加封关羽，并将其视为皇家的保护神。于是，关公从民间的敬拜跃升为国家级祭祀的显赫神灵。

有一个关于加封关羽的传说，明神宗朱翊钧万历（公元1573—1620年）年间，

一位朝廷使臣路过洛阳。地方官报告说龙门一带出现巨蟒，现身时腥风血雨、电闪雷鸣，危害百姓。官兵多次搜捕无获。这位使臣听后心中沉重，夜里一梦，见一大将突然而至。此人枣红脸、丹凤眼、卧蚕眉，很是眼熟。这位将军告诉他自己是蜀汉大将关云长，过去遭吴杀害，得曹操厚葬于洛。但岁月悠长，自己的庙宇残破，请代奏皇上修茸。使臣答应："定当代奏。"并把蟒害告诉了关羽。关羽朗朗一笑，说："一条毛虫，明天擒来。"使臣梦醒，十分惊奇。第二天急忙到关林去拜谒关羽。他一到关冢前，晨雾蒙蒙，冢上一股白气冲天而起，旋转着指向龙门。他正惊疑，天上忽然洒落腥雨，并掉下几块东西，随即一股白气降下，息入关冢。使臣低头一看，掉下的竟是被斩为数段的巨蟒身子。他连忙跪下向关冢拜谢。使臣回京后将在洛阳的奇遇奏知明神宗，请求加封关羽。明神宗即降旨封关羽为"三界伏魔大帝神威远镇天尊关圣帝君"，封号长达 16 字，为世罕见。

二殿的大门上方悬挂着"光昭日月"匾额，为清代光绪皇帝题字。二殿是关林现存建筑中始建最早的殿宇。殿内那尊关羽坐像，头戴纶巾，身着绿袍，足蹬战靴，蚕眉紧蹙，怒视东南，人们称此像为"关羽怒视东吴戎装像"。

插图 2-11.1 关羽擒将图（明代商喜绘）

商喜，明代著名宫廷画家，濮阳（今河南省濮阳市）人，擅长多种题材，尤其是山水、花鸟、人物画，以精工富丽见长。此图取材于《三国志》关公水淹七军、生擒庞德的故事。关羽蓝巾、绿袍，全身披挂，丹脸凤眼，长髯飘拂，凝神危坐，神态威严，气宇轩昂，大将风度；庞德上身裸露，赤脚，双目怒睁，咬牙切齿，毫不畏惧；关平拔剑威慑，周仓从旁吆喝；两神将在敲桩、绳缚、揿身、压抑被审者。气氛激化，绷弦欲断。线条刚劲流畅，顿挫有力，色彩红绿金粉，鲜艳夺目。

三殿殿前有两棵名柏，东为"旋生柏"，西为"结义柏"。"旋生柏"树干树枝都状如螺旋；"结义柏"的一人多高处生出三权，粗细相同，象征刘、关、张桃园三结义。殿内有两座不同姿态的雕像，一座是关羽夜读《春秋》的坐像。他左手捋须，右手持《春秋》，神情专注，再现当年秉烛达旦读书的情景。另一座是关羽的睡像。睡像是用先进工艺制成，他能翻身坐起，怒目圆睁。三殿又称为"寝殿"。

三殿之后是两座石牌坊，为明清时所建。前面的石牌坊正额题有"汉寿亭侯墓"几个大字，后面的石牌坊正额题字"中央宛在"，它在告诉人们，关羽的头颅依然在此。

建安二十四年（公元 219 年），关羽被刘备派往荆州镇守，因轻敌自负，遭东吴暗算，失守荆州，败走麦城，突围中于湖北当阳为吴将所杀，年仅 59 岁。东吴孙权害怕刘备起兵报复，便差人将关羽的首级以木匣盛装，星夜赶赴洛阳，送给了曹操，企图转嫁危机于曹操。但孙权低估了曹操智谋，这个雕虫小技立即被曹识破。曹操出于对关羽的敬重和华容道放行的谢恩，将计就计，用沉香木雕刻了关羽的身躯，和关羽的头放在一起，以最高的王侯礼节，隆重地安葬于洛阳南门外，也就是现在的关林。所以，此处的关羽墓穴内，只是关羽的"头冢"。

紧靠石牌坊的是一座林碑亭，康熙五年所造，这座亭集历代斗拱建造之优，上下连接，环环相扣，绘有绿、蓝、黄、红诸色，显得富丽堂皇。其构筑之奇巧、造型之典雅，尽得鬼斧神工之妙，虽经历300多年的风雨，仍稳固耸立，为关林第二绝。亭内一尊高4.8米的石碑，龟趺座，首雕龙，正面的题字为道光年间对关羽的封号"忠义神武灵佑仁勇威显关圣大帝林"；碑阴为康熙五年撰写的《关圣帝君行实封号碑记》。

林碑亭前面这个高大丰隆、青草茂盛的土丘，就是关羽"头冢"。冢的平面是不规则的八角形状，外用砖筑围墙圈砌，占地250平方米，冢高10米。围墙上有清康熙四十六年修筑的石墓门，门上有题字"钟灵处"。冢门两边有副楹联，写的是："神游上苑乘仙鹤，骨在天中隐睡龙。" 冢门上方有四个圆洞，过去来关林进香的人，都要把一枚铜钱投入洞中，听到"当"的响声，才放下心来，祈祷得到应验。

关羽本是三国时代的一个历史人物，史书里的关羽只是从"将"变成"侯"，并未变成一个神，他是怎样成为"神"的？民间有许多传说，例如汉末时期，魏、蜀、吴平分天下，蜀将关羽为魏国曹操所俘，送至许昌（今河南省许昌市）软禁起来。曹操爱其才，慕其德，一心一意想收为麾下。为了达到目的，他对关羽"上马金，下马银"，赠金银，送玉女，诚心可鉴。但关羽一身正义，一腔豪情，不为所动。关羽知道了刘备的下落后，执意千里寻兄，坚决辞别曹操。临行前，关羽将曹操平时送给他的金银布帛全部留下，并附了一本笔笔清楚的账册，而后毅然离去。后世人认为，关羽的记账方法很有用处。关羽以信为本，又设计了简明的记账之法，对商业的发展产生了很深的影响。因此，人们就顺理成章地把关羽尊为"武财神"。

插图 2-11.2 武财神关公画像（清王素）

关羽身上集中了中华民族的传统美德，他忠肝义胆，勇敢威武，被尊为"武圣"。他身上还反映了民众的愿望和理想人格，人们都相信他能护佑平安、镇宅避邪、招财进宝，尊他为"武财神"。所以，关羽千百年来受到世人的拥戴。清代画家王素（公元1794—1877年），画人物、花鸟、走兽、虫鱼无不入妙，才能全面，他有传统的功力，又能吸收外来经验。他的传世作品很多，人物画成就最大。

据历史载，关羽的神化开始于隋唐时期。至宋代，人们对关羽的敬仰表现在修建关王庙上。明代万历年间，关羽得到了道教的最高封号"三界伏魔大帝神威远镇天尊关圣帝君"。到了清代，建关王庙之风更盛，史载"凡通衢大道，以至穷乡僻壤，无地无之"。到了清朝，关羽的角色发生了转换，由"关王爷"晋级为神仙级别，称他为"财神""财神爷"，这与康熙、乾隆时期民间的商业有关。当时，各行各业都借"三国"之事奉关羽为其"行业神"，卖豆腐的供奉关羽为神，因为相传关羽年轻时曾卖过豆腐；烛具行业奉其为神，是因为关羽在曹营秉烛达旦，恪守叔嫂之礼；理发业、屠宰业、刀剪铺业敬关羽为神，因为他们的工具都是刀，而关羽的兵器就是青龙偃月刀。总之，凡从商的大至商贾巨富，小至店铺摊位，都以关羽为财神爷，加以敬奉。

山西商人敬奉"关财神"却另有情结。山西商人把关羽作为出门在外的保护神，他们遍布全国的商人会馆，都有关庙建筑。晋商天下游走，江湖闯荡，总依三国刘关张"桃园结义"为楷模，笃信关羽的忠诚和义气之美德，结为异姓兄弟，形成"商人联盟"，面对困难逆境，互相关照，共渡难关。晋商富甲天下，关羽护佑使其然，故关羽在他们心中，是求发财致富的财神。

民间崇拜的财神有"文财神"和"武财神"之分，关羽是"武财神"的代表，级别最高。这因为关羽是忠义的化身，备受人们的推崇，"忠义"的灵魂就是诚信，敬奉"武财神"关羽，含有警示震慑的作用：君子爱财，取之有道。否则，"武财神"关羽手中那把青龙偃月刀，是不会留情的。

12. 北邙古墓

洛阳市之北，黄河南岸，有一座山叫邙山，是秦岭山脉的余脉——崤山支脉。广义的邙山西起自洛阳市之北，沿黄河南岸绵延至郑州市之北的广武山，长达100多公里。狭义的邙山仅指洛阳市以北的黄河与其支流洛河的分水岭。邙山海拔300米左右，为黄土丘陵地，是洛阳北面的一道天然屏障，也是军事上的战略要地。洛阳邙山又称"北邙"。

北邙，背山面河，地势开阔，土厚水深，自古就有"生在苏杭，死葬北邙"之说，从东周开始，这里便成为人们理想的安息之地。晋代诗人陶渊明在他的《拟古·迢迢百尺楼》一诗中说，古来有多少人在这里激昂慷慨地角逐，兵戈铁马，朝代更迭，可"一旦百岁后，相与归北邙"。死后一个跟着一个安葬北邙，可见洛阳北邙是死者理想的归宿。葬在北邙的都是些什么样的人物呢？晋人张载在他的《七哀诗》中这样写道："北芒何垒垒，高陵有四五。借问谁家坟，皆云汉世主。"洛阳北邙是中国埋葬帝王最多的地方，不光是汉代的帝王安葬之地，据统计，邙山上有东周、东汉、曹魏、西晋、北魏、后唐六代共计24座帝王的陵墓及其陪葬墓群，交错毗连，高达数十米，周长上百米，宛如小山般矗立，占尽邙山风水宝地，虽历尽沧桑，仍不失帝王之霸气。所以，唐人王建诗云："北邙山头少闲土，尽是洛阳人旧墓。旧墓人家归葬多，堆着黄金无买处。"唐代时期，邙山已然是"寸土寸金"了。历史

插图2-12洛阳古墓博物馆

"北邙山头少闲土，尽是洛阳人旧墓。"洛阳北邙山及周边，历代古墓葬星罗棋布，洛阳古墓博物馆坐落在这里，占地面积130余亩，由一组仿汉建筑群和一组仿北魏建筑群组成，分为历代典型墓葬、北魏帝王陵、壁画馆三大展区。历代典型墓葬展区分为地上、地下两部分。古墓博物馆搬迁复原上自西汉、下迄宋金时期的代表性墓葬25座，陈列文物总计约600件。墓葬形制面积之大、风格之别致、收集古墓年代之久、类型及数量之多，均属世界首位，是世界上第一座古墓博物馆。

上许多帝王将相兴起于洛阳古城，称霸称雄，轰轰烈烈，不可一世。然而，他们用一生的时间，才走到洛阳之北15公里的邙山头，停住了脚步，用一抔黄土结束了自己的一辈子。他们生前占尽人间富贵，死后也要争先恐后地抢占风水宝地，"北邙秋风吹野蒿，古冢渐平新冢高。"（陆游诗《步虚》）生与死，似乎一步之遥，竟是这样相近。

北邙之峦不在高，但埋藏的却是历史的人文情怀。这无数个皇陵高冢，犹如一部无言的历史，书写了一个个墓主的繁华与辉煌、落寞与悲凉。洛阳之北15公里处的邙山乡冢头村，历年来文物考古工作者在这里发掘了一万多座古代墓葬。仅出土的墓志就有6000余方，内容涉及墓主所处时代的政治、经济、军事、文化、中外交往、民族关系等，闪烁着中华文明的光芒。

为了展示这里的古墓文化，1987年建成了以陈列历代典型墓葬为主要内容的专题性博物馆——古墓博物馆。洛阳古墓博物馆占地155亩，建筑面积8200多平方米。博物馆有东区和西区两个部分，分地上和地下两层。地下陈列馆西侧和北侧，分别是西汉和东汉的墓葬，共10座，其中有6座壁画墓，墓室犹如琼庭画阁，琳琅满目。墓画都包含着故事。

13. 壁画故事

"卜千秋墓壁画"，是公元前1世纪西汉昭帝至汉宣帝之间的一座郡守级别官吏的墓葬，墓中有一枚铜质印章，上刻"卜千秋印"几个字。卜千秋就是此墓的主人。墓内壁画的主题表现的是打鬼和升仙。汉代人认为，由鬼升仙的路上有飞龙乘云、腾蛇游雾，但也有恶鬼当道。所以，打鬼与升仙互为因果。据《周礼·夏官·司马》中记载，打鬼要有"领导人"，称之为"方相氏"。壁画上穿着紫衣红裙大耳熊面者就是方相氏。此时它赤膊裸足，双目圆睁，作推拿之状，正怒击恶鬼。很有意思的是，它竟戴着一副近似现代的黑边眼镜。它的下面相向画出青龙和白虎以助威。古书说："龙虎猛冲，天之正鬼。"这一龙一虎象征主人勇猛无畏、镇妖避邪的决心。

"打鬼是为升天开道。"在此墓的墓顶平脊门上，有一幅《升仙图》。画卷长达4.51米，宽0.32米。在13块砖上依次画着女娲、月亮、持节方士、两青龙、两枭羊、朱雀、

插图 2-13.1 西汉卜千秋墓室壁画

西汉卜千秋墓壁画有三组：辟邪图、卜千秋夫妇升仙图、人首鸟身像。以"卜千秋夫妇升仙图"最壮观，该壁画长4.51米，宽0.32米，绘在20块空心砖上，画面中卜千秋夫妇由女娲、伏羲、太阳、月亮、持节方士、两青龙、两枭羊、朱雀、白虎、仙女等人神鸟兽护送，浩浩荡荡奔向昆仑仙界。卜千秋夫人在上方，骑赤色三头凤，手捧三足乌；卜千秋在下方，乘腾蛇，手持弓。作者创造出气势壮观、秩序井然、神秘奇异的虚幻世界，表达了西汉人们对生的留恋和对幸福生活的追求。整幅图以极富装饰的线描、高度夸张的形体姿态和单纯简洁的形象，构成波浪起伏、延绵不断的天上景象。

白虎、仙女、奔兔、猎犬、蟾蜍、卜千秋夫妇、伏羲、太阳、黄龙等，包括了人、神、鸟、兽等形象，栩栩如生。这长长的升仙队伍浩浩荡荡，气势宏大，是一个充满浪漫奇想的逍遥世界。仔细看去，依稀可见墓主夫妇乘御龙凤、凌空飞行的奇异景象。他们二人都闭着眼，以示死者的灵魂。女主人手捧三足鸟，乘三头凤，腾空飞翔；男主人则乘蛇持弓，后有一犬，表明他在阴间不忘田猎之好。夫妇二人前还跪着一位西天王母派遣的仙女，她作为使者前来迎接他们升天入仙界。

墓室门上额图上有一个在山岳之上张翼飞舞的怪物。它人首鸟身，面容姣好，十分俊美，而身子腿爪像一只鹤。据考证它就是仙人王子乔。春秋时代，周灵王的太子叫王子乔，名晋。王子乔爱好吹笙，能学凤凰鸣叫，常常到周朝都城洛邑南边的伊河、洛河之间游玩。有一次他遇见一个叫浮丘公的道士，道士就把他接到篱山修炼。30年后的一天，王子乔在一座山上见到一个名叫桓良的人。他说："请转告我的家人，七月七日，我在缑氏山头。"但当家人去缑氏山去会见他时，他坐在羊身上，站在山头上向家人招手致谢，却并不下山会面，数日而去。这幅《王子乔飞天》图被选作这里的壁画，其意很明显，即希望墓主人像王子乔一样，能升仙成神。

墓主室后的山墙上有一幅表现宴饮场面的壁画。它以起伏的山峦为背景，中间盘坐着一个怪物，似猫头鹰，左手执长柄武器，右手持牛角杯饮酒。这是打鬼头领方相氏。其余的人或持杯对饮，或烧烤牛肉，或持戈侍立，或拔剑欲奔。图上有一白粉书写的三个"恐"字，以震慑恐吓疫鬼。

在墓门内上额有一幅《神虎食旱嫂》壁画。北方常旱，老百姓极恨旱鬼女嫂，认为只有除掉女嫂才可无旱灾。人们这个愿望就反映到这幅图画中：女嫂上身裸露，皮肤发紫，双目紧闭，长发挂在树枝上。树枝稀疏，上飞一鸟。树枝上挂一红衣。女嫂右边有一猛虎，虎生双翼，前爪踏在女嫂头部，张嘴吞食状。图中还有一羊头雕塑，羊头为吉祥物，它与凶恶女嫂互相衬托，寓有"逢凶化吉"之意。

在墓室隔梁正面，有两幅反映历史故事的壁画，一幅是《二桃杀三士》，描绘的是春秋时齐国宰相晏婴与齐景公合谋使三武士自杀的情景。画中有二桃，让三个武士因功而争桃，于是富有忠、义、仁、勇的三武士拔剑自刎。另一幅为《赵氏孤儿》图，也有人认为是《孔子师项橐》或《周公辅成王》图，图中人物生动。

西汉的这些墓壁画，虽然充满了鬼怪形象和神秘色彩，但却没有悲哀、枯朽、沮丧的情调，也无恐怖阴森的气氛。壁画展现的是生气勃勃、龙飞凤舞的大千世界，以及对力量和速度的追求。画面自然、生动、流畅、和谐、深沉、壮美，正是鲜明

插图 2-13.2 门吏图（唐氏墓墓道壁画）

此图为唐氏墓中立于墓门两侧的门吏，这个站立一侧的门吏，左手紧握腰部的剑柄，右手贴于胸前，上身前倾，面部表情祥和温顺，神态如恭身迎送宾客。邙山唐氏墓中发现的人物壁画，都精妙传神，有很高的艺术价值，令人惊叹。

的汉代美学风格的反映。

东汉墓室中壁画主题多为宴饮、出行、伎乐和天象，而打鬼、升仙的内容很少。从艺术上看，绘画风格趋于写实和夸张变形的手法。这个墓室中一座东汉墓是在偃师市发掘搬迁过来复原，很有特色。它的前室有一幅车骑出行图，长12米，宽0.6米，有9乘安车、70多个人物、50余匹奔马；有手擎旌旄的步卒、左右雁行的骑吏、踞乘华车的主人、合坐安车的眷属，显示了车辚辚、马萧萧的威赫气势。

除两汉墓室外，还有魏、西晋、北魏时的墓葬。西晋墓两座，为大司农、关中侯裴祇之墓。墓内葬4人：裴祇、他的母亲、妻子和女儿惠庄。据出土墓志载，裴祇死于西晋"八王之乱"。八王是指晋武帝司马炎夺取政权之后，为保住天下，大封宗室亲族时所封的王。司马炎死后，他的儿子继位，是为晋惠帝。晋惠帝的白痴无能引起了皇室内部和八王之间争权夺利的混战。他们互相残杀，连年战乱，长达16年，造成了"河洛丘墟""阡陌夷灭"的惨景。裴祇一家四口人是这场战乱中的牺牲品，在当年的战乱中不能同堂欢聚，而死后却同穴而眠。裴祇和妻子葬于侧室，母亲葬于后室，女儿葬于耳室。四口人各有所安，在漫漫的黄泉路上，一家人相依相偎，墓室相安。

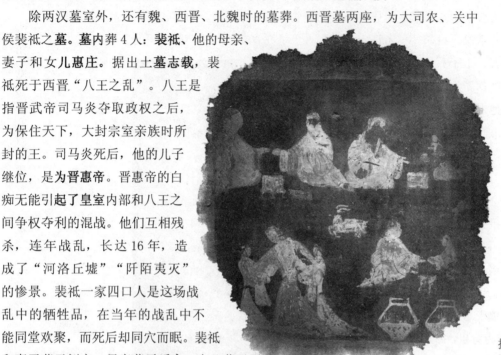

插图2-13.3邙山古墓室壁画宴饮图

宴饮图中，其中的画面生动、自然，将饮酒场面刻画的淋漓尽致，显现出一幅生动的生活画面。

唐宋墓葬里厅甬道里有李嗣夫妇墓和安菩夫妇墓。安菩是外国人。安菩，字萨，来自西域安国（今乌兹别克斯坦的布哈拉），唐贞观四年（公元630年），唐军西征灭东突厥，安息国有10万人归降，其中有安菩和他的父亲，一起来到中国。安菩曾任唐朝定远将军，北狄发兵南侵，安菩奉命出征。他骁勇善战，奋勇当先，立了战功。64岁时客死长安，妻子病死。他儿子安金藏，时任洛阳宫中"常寺乐工"，将父亲的遗体迁至洛阳，与其母合葬于龙门。从安菩夫妇墓中出土了大量的唐三彩俑。其中有一枚特殊的罗马金币，正面为一幅头戴王冠、留着长须的半身像，背面是带翅膀的胜利女神。这是东罗马皇帝福克斯的钱币，是"丝绸之路"的产物。它证明了当时的洛阳已是一个繁华的国际性贸易都会。

邙山古墓室壁画宴饮图上部所描绘的四个人在饮酒，两两对饮，猜拳行令，他们中间放置着酒樽、托盘和耳杯。下部描绘的两个人也是在饮酒，右边两人猜拳行令，左边是两个侍女搀扶着醉态的人。整个画面人物生动逼真，生活气息浓厚。

宋墓陈列区有5座北宋墓，无一不建造奇特，雕梁画栋，装饰华美，充分体现了宋代墓葬建筑艺术风格。墓室的壁画上，把阳间的景物形象而直接地搬到了阴间。《夫妇宴饮图》《庖厨图》《交租图》《乐舞图》《花卉图》等壁画，逼真地展示出宋代家庭及社会生活的一个侧面。

宣武帝，名元恪，为北魏孝文帝次子，登上皇位时 16 岁，在位 16 年，北魏延昌四年（公元 515 年）正月病死，葬于邙山景陵，陵墓多次被盗，地宫文物仅剩器物残片。但景陵建造气势壮观，结构完整，风格朴实，色调素雅。它位于洛阳城北的制高点上，登上景陵，南面的洛阳繁华市井尽收眼底，伊阙和少室山依稀可见；北顾可见滔滔的黄河与太行王屋山；东望有首阳山；西看有逶迤的崤山，函谷关也历历在目。

14. "枕河蹬山"

汉魏洛阳故城遗址位于洛阳东行 15 公里处，从东汉光武帝刘秀帝定都于此，到北魏孝文帝迁都于此，是四代封建王朝的都城，历 28 帝，长达 330 余年。

西汉末年，政治腐朽，经济凋敝，民不聊生，危机四伏；外戚王莽玩弄权术，除掉幼帝夺取政权，建立"新朝"。王莽篡政有术，但治国无方。新朝法令苛酷，朝令夕改，盘剥百姓。王莽在 7 年中改换货币 4 次，每改一次，币如废铜烂铁，百姓破产，颠沛流离。社会混乱，农民不断起义。新地皇三年（公元 22 年），河南省南阳地区遭遇灾荒，树皮草根剥食殆尽，饿殍遍野。28 岁的刘秀和哥哥刘縯，利用宗族势力，乘机举起了恢复刘氏王朝大旗，向王莽新朝发起攻势。刘秀先加入强大的绿林起义军，借力向新朝发动了进攻。

公元 23 年，发展了 10 万之众的绿林军立汉室后裔刘玄为帝，年号"更始"。义军派刘秀等率 2 万人北上，连克昆阳（今叶县）、定陵（今郾城西）等地。王莽在洛阳都城急派王邑、王寻率精兵 42 万人，号称百万大军，与义军在昆阳遭遇。此时刘秀率领的守城义军仅八九千人。刘秀远见卓识，说服守将坚守待援，自带 13 骑突围出城搬来救兵，内外夹攻，设计诱敌，乱敌军心，一举打败了王邑、王寻，创造了以少胜多的战争奇迹。王莽政权被推翻后，刘秀未被重用。刘玄命刘秀以大司马的身份镇守河北。刘秀得到了独立发展的机会，逐渐强大，很快夺取政权建汉，公元 25 年称帝，是为光武帝，定都洛阳，史称"东汉"。刘秀改洛阳为"雒阳"。在相对稳定的社会背景下，刘秀推行了一系列利于社会发展的政策，古都洛阳逐渐繁荣起来，成为当时全国甚至是世界上一流的繁华都城。当时著名文学家班固在《东都赋》中对洛阳的

插图 2-14.1 光武帝刘秀碑刻雕像

刘秀，政治家、军事家，东汉王朝开国皇帝。新莽末年，海内分崩，天下大乱，刘秀一介布衣，在家乡乘势起兵。公元 25 年，与更始政权公开决裂，于河北登基称帝。经过 12 年的统一战争，结束了长达近 20 年的军阀混战与割据局面。刘秀在位 33 年，大兴儒学、推崇气节，东汉一朝也被后世史家推崇为中国历史上"风化最美、儒学最盛"的时代。

繁华壮丽做出生动的描写，其中有这样的句子："皇城之内，宫室光明，阙庭神丽，奢不可逾，俭不能侈。"

光武帝刘秀于公元57年2月卒于洛阳南宫前殿，3月葬于洛阳邙山以北黄河南岸，今孟津县白鹤镇铁谢村旁，古称"原陵"。

光武帝刘秀的原陵选址很独特。按中国百姓的风情习俗，皇陵多是背依山峦高地，面对江河湖泊，称之为"枕山蹬河"，象征帝王襟怀博大、驾驭万物。洛阳北邙风水宝地上的皇室贵胄陵墓，均为面对伊河和洛水。然而，刘秀的陵墓是在黄河岸边，面对邙山，形成"枕河蹬山"之势，在古代帝王陵墓中绝无仅有。刘秀为什么一反常规，选此险地作为自己的葬身之所？曾有各种猜测。

相传，刘秀"中兴汉室"后，住于洛阳南宫。他原打算在洛阳北邙山头建造陵寝，但一直未和儿子说。他这个儿子外号叫"犟筋"，从不听父命，叫他往东他偏往西，属不孝儿孙之类。刘秀治理朝政积劳成疾，为了实现死后葬邙山的心愿，他把儿子叫到床前。他知道儿

插图2-14.2 光武帝刘秀陵墓

刘秀陵墓位于河南省孟津县白鹤镇铁榭村。古谓原陵，当地亦称"汉陵"，俗称"刘秀坟"，距今已有1900多年的历史。墓冢位于刘秀陵园正中，当初墓只是平地土堆，后人陆续建神道、祠堂，才现皇陵气派。今高17.83米。冢前有"汉世祖中兴光武帝陵"通碑，系清乾隆十五年（公元1750年）立。据传，自碑20米远处始，闭目举臂前行，路尽，若掌触通碑上之"中"字，则仕途兴旺；若掌触"兴"字，则体泰安康。奇者，历代皇陵皆"背山面河"，象征襟怀博大，驾驭万物之志。唯光武帝陵，一反常规，"枕河蹬山"；中原众多皇陵均选邙山之巅，唯光武陵坐在黄河之滩，为2000年封建社会史上孤例，至今为谜。

子从来都是与自己反着干，于是就对儿子正话反说："朕一生命中缺水，待归天之后，你就把朕埋在黄河之中，也是尽了孝道。"按往常的做法，儿子会相反地把父皇埋在邙山头之上，这正中刘秀心计。但刘秀犯了一个只凭经验断事的错误。儿子一生不听话，可面对父皇的遗愿，却顺从地听话了，说："吾生不孝，不听父教；先父遗言，吾一定照办。"刘秀听后大为伤心，怎奈君无戏言，便长叹一声而去。刘秀儿子在痛哭流涕中，率文武百官到黄河边为父选陵址。面对黄河的波浪汹涌，满朝官员束手无策。刘秀儿子痛哭着跪地祷告："苍天啊，我已明誓葬父黄河中，黄河呀，你就不能滚一滚河道！"他突然抓住旁边一个大臣的衣领喝道："你说这黄河滚不滚？"大臣老实地回答："不滚。"他大叫一声："杀！"这个大臣被斩了。就这样，他一连问了8个大臣，杀了8个大臣。当第9个大臣又被拉到面前时，这位大臣想，若说"不滚"必会像其他8人一样死路一条，而回答"滚"，就有两种可能：同样被杀，或者不杀。于是他大声回答："能滚！"他的"滚"字刚一出口，奇迹出现了，只见黄河之水排山倒海地向北滚去。激流奔涌的水退走，河床上出现了一片平地，接着一座高大的陵丘拔地而起。于是刘秀的儿子实现了葬父的心愿。

传说归传说，不过按刘秀的性格推测，刘秀一生喜做险中求胜之事，最典型的范例是他以不足2万人打败了王莽42万大军，创造了名垂青史的昆阳之战。而他选黄河岸边之险境作葬身之地，也算是"险中制胜"之举了。2000年来，黄河数次易

道而流，泛滥的河水淹没了多少良田农庄，刘秀陵寝却一直居安无恙，这个奇迹表明选陵黄河滩是刘秀一生做出的又一个正确决定。

15. 刘秀陵园

汉光武帝陵，古谓原陵，俗称"汉陵""刘秀坟"，距今已有近2000年的历史。这座帝王陵南依邙山、北临黄河，近山傍水，蓊蔚肃穆。陵园位于河南省洛阳市孟津县白鹤镇铁榭村。陵园呈长方形，由陵园、祠院两部分组成，总面积达6.6万平方米。

原陵山门巍峨，琉璃吻兽，红垣碧瓦，气势壮观。山门前有两棵巨大的柏树，见证了岁月的沧桑。这两棵古柏是隋唐时代所植，两人合抱之粗，壮实挺拔，人们叫大将军柏和二将军柏。刘秀陵园的柏树多且奇，关于柏树的传说故事，增添了陵园的神秘。

园内古柏千姿百态，有的龙腾凤舞，气宇轩昂；有的苍劲挺拔，碧翠妍秀；有的相依相偎，风情万种。千年古柏把整个陵园装扮得郁郁葱葱、生机盎然。这里有不少柏树倾斜，而且都倒向南方，像风灾过后倒伏的庄稼。有一种说法，光武帝刘秀的故乡是南阳，他的御林军也多是自己的同乡，远走他乡的御林军常向南遥望，思念家乡。人们说这里的古柏就是刘秀的"御林军"。

这座陵园占地百余亩，种植了多少棵柏树，无人说清。传说国民党将领汤恩伯率军驻扎洛阳时，听说刘秀陵园的柏树数不清有多少棵，他不相信。出于好奇，下决心非把它数清不可。于是，他带着部队来到刘秀陵园，让士兵一棵一棵点数，可怎么也数不过来。他又命令士兵把编号的纸条贴到树干上。贴好的纸条被黄风刮得无影无踪。汤恩伯不甘心，又命令士兵一人抱一棵树，然后集合报数。可是那些抱过树的士兵报数时，把数报得差三落四，汤恩伯气得大骂一通。当夜他做了一个梦，梦中刘秀指着他说："你知罪吗？你要数朕的御林军，想加害朕吗？"汤恩伯忙跪下口称万岁谢罪。醒来后他发现自己跪在床上。天亮后他忙备三牲祭礼到陵墓祭祀，带兵离开，乘兴而来，扫兴而去。

科学的说法是，这里地处黄河滩，土质松软，常吹北风，园中的枯树被北风一吹便倒向南方。至于柏树之数也并非数不清，经陵园工作人员详查共有3000棵，在岁月的风蚀中，经虫害、雷击等自然灾害，现在剩下1458棵。这些柏树历经千年，

插图 2-15.1 光武帝刘秀陵园山门

汉光武帝陵南倚邙山，北临黄河，近山傍水，蓊蔚肃穆。阙门巍峨，气势壮观，神道宽阔，两侧石刻林立，碑碣参差。陵园呈长方形，占地6.6万平方米。园存隋唐植柏1458株，千棵古柏，聚植一园，拔地通天，蓊然肃穆。"杏柏"乔木佳品，木色金黄，质坚性柔，柏体杏香，剖面色美；美景"汉陵晓烟"，阳春三月，清明前后，逢天朗气清，晨曦初现，古柏枝隙间紫烟弥漫，笼罩陵园，状若轻烟，飘似浮云，烟霞云聚，滚腾滴坠。置身园中，如登凌霄，似游仙界。更有"苦恋（楝）柏""鸟鸣柏""汉皇仰卧"等千年名柏。

上吸日月之精华，下吸中原黄土之地气，都成了"树精"。

陵园中有一棵古柏，竟然长出一棵苦楝树，人们叫它"苦恋柏"。苦恋柏有动人的故事。传说刘秀被王莽追杀时，一路奔波，日躲夜行，常常挨饿。一天，他逃到一个山村，饥渴难耐，找不到吃的。恰好一村姑提着竹篮瓦罐迎面而来，刘秀顾不得男女有别之忌，忙上前施礼讨吃。村姑见这人满脸疲惫，顿生怜悯之情，即从篮中取出一个馍，刚要递给刘秀又犹豫了。她告诉刘秀，自己的哥哥在地里干活，正等她送饭，所以只能给他一半。刘秀接过一半馍狼吞虎咽地吃起来。他虽然没有吃饱，但还是感激地对她说："我吃了你半个馍，将来我当了皇帝，封你半个官；你要是给我一个馍，将来就封你一个官。"这时追兵追来了，村姑忙把另一半馍塞到刘秀手里，刘秀拿着馍跑了。那村姑就是南阳新野县有名的美人阴丽华。后来刘秀发誓说："仕宦当作执金吾，娶妻当得阴丽华。"刘秀当了皇帝，随即把阴丽华接到洛都，长相厮守，死后合葬。这"苦恋柏"，就是他们夫妻这段佳话的象征。

刘秀的墓冢位于陵园正中，为夯土丘状，高17.83米，周长487米，遍植隋唐古柏1458株，为国内少有的陵墓园林。

刘秀的墓冢状如隆起的山包，墓前竖立一尊石碑，上刻"东汉中兴世祖光武帝之陵"，为清代乾隆年间遗存。沿通道到山门的两侧，碑碣参差，记录了历代封建帝王遣使御祭的祝文。刘秀之妻阴丽华雅性宽仁、恭俭心慈，于公元64年卒，终年60岁。她与刘秀合葬于这个墓冢之中。

古代帝王墓几乎全被盗过，而刘秀墓却完好无损，这是何因？按科学的解释是，刘秀平生节俭，去世时留下遗言，不随葬任何金银玉器，全用瓦器。而且刘秀墓位于黄河滩地，地下水浅，无法盗挖。当初的刘秀墓就是平地上堆起的一个土丘，后来人们陆续建了神道、祠堂，才成了现在的规模。相传当年有一"南蛮子"来盗刘秀之墓。经过踩点，他了解到，要打开刘秀墓，必须有一把"金钥匙"。那就是邻村的一张丝萝。他不惜代价地弄来丝萝，带上入土剑来到墓前。他把入土剑往墓上一插，墓道分开，再将丝萝往墓门上一挂，墓门大开。他顺着大门往里看，刘秀端坐在灯下看书。听到响声，刘秀问："何故而临？"盗墓人低声说："卑人怕皇上久卧心闷，想开门送上土剑一把，让您透气散心。"刘秀沉思片刻，说："那就放下吧。"盗墓人正要退出，刘秀又说："为答谢你的美意，送你一只盒子。切记，不出墓道不能打开。"盗墓人美滋滋地手捧宝盒走了出去，认为皇帝赠送的东西必是宝物。他急不可待地打开盒子一看，里面是一条金龙盘卧。开盒的刹那，只听轰隆一声巨响，

72

插图 2-15.2 皇后阴丽华画像（清代吴友如绘）

阴丽华，以美貌著称于史。《后汉书》载："光武适新野，闻后美，心悦之。后至长安，见执金吾车骑甚盛，因叹曰：'仕宦当作执金吾，娶妻当得阴丽华。'"更始元年（公元23年）六月，阴丽华与刘秀结为夫妻，时年19岁。一年后，刘秀又迎娶出身西汉王室的郭圣通。东汉建立，郭氏成为皇后，阴丽华则为贵人。建武十七年，废郭氏封阴丽华为皇后。阴后在位时，端庄贤淑，不喜言笑，有母仪之美，在位24年，死后与刘秀合葬，谥号"光烈"。此图取自吴友如《古今百美图》。吴友如，清代画家，工笔、写意、人物、仕女、花鸟、草虫、山水、界画无所不精。其白描画黑白疏密布局，构图留白，均以奇险取胜，所画均以线条描绘，黑白分明，画风工整，构图繁复。

金龙腾飞，升入天空，盗墓人却倒在地上，瘫死过去。从此，再无人敢来盗墓了。

陵园的西侧是"刘秀祠"或叫"光武祠"。刘秀祠呈三进院落，依次为阙门、碑廊、二十八宿馆、光武大殿，是典型的东汉建筑，它和整个陵园结成一体。大门称"光武阙"，仿汉代子母阙形制而造，高8米，宽14米。它巍然屹立，雄伟恢宏，古朴典雅。阙的上方，高悬巨幅匾额，上书"汉光武帝祠"。碑廊是回廊式结构，分布于阙门的两侧。廊的壁上，收有历代石刻，碑文内容多是祭祀朝拜光武帝刘秀的。

祠院的东西两侧是二十八宿，建筑风格为馆堂式，重檐硬山式，长达50米的像座上，文东武西，分别塑着"二十八宿"。所谓"二十八宿"就是跟随、辅佐刘秀打天下、安社稷的云台28位文臣武将。他们大多是在南征北战中出生入死、屡立战功的功臣。这二十八宿均为彩塑，形神兼备，气势威武，悉如生人。他们端坐两列，严正肃穆。

祠院内的主建筑是光武大殿，仿汉宫"明堂"而建。两米高台之上，矗立着重檐庑顶两层殿宇，四周有汉白玉栏杆拱围。殿内设九宫之制，突出了皇宫之非凡。端坐中央的是刘秀的彩塑像，左右有四位勋臣侍立，是横野大将军山桑侯王常、大司空固始侯李通、大司空安平侯窦融、太傅宣德侯卓茂等。整座大殿高大宏伟，可与古柏比肩，再现了2000年前"天子明堂"的风姿。

祠院内甬道两侧，有28棵古柏，参天挺立，排列有序，并各俱名讳，与"二十八宿"馆内的28尊塑像相呼应。当地百姓流传着这样一句话："汉陵晓烟，预兆丰年。"这"汉陵晓烟"是何物？竟有这么大的魔力。这是刘秀陵园的又一奇观。每至清明和谷雨之间，当晨曦初现，天朗气清，风息霞蔚时，陵园内陡然紫气升腾，状似轻烟，飘若浮云，自西北而东南，悠悠游动，逐渐笼罩了整个陵园。园内的殿宇与古柏顿时在缥缈的云烟里隐约可见，似蒙上了一层神秘的面纱。于是更神奇的景象出现了：累累气团从古柏枝叶间隙涌出，上下左右滚腾滴坠；陵园外的杏花又送来缕缕清香，树枝头树杈间响起阵阵群鸟鸣叫，黄河从远处飘来了浪涛的低吟，而邙山脚下的牧笛，平添了新韵。各种响鸣交汇一起，那么和谐悦耳。此时此刻置身其中，如升凌霄神宫，似入蓬莱仙境。此时宛如有隐隐仙乐回耳，习习春风拂面。真有令人醍醐灌顶、甘露润心之乐和心旷神怡之快。若举目环视，则见云霭之中翠柏红垣，古碑巨陵，落花芳草，若隐若现。此景此情，妙不可言，佳境难述，人们称之为"汉陵晓烟"。

SERIES ON THE HISTORY
AND CULTURE OF
CENTRAL PLAINS

中原历史文化系列丛书

古都

第二章

开封国都十三朝

三

开封国都十三朝

1. 魏国"首"都

春秋时期，郑庄公在此修筑储粮仓城，定名为"启封"，取"启拓封疆"之义，后避汉景帝刘启之讳，改名为"开封"。

历史上第一个在开封建都的王朝是夏朝，距今 4000 多年。夏朝曾先后九次迁都，据《竹书纪年》记载："帝相元年戊戌，帝即位居商。"相王的都城是商（今河南省商丘市）。相王之后的"中兴"之王少康，又将都城迁到原（今河南省济源市境），少康之后的夏王夏后杼，把都城迁到老丘（今开封市陈留镇东南），这是第七次迁都。老丘，有莘氏部族的"有莘国"，是夏朝开国之君大禹母亲的故乡。据《古史纪年》引《春秋地名考》载："老丘，古地名，在今河南陈留城北。"另据《大清一统志·开封府》载："老丘城，在陈留县北四十五里。"据考证夏都老丘遗址，位于开封市东偏北约 20 公里杜良乡的"国都里"村，在老丘建都即在开封建都，从此揭开了开封的建都史。帝廑即位后，将都城由老丘迁居西河（今安阳东南）。老丘作为夏都经历了 6 帝，共 216 年。

商朝是历史上第二个在开封建都的王朝。商朝时期的第十位君主仲丁即位（公元前 1365 年），把国都从亳（今山东省曹县东南）迁于嚣（今河南省开封市），在位 11 年，经外壬，在位 15 年，至河亶甲在位 9 年，又迁都于相（今河南省内黄东南）

插图 3-1.1 开封古城墙遗址

古城墙遗址全长 14.4 公里。开封历史上最早的城墙，是建筑在 2300 多年前的战国魏都大梁城。与今城墙部分重合，稍偏西北，历史上曾多次被淹没。如今的开封城墙始建于唐代。清道光二十一年（公元 1841 年）重修，今仍保持着元、明时代的建筑风格与规模，是我国现存的仅次于南京城墙的第二大古代城垣建筑。

止，历经三帝。

战国时期的魏国迁都大梁（今河南省开封市），是中国历史上第三个在开封建都的王朝。

晋国是春秋初期最为强大的封国之一，后来内乱频繁，周威烈王二十三年（公元前403年），韩、赵、魏三家瓜分了晋国的土地，灭掉晋国。"三家分晋"，魏国迅速崛起，历史进入战国时代。

魏国的开国之君魏文侯雄才大略，变法图强，发展经济，魏国更加富足，军事实力大增。第二任君王魏武侯开拓疆土，开始向南发展，经过两代国君的努力，魏国已经成诸侯中的超级强国。为了争霸中原，周安王十一年（公元前391年），魏武侯大败楚军于仪邑（今开封市城内西北一带）、榆关（今河南省周口市尉氏县大庄头一带），占有了中原大梁地区，此后陆续占有了黄河以南的广阔土地，大梁地处中原地区的腹地。

魏国的第三任君王魏惠王䓨，迅速巩固霸权，魏国达到鼎盛，称霸诸侯，而后积极向中原发展。得中原者得天下。魏惠王六年（公元前364年），魏惠王将国都从山西安邑（今山西夏县、安邑一带）迁至仪邑，并改称"大梁"。这是今开封城创立之始，也是开封城定位于此地的开端。魏惠王迁都大梁，是开封历史上有明确记载的首次建都。故魏国又被称为"梁国"，魏惠王又被称为"梁惠王"。

魏国都城原在安邑，西边与秦国以黄河为界，回旋余地狭窄，极易受到秦国的封锁和攻击。而大梁则处于中原地区的核心，可以让魏国拥有更为肥沃的土地、更为便利的交通条件和更为广阔的发展空间。迁都以后，魏惠王苦心经营，把大梁城建造得规模宏大、坚固无比，并很快着手实施争霸中原的宏愿。它的领土包括现在的山西南部、河南北部和陕西、河北的部分地区。大梁是战国时期最坚固的都城，也是当时中国规模最大的城市之一。周长达30余里，有12个城门，城墙高约5丈，护城河四面沟通，又宽又深。城内大街长约10里，居民有三四十万，四通八达，物产丰富，东进南下，实为军事要地。所以，魏惠王实施以大梁为战略据点，向四边开拓的战略，广筑宫殿，大造苑囿，聚集人口。宫殿富丽豪华，街道宽阔通畅，兴修水利，城内池宽沼广，周围水系众多，大梁城迅速繁荣起来。大梁城墙高大坚固，气势宏大，令人望而生畏。

公元前360年，魏惠王对大梁西边的圃田泽（今河南中牟西）进行整修，引黄河水南下入圃田泽，使之成为方圆300里的大湖泊；然后凿沟修渠，从圃田泽引水到大梁。此后20多年间，魏惠王向东南继续开凿，水系工程不断拓展，经现在的通许县、太康县，一直延伸到淮阳县东南，流入颍水，汇入淮河。这些水系工程相互连接，交织成网，形成了最早沟通黄河和淮河两大流域的人工运河——"鸿沟"。鸿沟如一条四通八达的水上走廊，从大梁向四周延伸，连接着豫东大平原上众多的主要河道，形成黄淮之间的水运交通网。大梁水道纵横，航运十分发达，是中原地区最大的水陆交通枢纽。魏国的船只从大梁出发可以直接驶入韩、楚、卫、齐、鲁、宋等国，促进了魏国与各国的贸易往来和文化交流。凭借巨大的交通优势，大梁城在短短十几年间，便一跃而成为经济发达、人口众多、富甲中原的商业大都市。

魏惠王以大梁为中心构建水网，最主要的目的是利用坚固的城墙和发达的水网，构成完整的水陆防御体系，以加强大梁都城的防卫；他又沿鸿沟从黄河南岸到圃田泽附近，修筑一条内陆长城，把鸿沟当作"护城河"，这样就阻断了秦、韩等西方强国沿黄河南岸进攻大梁的进军路线；在圃田泽湖南端，还有著名的要塞榆关，卡住绕湖通往大梁的要道。至此，大梁就有了由黄河、长城、鸿沟、圃田和榆关共同构成的西部防线，非常牢固，难以逾越。

魏惠王迁都大梁，完成筑坚城、建水网的防御，以咄咄逼人之势迫使赵国和韩国交换土地，占据战略要地，不断扩大疆土。周边小国十分恐慌，他们联合起来攻魏，形成三面夹击之势。魏惠王命大将庞涓率军攻打赵国都城邯郸。齐国派大军救援时，直接兵进大梁，想乘虚攻破。当齐威王率军到大梁城下，发觉城周长 30 余里，护城河深不可测，找不到渡船和攻城的器具，粮草无保障，他连番攻城，但无法靠近。而城中粮食充足，守城将士斗志高昂，向大梁城几次强攻，屡受重创，损失惨重。相持不下，攻城乏术，只得撤军。大梁城固若金汤，傲然挺立。庞涓攻破邯郸，赵国投降；魏国与齐、楚决战，大获全胜。这场战国时期最精彩、参与国家最多、战场最广阔的大混战中，魏惠王凭借大梁城坚固的根据地，以非凡的勇气和过人的才能，立于不败之地，把魏国的霸业推到了巅峰。魏国

成为"拥土千里，带甲三十六万"超强大国，当然，都城有大都市的风范。于是，魏惠王在大梁城南的蓬泽大造宫室，召集各诸侯国在这里召开"联合国大会"，即会盟。会盟时，他采用天子的礼仪，参加的 12 个诸侯国都以臣子之礼事魏，称魏惠王为"王"。大梁蓬泽会盟之后，魏惠王成为各诸侯国的领袖，中原地区出现了难得的短暂和平。各国之间的纠纷都由魏惠王来做终极裁判，各国对他的裁判也都认可，就连周天子也要听命于他。周天子的权威始终只在黄河流域内起作用，而魏惠王的权威却直达长江流域，楚国、越国也得对他俯首帖耳，这完全得益于他以大梁为中心，开通和疏导中原水上交通，而使他威震天下。

魏惠王从公元前 369 年即位，在大梁的历史舞台上，执政 50 多年，是历史上有明确记载的第一个在开封定都的"国家元首"，对开封的文明发展有巨大的历史贡献。他所修筑的大梁坚城构建了以大梁为中心的水网，沟通了黄河与淮河两大水系；他所开凿的人工运河鸿沟使开封城四周水道畅达，具名都气象，奠定了今日开封城的基础。今日的开封仍以多水而闻名，有"北方水城"的美誉。

魏国从公元前 361 年迁都大梁（开封）至公元前 225 年为秦所灭，在开封共传承六世，历六君，共 137 年。

插图 3-1.2 魏惠王问政于孟子图

魏惠王向孟子询问治国理民的方法，孟子"以五十步笑百步"的比喻，劝魏惠王"施仁政，行王道"。魏惠王即位时魏国是鼎盛时期，在位 50 年。但在以后的战争中，大败于齐国，开始衰弱。魏惠王是历史上有明确记载的第一个在开封定都的"国家元首"，对开封的文明发展有巨大的历史贡献。

2. 国际都市

第四位定都开封的是梁孝王。据史载：西汉文帝刘恒于前元十二年（公元前168年），封其第二子刘武为梁孝王，定都大梁。后因开封地湿，迁都睢阳（今河南商丘）。《水经注·渠水》载："汉文帝封孝王于梁，以其地下湿，东徒睢。"

第五个在开封建都的王朝是唐代时期的大楚。据《旧唐书》记载，唐德宗李适兴元元年（公元784年）春，自称兵马大元帅的淮西节度使李希烈，在攻占汴州后，在汴（今河南省开封市）称帝，国号大楚，同年十一月失败，仅存10个月。

唐中和四年（公元884年），黄巢起义之后，导致唐朝灭亡，历史进入五代时期（公元907—960年），即中原地区出现五个朝代梁、唐、晋、汉、周依次更替，史称后梁、后唐、后晋、后汉、后周。

第六个在开封定都的王朝是五代时期的后梁。朱温原为黄巢起义军将领，后来叛变投唐，封左金吾卫大将军，赐名"全忠"，天复元年（公元901年）封为梁王。后朱全忠再起反心，公元904年杀唐昭宗，立太子李柷即位，是为唐哀帝。公元907年，又废哀帝自立为帝，唐灭改国号梁，史称"后梁"，是为梁太祖，定都开封。公元912年6月，朱温第三子朱友圭杀死朱温自立称帝。公元913年2月，朱温第四子朱友贞以讨逆之名又杀兄自立，称梁末帝。923年被后唐所灭。后梁从公元907年建都开封，至公元923年为后唐所灭，共传承三帝，历17年。

第七个在开封建都的王朝是后晋。后唐的唐太祖李克用的部将沙陀人石敬瑭于公元936年起兵反后唐，勾结契丹灭后唐在洛阳称帝。在对比洛阳和开封两城的条件后，认为开封更为有利，于次年（公元937年）将都城由洛阳迁汴，国号晋，年号天福，史称后晋。石敬瑭割燕云十六州与辽，对辽主称臣。公元942年石敬瑭卒，其侄石重贵嗣位称帝。公元946年，辽兵攻入都城，后晋亡。后晋从公元937年迁都开封，至公元946年灭亡，共传承二帝，历11年。

第八个在开封建都的王朝是后汉。后唐灭亡后，石敬瑭建立后晋，沙陀部人刘知远为河东节度使，世居太原。公元947年，契丹灭后晋，占据中原，但是契丹兵在中原烧杀抢掠，大失民心。刘知远抓住时机，在太原称帝，改国号汉，史称"后汉"。后攻克中原，定都汴京。公元948年后唐高祖第二子刘承佑嗣位，称隐帝。此时郭威拥兵自重，威望震主，帝忌郭威，想杀掉他，郭威遂反，隐帝为溃军所杀，后汉亡。后汉从公元947年定都开封至公元950年被后周所灭，共传承二帝，历时4年。

插图3-2.1 雪夜访普图轴（明代刘俊绘）

赵匡胤初定天下，常微服私访重臣，彻夜谈国事，宰相赵普退朝后不敢脱朝服，生怕皇帝造访。一天晚上大雪，赵普估计皇帝不会来访，准备脱衣休息。突然有叩门声，太祖赵匡胤驾到，赵普忙跪地请罪。太祖弟赵匡义也应约来到，三人进屋，炭火烤肉，普妻行酒，席间畅谈国事，决定了先南后北的统一大业。是夜宾主尽欢，定下天下大势。此图表现的即君臣相聚的场面：太祖上首正坐，赵普下首侧坐，普妻侧屋门首恭立。明代画家刘俊，宫廷画家，擅画山水画，多为精品，人物画也为佳作，此图为传世作品。

第九个在开封建都的王朝是后周。后汉隐帝乾祐三年（公元950年）天雄节度使郭威篡夺后汉政权，在周（今河南省濮阳北）拥立，次年代后汉称帝，是为周太祖，定都汴，国号周，史称"后周"。周太祖954年死后，其养子（内侄）柴荣（郭荣）嗣位，是为周世宗。公元959年周世宗病死，其子柴宗训（郭宗训）嗣位，称恭皇帝。公元960年正月，辽兵南侵，殿前都点检赵匡胤率军出征，策动陈桥兵变，灭后周建宋，恭帝在位仅6个月。后周从公元951年建都开封，至公元960年赵匡胤发动"陈桥兵变"灭后周，传三帝共历10年。

北宋是中国历史上第十个在开封建都的王朝，也是在开封建都的王朝中，传帝最多、历史最长，政治、经济、文化艺术、科学技术等诸方面成就最为显赫、影响最大的一个王朝，是中国历史上最重要的王朝之一。作为王朝的中心舞台，北宋展开了"文治武功"的历史画卷。

开封拥有自身的地理优势，它是"天下漕运中心"，后周王朝疏浚了汴河、五丈河、蔡水，宋在此基础上又开发了金水河，形成了"四水贯都"形胜之城，成为北方一个重要的水陆都会。

开封都城建设突破了旧的格局，再次走向空前繁荣，城周阔30余公里，由外城、内城、皇城三座城池组成，人口达到150余万，是一座气势雄伟、规模宏大、富丽辉煌的都城。开封都城为中国政治、经济、文化中心和繁华的世界大都会，其周围的"草市镇"，即乡村小镇也发展起来。市里的中心街道称作"御街"，宽200步，路两边是御廊。御街上每隔二三百步设一个军巡铺，铺中的防隅巡警白天维持交通秩序，疏导人流车流；夜间警卫官府商宅，防盗、防火、防止意外事故。这恐怕是历史上最早的巡警了。

北宋政府改变了周、秦、汉、唐时期居民不得向大街开门、不得在指定的市坊以外从事买卖活动的旧规矩，允许市民在御廊开店设铺和沿街做买卖。商业迅速发展，城中店铺达6400多家，市肆极为发达。据《东京梦华录》记载，北宋东京汴梁城"东华门外，市井最盛""凡饮食时新花果、鱼虾鳖蟹、鹑兔脯腊，金玉珍玩衣着，无非天下之奇。其品味若数十分，客要一二十味下酒，随索目下便有之。其岁时果瓜蔬茹新上，市并茄瓠（一种葫芦，嫩时可食）之类新出，每对可直三五十千，诸阁纷争以贵价取之"。每天赶入城市中肉市待宰猪有成千上万头，每日消耗的鱼达数千担。为活跃经济文化生活，还放宽了宵禁，城门关得很晚，开得很早。热闹的夜市，往往三更方散。市场交易额动辄以千万计。被称为"瓦肆"的说书游艺场所可容纳数千人。北宋画家张择端绘制的巨幅画卷《清明上河图》，生动形象地描绘了东京开封城的繁华景象。

插图3-2.2 清明上河图（局部 北宋张择端绘）

北宋著名画家张择端用现实主义手法创作绘制了《清明上河图》长卷风俗画，细致地描绘了汴京承平时期郊原上枯树草桥间不绝的行旅，虹桥下行船和桥头栉比的摊商，以及城内歌楼酒市、作坊、医家的街景。画后有金张著等十三家题跋。这幅长卷为绢本，淡着色，画幅高24.8厘米，长528.7厘米。张择端完成此画后，呈献给了宋徽宗，宋徽宗成为此画的第一位收藏者。宋徽宗用"瘦金体"书法，御笔在图上题写了"清明上河图"五个字，并钤上了双龙小印（今佚）。此画在问世后的800多年里成为后世帝王权贵巧取豪夺的无价之宝。此画历尽劫难，五次进官廷，四次盗出官，演绎出许多传奇故事。

开封，是大宋政治经济、文化艺术、科学技术的中心。宋时开封的发展进入鼎盛时期，创造了一代灿烂辉煌对后世影响深远的宋文化。清正廉明的包公、满门忠烈的杨家将、图强变法的王安石、抗金英雄岳飞等历史名人，都曾在开封留下光辉的足迹，他们的丰功伟绩至今仍在海内外广为传颂。

开封还是中国最早有犹太人定居的城市。北宋时，一批犹太移民经天竺（今印度）迁徙到繁华宋都东京汴梁。大宋皇帝曾下御旨："归我仲夏，遵守祖风，留遗汴梁。"古代开封犹太人同汉族、回族保持着和睦的关系，按照本民族习俗繁衍生息，安居乐业，绵延700余年。由于历史、文化和自然等因素，开封犹太人逐渐与当地民族融合，留下了一段独特的历史。

宋靖康元年（公元1126年）冬，金兵攻陷开封，掳走徽宗、钦宗二帝，五月康王赵构在南京（今河南省商丘市）即位，北宋王朝灭亡。北宋从公元960年建都开封，至公元1127年为金兵所灭，在开封传承九帝，历时168年。

大齐是中国历史上第十一个在开封建都的王朝。金太宗完颜晟天会八年（公元1130年）三月，金兵第二次占领东京（今河南开封），九月，北宋降臣刘豫被金人册立为帝，国号"大齐"，初定都大名（今河北省大名）。天会十五年（公元1137年），金帅完颜昌入汴，废刘豫为蜀王，大齐王朝终结。大齐从公元1132年迁都汴京，至公元1137年被废，历经6年。

金朝迁都于开封，是中国历史上第十二个在开封建都的王朝。据史记载，金朝曾两度迁都开封。第一次是在金海陵王完颜亮正隆六年（公元1161年）七月，为了攻打临安（今浙江杭州市）的南宋政权，即将都城由燕京（北京）迁至开封。可3个月后发生兵变，完颜亮被属部所杀，金随后把国都由开封再迁回燕京，历时仅3个多月。53年后，即金宣宗完颜珣于贞祐二年（公元1214年），为了避免蒙古军队的频繁攻击，金朝第二次将都城由北京迁至开封。公元1214年，金被蒙古军所灭。金朝两次迁都开封，传承三帝，共历时21年。

第十三个在开封建都的朝代是韩宋，也是历史上开封最后一次作为都城。元末，元惠宗至正十五年（公元1355年），红巾军起义首领刘福通在亳州（今安徽亳县）拥立韩林儿为皇帝，国号"大宋"。至正十八年（公元1358年）五月，刘福通攻占汴京，都城迁至汴京，坐镇都城，指挥全国的起义军队。至正十九年（公元1359年）八月，城中断粮，刘福通被迫率军撤出，韩林儿政权亡，在开封建都仅一年零三个月。

从夏王朝杼至帝扃至韩林儿政权亡，历经十三朝，建都史长达592年。

插图3-2.3徽、钦二帝被金兵押送图

宋宣和七年（公元1125年），金军灭辽后南下攻宋，宋徽宗慌忙让位给太子桓（钦宗），自称太上皇。靖康元年（公元1126年）闰十一月，金军破北宋都城汴梁（今河南开封），北宋亡。次年五月金军虏徽钦二帝北返，初解至金上京城（今哈尔滨市阿城区白城），金天会八年（公元1130年）改囚于五国城（今哈尔滨市依兰县城北）。徽宗于1135年、钦宗于1156年，先后死于此。

3. 天上宫阙

唐代永平军节度使李勉，于德宗建中二年（公元781年），扩建了汴州城（今开封城），城周长20里155步，城门10座。之后，五代中的后梁、后晋、后汉、后周相继将李勉的治所"藩镇衙署"，改建为皇宫。北宋时代，包括皇宫的皇城，也建在这个地方，称之为"大内"。极为繁盛的大宋京城，宫殿辉煌。可惜金入侵占领开封，宋皇宫建筑大部分被烧毁。后经多次兵燹和黄河决堤，宏伟的宫室已荡然无存。金朝后期，把国都迁到开封，在过去皇宫的遗址上，仍以原来的皇宫为"大内"。

元灭金后，元兵惯例，凡攻城遇到顽强抵抗，攻入后便屠城。但耶律楚材向元太宗窝阔台阐明开封在中原的战略地位，使太宗废除了野蛮的屠城制，从而保全了汴京城及城内的金代皇宫。元末至正十八年（公元1358年）五月，刘福通率红巾军攻入开封，遂以开封为首都，在原金朝故宫的基础上营建宫室。

明洪武十一年（公元1378年），朱元璋将开封作为他第五子朱肃的封地，号周王。第一代周王朱肃与明成祖朱棣同为马皇后收养，又支持过朱棣夺取皇位，地位十分显赫，所以，周王朱肃府在宋金故宫的基础上，大兴土木营建了周王府，规模之庞大建筑之宏丽，是后面七代周王所不能比拟的。周王在此传八世，历经265年。

明崇祯十五年（公元1642年），李自成率义军围攻开封城池，明军即开挖黄河大堤以淹义军。不料反被黄河水冲入城内，整个开封城，连周王府在内全被黄河水冲毁淹没，开封市建筑荡然无存。

到了清朝，开封被划为河南首府。顺治十六年（公元1659年），河南巡抚贾汉复在周王府旧址上建一所"贡院"，作为参加考试的举人居住场所。院内共建有5000多间号舍，明远楼高达4丈，这片荒芜的废墟，以其文化内涵繁荣起来。可在贡院内原周王府的位置，仍是一片废墟，成为一座煤山。康熙三十一年（公元1692

插图 3-3.1 开封龙亭

龙亭一带是当年的皇宫所在地。金朝末年，龙亭周围成为皇宫禁苑，明朱元璋第五子在此建周王府，后黄河泛滥，渐成废墟。清雍正十二年，河南总督王士俊令人在周王府废弃的煤山上，建了一座"万寿宫"，内设皇帝牌位，文武官员定期到此朝贺拜谒，故称"龙亭"。攀登72级的石阶，顺石阶中间青石雕刻蟠龙盘绕的御阶而上，就可到达13米高的龙亭大殿。站在大殿前向南俯瞰，一条宽阔的大道伸向大门，大道两旁两湖碧水，犹如两面镜子，优美娴静，把龙亭烘托得既有北方建筑的宏伟，又有南方建筑的秀丽。两湖名曰"潘""杨"，道出了百姓对忠奸爱憎分明的感情。

年），就在这座煤山上，修建了一座"万寿亭"，内供皇帝的"万岁牌"。于是，每逢节日大典或皇帝生辰，省城官员都到此朝贺。煤山的地位提升了，改称"龙亭山"，人们也把万寿亭称为"龙亭"。自此，"龙亭"载入了开封的史册，逐渐成为开封的名片。

清雍正九年（公元1731年），贡院迁往上方寺新址（今河南大学处）。雍正十二年（公元1734年），河南总督王士俊将万寿亭扩建为"万寿宫"。最南面有座牌楼，上题"万寿宫"三个黄金大字。过牌楼向北，过端门是长180丈的驰道，驰道两旁是湖水，道中有坊，名"嵩呼"。分双掖门而进为长廊，沿长廊向北为官员厅，厅后为朝拜的朝房。后面即龙亭大殿，是皇帝的御座正殿，位于4丈高的平台上，两层，64级，名为"御道"。道中青石上雕刻有盘螭图案。御座正殿高3丈6尺，"五龙缠栋，金凤摩云，仙人在户，太乙临窗，周施玳瑁"，殿内供奉的是清帝"万岁牌"。乾隆十五年（公元1750年），乾隆下江南路经开封。巡抚鄂容安衙署作接驾行宫，衙署移按察使司署，按察使司署搬到大道宫，大道宫道士移居万寿宫，万寿宫遂改为"万寿观"。清末，龙亭日趋颓废。

1927年冯玉祥将军第二次主政河南，将龙亭改名为"中山公园"。1946年，国民党河南省政府主席刘茂恩将龙亭大殿改为"河南省忠烈祠"，内置抗日将士牌位，纪念在抗日战争中牺牲的烈士，1953年正式命名为"龙亭公园"。

20世纪80年代，夏天的一个夜晚，暴雨倾盆，传闻在开封的上空，有许多人看到一条银色巨龙自正北方腾空而起，直穿云霄。第二天，龙亭的后墙突然坍塌了。传说后来修复坍塌墙体时，在龙亭之下的13米，有一大青砖台基，台基是空心，其中还悬挂一口巨型铜钟，铜钟下发现一条死去的巨蟒。开封坊间纷纷传说，这是开封古城由盛而衰的转折点。龙亭因此被笼罩了神秘的面纱。

今天的龙亭公园格局仍是清代时的模式，在南北长500米的中轴线上，依次有午门、玉带桥、嵩呼、朝门、龙亭大殿等建筑群。整个建筑既有北方浑厚宏丽的气派，又有南方秀丽巧制的风格，占地面积1300多亩，其中水域面积710亩。中轴线道路两侧是"杨湖"和"潘湖"。民间有"杨湖清，潘湖浑，奸臣忠臣清浊分"的说法。在北宋年间，以佘太君为首的杨家将，一门英烈，为北宋王朝立下了汗马功劳。但是皇帝却忠奸不分。杨继业被害之后，佘太君愤然上金銮殿，告奸臣潘仁美残害忠良。皇帝把潘仁美保下来，只免去他的三个虚职。佘太君一怒之下，带领全家罢官归隐。杨家搬走之时，天怒人怨，大雨倾盆。潘杨二府被水淹没，一片汪洋。当时潘家位于湖东，杨家位于湖西，大雨过后，东湖的湖水浑浊恶臭，西湖的湖水则清澈如镜，老百姓说这是忠奸所致。这个说法没有科学根据，却反映了人民对忠奸的爱憎感情。据史料记载，明末时黄河决口将这里淹没。水退之后，成了低洼地带，积水成湖。湖东岸居民住户多，又有许多作坊，经常排放污水，湖水被污染而浑浊不清；湖西岸住家很少，排污少，水质良好，湖水自然清澈。今天的潘杨两湖，都是碧波荡漾、清澈明净，再无清浊之分了。

午门，龙亭的南大门，五间三开，屋顶覆黄琉璃瓦，沥粉贴金，五色彩绘，朱红墙，典型的清代建筑风格。午门后沿大道北行100米处，波光涟漪的水上，一桥形如弯

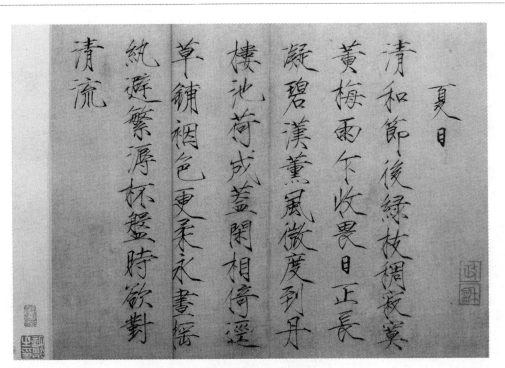

曲的玉带，故名"玉带桥"。

玉带桥之后，一座装饰华丽、造型奇异的仿古建筑，名叫"嵩呼"。清代开封地方官员在重大节庆之际，到"万寿宫"给皇帝祝寿时，路过此处要三呼"万岁"。"嵩呼"的意思是"山呼"和"高呼"。所以，它的建筑规格采用了最高等级的庑殿顶，覆盖的是黄琉璃瓦，斗拱雀檐，梁柱额坊，全部洒粉贴金。两侧筑有八字墙，中央镶嵌着高浮琉璃"二龙戏珠"，四角为云龙浮雕图案。墙顶饰螭吻走兽，结构精巧别致，造型生动庄重。

过"嵩呼"的穿心殿，穿照壁的洞门，一座高大的仿古建筑拔地而起，这就是龙亭大殿。沿72级石阶而上，便能登上13米高的台基，台基平台上坐落龙亭大殿。大殿高26.7米，东西长19.1米，南北宽11.9米，以石雕栏杆围绕。大殿为重檐歇山式建筑，进深5间，面阔9间，面积有600平方米。屋顶黄金琉璃瓦覆盖，殿的正檐高翘，翼然凌空。檐脊有狮、马、羊等琉璃走兽，檐角挂风铃，遇风则叮当作响，如珠落玉盘。

龙亭，雄居于开封城北，丹碧辉煌的大殿，远远望去，气势峥嵘，犹如天上宫阙。

4. 矾楼韵事

宋朝东京汴梁是当时世界上著名的国际大都市，商贾聚集，繁花似锦，城内最重要的街道叫"御街"。据史书记载，历史上的御街是大宋东京城南北中轴线上的通关大道。御街起于皇宫正门宣德门，向南延伸，经过里城朱雀门，至外城薰门止，全长5公里。顾名思义，御街是皇帝的专用道路，皇帝祭祖、去南郊举行大礼、出宫游幸等活动都要经过这条御街，故又名"御路""天街""端礼街"。御街是宋

插图 3-3.2 宋徽宗书法

"不爱江山爱丹青"，是对亡国之君宋徽宗赵佶准确的史评。他突出的贡献就是对书画艺术的提倡和创作、古代艺术的整理与保存。以其书法而言，早年学唐代薛稷、薛曜、褚遂良、北宋黄庭坚等书画大家，融会贯通诸家，创造出具有自己的独特风格、挺瘦秀润的"瘦金体"。"瘦金体"瘦直挺拔，舒展劲力，横画收笔带钩，竖划收笔带点，撇如匕首，捺如切刀，竖钩细长；有些连笔字像游丝行空，已近行书。

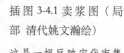
86

这是一幅反映宋代市集生活的画图。商贩的担子里，盘、盏、壶、罐井然有序，炉子上的水热气腾腾，商贩满面笑容，心平气和；老少顾客心满意足。画面里一派"和气生财"的气氛，生动地描绘了北宋社会经济发展的一个侧面，祥和升平的影子跃然纸上。

王朝太平盛世时东京城里街道的经典之作。据专家分析，御街的建造具有一定的科学性。它打破了旧式封闭的"市场分离"型，采用了临街开店设铺的格局，中间为御道，两旁为人行道。更值得称道的是，街两旁遍植花木，建有街心花园，并有洒水防尘设施。这是条开放型的街道，有利于东京商品经济的发展，是宋王朝太平盛世的杰作。历史总是给后人留下了太多的遗憾。流经中原的黄河多次决口泛滥，大宋繁华的东京被黄河水淹没，壮观的御街也作了宋都的"殉葬品"，被埋在地下 9 米深处。

20 世纪 80 年代，根据《东京梦华录》的记载，御街参考《清明上河图》，改建为一条仿宋商业街。它位于北宋时期直通皇宫大内的御街北端，南起新街口，仿照《清明上河图》格局，北迄午朝门，全长 400 米，宽 30 米，建筑面积达 16962 平方米，命名为"宋都御街"，再现宋代御街风貌。整条街呈南高北低之势，与高高的龙亭遥相呼应，构成了一个完美的艺术整体。大街上除林立的仿宋店铺外，最主要的仿宋建筑就是牌坊、角楼和矾楼。

仿宋牌坊位于"宋都御街"最南端，通体五彩装饰，色彩绚丽，气宇轩昂。石雕大象雄立两侧，御林军卫士骑大象，身穿盔甲，手握长矛，威风凛凛。

牌坊两侧对称立的建筑是仿宋楼阁"角楼"，楼顶采用了四面歇山式十字脊。在角楼同一座建筑上，采用了十字脊、歇山造、缠腰、龟头殿、檐檐顶等不同形式的屋顶，同时采用了木构建筑中退台式的特点。仿宋角楼精巧玲珑，变化无穷，层层叠叠、高低错落。36 个翼角上下呼应，和谐巧妙地组合成一个整体。

"宋都御街"上仿宋的店铺中，有一个书画院仿宋代的皇家书画院而建，名为"宣和书画店"。北宋时期的翰林书画院聚集了一批卓有成就的画家，其中画家张择端的杰作《清明上河图》，成为我国的传世之宝。

北宋御街上最出名的建筑叫"矾楼"，据说有商人在此经营白矾而得名，也称为"白矾楼""樊楼"。宋徽宗宣和年间（公元1119—1125年），对矾楼进行大修，《东京梦华录》中描写了大修后的矾楼："三层相高，五楼相向，飞桥栏槛，明暗相通，珠帘绣额，灯烛晃耀。""矾楼灯火"成为东京一大盛景。矾楼是北宋东京汴梁城的著名"星级"大酒楼，为京都72家酒楼之冠，是富商豪门、王孙公子游乐的场所；文人骚客也常聚于此饮酒赋诗，留下了脍炙人口的佳作。所以，矾楼"常有饮徒千余"，被誉为"京师酒肆之甲"。因为矾楼经营有方，服务优良，讲究信誉，拥有一大批有权有势的回头客。

矾楼最出名的是宋徽宗与李师师在矾楼饮酒作乐的风流韵事。宋徽宗诗词百戏、书法绘画，无所不精，李师师乃东京著名歌妓，其小唱在瓦肆伎艺中独占鳌头。两位艺术家探讨艺术，交往频繁。

在历史上，李师师确有其人，她是京城名妓，更是皇帝追求的名妓。李师师原姓王，其父王寅原是汴京永庆坊染局的工匠，其母早逝。王寅怜惜女儿，抱她到宝光寺"舍身"，以求长命百岁，故取名"师师"。父亲因承接为宫廷染布匹误了工期被抓，死在了监狱里，师师被宋代收养弃婴的"慈幼局"收养。稍大被鸨母李姥领养，王师师就变成了李师师。在李姥的调教下，加上师师的聪慧和天姿国色，李师师在东京街头的"勾栏""瓦肆"唱出了名，有了进东京72家正店之首的矾楼入伙的资格。宋宣和六年（公元1124年），宋徽宗册封李师师为瀛国夫人，矾楼内专门设置御座。宋代矾楼里宋徽宗与李师师的艳事，使"矾楼"成为不凡之楼。宋徽宗与京师名妓李师师常在矾楼暗中相会，演绎出风流韵事。文人们凭借着灵敏的嗅觉，敷衍成篇流于坊间，成为佳话。正因为李师师的特殊身份，所以在《水浒传》里，宋江为求皇帝招安，就托李师师走"后门"，求见宋徽宗。矾楼出名了，也更神秘了。

5. 矾楼追珠

宋英宗年间（公元1032—1067年），一天，矾楼来了一个人，深目高鼻，碧眼虬须，一进矾楼人们都睁大惊奇的眼睛看着他。更滑稽的是他身穿西式服装，头上戴的却是宋朝豪门权贵流行的精致高帽，有点不伦不类。这是来自波斯的客商。他来大宋做香料生意，在东京用香料换了中原的奇珍异宝，明日就要打道回国，今天

插图3-4.2 听琴图（传为宋徽宗赵佶绘）

树高林茂，环境清幽，画中人物的神态烘托出琴音之美。操琴者为宋徽宗，着红袍者为蔡京。二人是艺术上的知音，此时已陶醉其中，不但忘却了国事的烦扰，也把君臣尊卑关系丢于一边。徽宗虽然昏庸，也有政绩，但他最大的成绩则是他酷爱的艺术，在位时他将画家提升到中国历史上最高位置。即位后，对中国绘画的发展有重要贡献。由于作画多没留作者名字，鉴别徽宗作品，难度不小。他观察细致，其画或水墨粗犷，或工谨细丽，均笔法简朴，不尚铅华，颇得自然之。

特来矾楼消遣享乐一番。他独坐一桌，要来美酒佳酿，招来两个妙龄女郎，唱曲陪酒，好不自在。

不料正当他拥香偎玉飘飘欲仙时，突然脸色苍白，大叫一声倒地。掌柜樊伯英和堂倌急忙上前察看，堂倌试了试他的鼻息，悄声对掌柜说："赶快送他回馆驿吧。"掌柜略加思索，说："不可，病人在咱店出事，不能推出不管。"当即让伙计把病人抬到静室，派人请东京名医神医刘来诊治。但神医刘无回天之力，诊断之后说："准备料理后事吧。"刚说完，却见病人醒过来。神医刘忙说："这是回光返照，快问话。"掌柜问病人有什么要交代的。病人指了指腰间锦袋。掌柜一看，锦袋上绣着弯弯曲曲的外国字。他想这是外国人的习惯，那上面的字是他的国籍和住址。掌柜立即说："你放心，小店一定按地址通知你的家人。"病人点头后，又用目光寻找着什么。掌柜会意，忙拿来他小包袱内的一个木匣，打开一看，里面装满翡翠珍宝。掌柜恳切地说："本店一定妥善保管，待家人来到一定悉数交还。"病人又吃力地指指帽子。大家不知何意。堂倌说："他是不是不想戴着大宋的帽子，给他换上波斯帽入土才安。"神医刘说："不是，他是喜欢上大宋风格人情了，想戴着这帽子安葬。"掌柜觉得此话有理，

就向病人表示，一定按他的意愿料理后事。那波斯人没来得及再说话，就魂归天国了。掌柜樊伯英立即将此事呈报开封府。知府亲临现场，经验尸确系暴病身亡。

一年后，波斯国派特使陪同那个波斯商人之妻来到东京，在矾楼听了掌柜的说明，当场清点遗物。波斯商人的妻子大哭："我家的传家宝不见了。"波斯特使说："果不出所料，你们昧我国宝，一定要追回。"特使说，这位波斯商人祖辈是航海家，唐代时曾到过中国。波斯国王为了表彰其开丝绸之路之功，奖给他一颗大如鹅卵石的珍珠。此珠能避妖驱邪，那商人也深信能逢凶化吉，外出时总带在身上。掌柜听后脸色变白，说一定按价赔偿。特使怒说："你赔得起吗？整个矾楼也不值它的零头。"掌柜一再申明本店绝没见什么珍珠。特使就向皇帝报告了。宋英宗严旨开封府查办。开封府立即派人将矾楼掌柜及当时在场的神医刘、堂倌、歌妓等人传来过堂，甚至动了大刑，但并无结果，只得把他们关进大牢。

情急之中，堂倌想起，那波斯商人死后入殓时，全身衣物都检查过了，就是没动那顶帽子。掌柜即呈报知府。第二天，知府亲自带着这些人去验尸。棺材是楠木所做，尸体还涂上了香料，所以打开棺木时，死者面目如生，取下帽子，知府仔细察看。

插图 3-5《职贡图》中的波斯人（南朝梁帝绘制 宋人摹本）

《职贡图》是封建时代外国及中国境内的少数民族上层向中国皇帝进贡的纪实图画。我国现存最早的《职贡图》是南北朝时期梁元帝萧绎所画，原图已失，现有宋人摹本藏于南京博物院。原图画35人，现存此图为残卷，有列国12人，使臣着各式民族服装，皆左向侧身，拱手而立，身后有楷书题款，内容涉及使者的国名及山川道路、风土人情、与梁朝的关系、纳贡物品等。使者的站姿几乎雷同，但其个性特色具有不同地域、民族、年龄的独特气质。使者风尘仆仆的脸上，流露出朝贡时既严肃又欣喜的表情，传达了不同地域和民族具有的不同面貌和气质。画中人物线条简练道劲，线条以高古游丝描为主，间以兰叶描，并分层次晕染，形象准确生动，富有装饰性。

帽子正中镶镜，镜后一方硬壳夹层，他旋下镜子揭开一看，一颗珍珠放出光彩。水落石出，皆大欢喜。

皇帝御驾亲临矾楼主持重新开张，表彰他们为国争了光。波斯国特使也送了一块巨匾，上书"诚招天下客"。从此矾楼信誉更高，生意更红火了。

靖康二年（公元1127年）三月，金兵攻陷东京汴梁，一把火把矾楼烧成灰烬，但矾楼的盛景和宋徽宗与李师师的风流佳话，却一直没有被开封人忘记。

今天仿宋矾楼，是依据《东京梦华录》中的记载而建，以中心楼为核心，四周的东楼、西楼、南楼和北楼组成了一个和谐的建筑群。三层楼高低起伏、檐角交错，纤巧秀丽中不失富丽堂皇之风韵，精妙布局中透出庄重雄伟之气派，再现了"三层相高，五层相向，飞桥栏槛，明暗相通"的宋代矾楼风格。

6. 兴衰古寺

魏无忌是魏国魏安厘王同父异母的弟弟，是战国时代著名的政治家、军事家，因封于信陵（今河南省商丘市宁陵县），故称信陵君。他和平原君赵胜、孟尝君田文、春申君黄歇被史家称为"战国四公子"。信陵君在魏国都城大梁（今河南开封）有一处宅院，因为这处宅子是风水宝地，到南北朝时，北齐文宣帝天保六年（公元555年）在信陵君的旧宅地上，建了一座封庙，命名为"建国寺"。建国寺后来毁于战火。

唐代初年，在建国寺的旧址上，歙州司马郑景建造了住宅。武则天长安元年（公元701年）慧云和尚寄宿于安业寺，发现原郑景的宅池内有楼殿幻影，认为此地有灵气，想在此处建寺，便募银。唐中宗神龙二年（公元706年），慧云和尚到濮州（今山东省鄄城北）铸了一尊一丈八尺高的弥勒佛像，于唐睿宗景云元年（公元710年）请回开封，想放在安业寺内，遭到安业寺僧人的反对。翌年，慧云靠募捐购买郑景旧宅院建造好寺院，将大佛像安放于寺院里。在挖地基时掘出旧建国寺碑，才知此处是北齐时的建国寺，于是就沿用了原名，叫"建国寺"。

唐代，中宗嗣圣元年（公元684年）二月，皇后武则天废唐中宗为庐陵王，于同月立睿宗为帝，可皇后武则天命皇帝居住于深宫，不得参与朝政，所有军国大事由皇后武则天处理，睿宗毫无实权，是个不折不扣的傀儡。公元690年9月，武则天称帝，改国号为周。废掉唐睿宗，封他为皇嗣，改名武轮，迁居东宫。武则天圣历元年（公元698年），武则天又改立唐中宗为储君。睿宗则贬为亲王，封号相王。公元710年5月，唐中宗被毒杀，睿宗复皇帝之位。延和元年（公元712年），唐睿宗李旦为了纪念他由相王即位当皇帝，钦赐建国寺更名为"相国寺"，并为相国寺亲笔写了"大相国寺"匾额。相国寺虽是初创，但皇帝赐名，提高了声誉。相国寺规模很大，建筑豪华，唐天宝四年（公元745年），善营建的匠人边思顺负责修建的排云阁，高10米，是相国寺里最高的建筑物，宏伟壮丽，称为"相蓝十绝"之一。唐代时的相国寺里有许多著名壁画，有大画家吴道子在寺中画的文殊维摩像珍品、名画家石抱玉画的护国除实患变相和车道天王像、智俨和尚画的三乘因果入

道位次图以及大书法家李邕和大画家韩干等为相国寺创作的优秀作品。此外，还有雕塑大师杨惠之的许多雕塑佳作。唐代相国寺是中外文化交流的场所。日本僧人空海在中国留学时，就曾在相国寺居住。空海在中国专门学习佛法和文字，后来他用中国汉字的草体偏旁创造出一种名叫平假名的日文字母，平假名字母至今还在日本使用，对日本文化的发展起了重大作用。

唐代相国寺豪华、宏大的高大建筑屡遭雷击火灾，特别在唐昭宗大顺二年（公元891年），高耸的排云阁被雷击起火，损失最为惨重。后有高僧贞俊主持募化，历经数年重新修葺。

北宋时期，相国寺最繁盛，规模为全国寺院之最，是中外闻名的佛教活动中心。宋太祖派大将曹翰征伐南唐，打下江州（今江西省九江市）后，把庐山东林寺的500个铜罗汉运到汴梁放到相国寺里。北宋太宗赵光义至道元年（公元995年），对相国寺开始大规模扩建，到宋真宗赵恒咸平四年（公元1001年）完工，共用了7年时间。扩建后的相国寺，规模扩大，占地545亩，分为64个禅院、律院，僧人千余人；而且寺容改观，建筑辉煌，殿阁宏伟，僧房鳞次栉比，庭院宽敞，花卉满院，有"金碧辉映，云霞失容"之美誉，呈现出"三千歌吹灯火上，五百缧绁烟云中"的美景。许多著名的艺术家的佳作，也荟萃于此。当时最有名的画家高益、燕文贵、孙梦卿、石恪、高文进、崔白、李济元等，都在相国寺画出了他们的优秀杰作。从其规格看，寺院的级别最高，相国寺住持是由皇帝赐封的，皇帝平日也常到寺里巡幸、祈祷、进行外事活动。相国寺被封为皇家寺院，寺中著名和尚也都获得皇帝亲赐的封号。

到明朝，明太祖朱元璋当过和尚，很重视佛教，对相国寺多次重修，所以相国寺又兴旺起来。明成化十二年（公元1474年），曾进行修缮，并将相国寺改名为"崇法禅寺"。明世宗朱厚熜嘉靖三十二年（公元1553年）、明神宗朱翊钧万历三十五年（公元1607年）两次重修。明末崇祯十五年（公元1642年），黄河决口，水漫开封，相国寺变成一片废墟。

清朝初年，在相国寺旧址废墟上重建寺院，已有"相

插图3-6 大相国寺

大相国寺始建于北齐天保六年（公元555年），唐延和元年（公元712年），唐睿宗赐名"大相国寺"。北宋时期，大相国寺深得皇家尊崇，地位如日中天，是我国历史上第一座"为国开堂"的"皇家寺院"。多次扩建，占地达500余亩，养僧千余人，是宋都汴梁最大的寺院和全国佛教活动中心。后因战乱水患而损毁，清康熙十年（公元1671年）重修。今保存有天王殿、大雄宝殿、八角琉璃殿、藏经楼、千手千眼佛等殿宇古迹，是我国汉传佛教十大名寺之一，在中国佛教史上有着重要的地位和广泛的影响。

90

国寺古雄中州，出入杂沓游人稠"的景象。清朝时的相国寺，仅常住和尚就有三百多人。清世祖爱新觉罗·福临于顺治十八年（公元1661年），重建山门、天王殿、大雄宝殿等，并恢复原名相国寺。康熙十年（公元1671年）重修了藏经楼。康熙十六年至二十一年又增建中殿及左右庑廊。乾隆十一年（1746年），乾隆皇帝命用银一万两对相国寺进行大规模重修，历经两年零七个月才完成了浩大的修建工程，从此相国寺再次兴旺起来。乾隆三十一年（公元1776年）又进行修缮，现存殿宇均为乾隆年间建造。嘉庆二十四年（公元1819年）重修"智海禅院"，清道光二十一年（公元1841年），黄河再次决口，开封城内水深丈余，寺中建筑又遭到严重损毁。民国初年（公元1912—1919年）曾翻修八角殿、改建法堂。民国十六年（公元1927年），冯玉祥将相国寺改为"中山市场"。民国二十二年（公元1933年），刘峙将省立民众教育馆迁入相国寺。1949年后，相国寺又重修、恢复。

相国寺，自1400多年前初建的建国寺起，后经历水患，几度淹没，几度修复，几度更名，历险而在，它是开封古城多灾多难而又不断振兴的缩影。

7. 古寺清香

北宋时的东京开封城，养甲兵几十万，居民逾百万，人口比唐时国都长安增加了10倍。这与宋太祖赵匡胤在发展经济上的开放意识有关。相国寺每月有5次庙会，商人达万余人，此外还有杂技、戏剧、说书、卖艺等文艺活动，十分繁华。当时人们形容相国寺是"金碧辉映，云霞失容"。《东京梦华录》记载有"相国寺每月五次开放，万姓交易"之盛况。

皇帝下诏要求开封府开放夜市，商业贸易不受时间限制。于是，东京城内出售商品的专业店一个个诞生了，繁华的街道一条条形成了。御街上矾楼成为商贸中心之一，矾楼酒店下有专卖服装、书画、古玩的商店。南街有专卖珍珠、绸缎、香料、药品的商店，御街东西两巷是大小货行，手艺作坊。十字街头每天五更点灯，天明即散，称为"鬼市"。有的大街夜市到三更，专卖各种风味小吃，称为"杂嚼"，到五更再次开张叫卖。重要的闹市，交易通宵达旦。

相国寺则是有名的定期贸易集市，寺院每月开放5次（有史书记载是8次），每到开放日，庭院、两廊可容万人进行交易活动。除当地士农工商外，还有从全国

插图3-7.1 北宋勾栏戏曲图（清末吴友如《海上百艳图》）

勾栏，又作勾阑，或构栏，是宋、元时代戏曲及其他伎艺在城市中的主要表演场所，相当于现在的戏院。勾栏设在瓦市中。瓦市，又名瓦舍、瓦肆或瓦子，是大城市里娱乐场所的集中地，北宋汴京（今开封）有不少瓦市。瓦市中搭有许多棚，以遮蔽风雨。棚内设有若干勾栏。大的瓦市，有几十座勾栏，演出杂剧及讲史、诸宫调、傀儡戏、影戏、杂技等各种民间伎艺，可容观众数千人。民间艺人在瓦市勾栏中可长期卖艺，故各种技艺之间能互相交流、吸收，演出经常化、固定化。瓦市勾栏的出现，对中国戏曲的形成和发展有重要意义。

各地慕名而来的商人。至于交易商品更是应有尽有，琳琅满目。

北宋时代的相国寺不仅是全国佛教中心，也是国际佛教活动中心，许多国家的外交使节和僧侣都到相国寺参拜和学习佛法。大师讲经，名僧云游，遐迩闻名。当时印度、日本等许多国家的名僧特使，亦慕名来相国寺参拜切磋、讲法坐禅。日本真言宗开山祖师弘法大师空海，在唐德宗贞元二十年（公元804年）来华，就居住于相国寺内，对中日文化交流起了重要作用。宋太祖时代，印度王子曼殊室利为释迦世尊十大弟子之一，诸弟子中智慧辩才第一，当年出家后，曾到中国，来到中原在相国寺居住多年；宋神宗熙宁七年（公元1074年），朝鲜的崔思训带着几位画家到大宋，特地到相国寺，临摹寺里所有的壁画带回国；宋神宗时，日本僧人成寻，曾居住在相国寺；宋徽宗时，徽宗送给朝鲜使者一块匾额，亲书"大相国寺"四个大字。

今之相国寺建筑多为清代遗存。寺院位于开封闹市中心。棕褐色的山门西阔三间，正门上横书"相国寺"三个大字，为书法家赵朴初亲书。山门上有佛面、飞天、立僧、莲花兽头等图案，是琉璃瓦砖砌成的，图案精美，形象逼真。山门古色古香，庄重典雅。

山门后的甬道两旁，东西对称立着钟楼和鼓楼。晨钟暮鼓，历来是佛教寺院用来报时的工具。钟楼里铜钟体大厚实，高2.23米，口径1.81米，重达5吨，是清代乾隆年间的遗物。钟面上有"法轮常转，皇图永固"和"帝道暇昌，佛日增辉"十六个大字。每当秋冬霜天之时，撞击巨钟，就会发出激越清亮的响声，声传全城，人们誉为"相国霜钟"。

以甬道为中轴线上，依次排列着天王殿、大雄宝殿、佛殿、中心亭、藏经楼等。

天王殿五间三门，飞檐挑角，黄绿琉璃瓦盖顶。大殿居中而坐的弥勒佛脸上是永不消失的笑容，藏不住内心的喜悦。佛祖释迦牟尼内定他为接班人，现在正是培养和历练期间。佛家认为二亿四千年后，他就正式接班了，所以人们叫他"未来佛"。其实，人们看到的这个形象是弥勒的一个化身，他本是一个常拿布袋、满脸堆笑化斋的"布袋和尚"。他慈眉善目，眉开眼笑，显得和蔼可亲。各地寺院的第一个佛殿中，总是把他放在居中位置供奉，迎接香客，以求得旺盛的香火，故称为"欢迎佛"。

天王殿后是大雄宝殿，是相国寺的主殿。相国寺的大雄宝殿气势恢宏，重檐斗拱，雕梁画栋，金碧辉煌，被誉为"中原第一大殿"。大殿高13米，大殿台基因水患已淤埋1.47米。大殿重檐覆宇，斗拱飞翅，顶盖黄绿琉璃瓦。殿额"大雄宝殿"蓝底金字悬于明间门上。大殿里，供奉三座铜铸佛像。正中是婆娑世界教主释迦牟尼，铸像重200公斤，高4.3米。西边是西天极乐世界教主阿弥陀佛，又被称为"无量佛""接引佛"，负责接引修成正果之人到西方极乐净土。东边是东方教主药师佛，

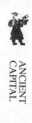

92

插图3-7.2 千手千眼观音菩萨图（宋人绘画）

相国寺内有一尊"千手千眼观音佛像"，面容端庄秀丽，法像安详，眉如弯月，眼透灵光，充满幽雅静谧的神秘美感。从肩头上斜逸出4只小手掌，如金翅展飞；每只小手掌心均有眼睛，晶莹光亮，精美至极，为大相国寺镇寺之宝。此图为宋人所绘，图中千手千眼观世音菩萨站在七宝莲台上，头戴化佛宝冠，绀发垂肩，五官秀美；头顶有26个菩萨头和一个佛头，有一千只手，手掌中各一只眼睛；下面四天王背负着七宝莲台，左右各有两位菩萨随侍；下方的天龙八部双手合十，向观音菩萨示敬。全图赋色妍丽，描绘的璎珞装饰和七宝莲台很细致，人物衣纹线条柔劲流畅，是一幅难得的南宋佛教绘画精品。

他能清除众生的一切痛苦。三座佛像背后是大型雕塑海岛观音画像，表现的是南海观音普救众生的生动场面。

大雄宝殿后第三座佛殿，叫"罗汉殿"，又叫"八角琉璃殿"。此殿为清代乾隆三十一年重修，造型奇特，系八角回廊式建筑风格，由游廊殿、天井院和中心亭三部分组成，大殿顶为绿色琉璃瓦。游廊五百罗汉，姿态各异，或在山林之中，或在小桥流水之间，或坐或卧，或仰或俯，形态逼真，情趣横生，十分有趣。

中心亭里有尊"千手千眼佛"塑像，这座站立的佛像，高2丈余，全身金光辉煌，四面造型相同，各有4只大手和3至4层扇状展开的小佛，每只手掌中都刻有一只慧眼，共有1048只手。这里有一个动人的传说：古代有一位国王，身患重病，敌国乘机来进犯，举国不安。国王的病又久治不愈，形势危机。他无奈之下，向一个游方和尚求医。那和尚见此情状，上前指点治病的方法。说药引需要亲人的一手一眼，治疗方能见效。国王有三个女儿，就召她们来到病榻前，说明了情况。大女儿说自己刚生下孩子，要照顾孩子。二女儿说自己刚完婚，倘若无眼缺手，无法面对驸马。而深明大义的三公主说："父王，我年轻，无忧无虑，让我来帮您治病吧！"说完就抽刀斩断了自己的一只手臂，剜出了一只眼球，献给国王。国王用药之后病果然好了，还领导全国人民击退了侵略者。此事传到佛祖那里，佛祖大为感动，赞扬三公主的孝道，要给她安上新手新眼，重塑全身，并让人们学习她向长辈行孝道的品德。佛祖的"重塑全身"的话传下来时，将"全"传成了"千"。因"全"与"千"读音相近，竟传为"重塑千身"。于是三公主就成了现在的"千手千眼佛"了。清朝乾隆年间，有一位民间艺人选用这里的一棵高大银杏树，雕刻成了这尊"千手千眼佛"像，巧夺天工的精湛工艺，为相国寺留下了镇寺之宝。

据文献记载，原来的佛殿建筑奇巧，无比精美，极有特色。但遭黄河决口劫难，被掩埋黄沙之下。19世纪80年代初，采用先进的撬升技术，将此殿整体升高1.67米，才有今日如此之辉煌壮丽。

佛殿之后是藏经楼，是相国寺保存佛经的地方。楼内供奉着释迦牟尼白玉像。楼上为藏经库，下为讲经堂，楼高20.98米。

古城古寺，远播清香。

8. 如铁之塔

开封古城东北处有塔屹立，它始建于宋仁宗皇佑元年（公元1049年），因建在开宝寺内，故名"开宝寺塔"。到元代，因塔身表面以褐色琉璃砖镶嵌，远看色如铁，加之塔身异常坚固，犹如铁铸，所以称之为"铁塔"，此名沿用至今。它以卓绝的建筑艺术及宏伟秀丽的身姿而驰名中外。

据史料记载，铁塔的前身是木塔。传说，古时开封东北角有一座夷山，上有一大泉眼，泉水浑浊咸涩，流出地面，恶水横流，老百姓饱受泥泞之苦、病役之灾。人们想堵住泉眼，就往泉眼里扔石头，但石头扔下去就不见了踪影，就是将磨盘大

的巨石扔下去，也只听到个水响。

一天，有位商人到泉眼提水，可桶一落水就没了影踪。后来商人经商乘船，在海上捞到一只桶，一看是自己在开封丢失的水桶。消息传到开封，人们认为泉眼与大海相通，有海妖作怪。一天夜里，人们听到"造塔！造塔！"的喊叫声。这叫声提醒了人们，大家认为应该在泉眼上造一座"镇妖塔"。但如何造塔，一筹莫展。有一天，大街上有人沿街叫卖，大声喊道："卖塔了！卖塔了！"这是一位老人，他手托一座楠木雕成的塔。大家感到这个老人托塔而来，定有缘由。于是，有人把这里的情况以及造塔堵泉的想法向老人家说了一遍。老人听后不假思索地说："把塔送给你们吧！"话音刚落，人就不见了踪影。大家认为这是神人到此指点，非常高兴。立即找来工匠到泉眼旁立塔，却不知如何下手。此时，那位很神秘的老人又突然出现在泉眼跟前。他二话没说，拿过那座木雕塔，放在地上用脚踩到地下，只露出塔尖，然后一层一层地把木塔从土中扒出，又用土把塔埋起来。工匠终于明白了，转身想找神人询问，神人又不见了。工匠便自己干起来。他们先在泉眼上建了第一层，然后用土埋起来，修成坡道运料，再盖塔的第二层，依次类推，一直盖到第十三层，最后把封的土一层层扒开运走。一座以木为主料的塔便耸立在泉眼上了。当然，神人相助，泉眼会堵住的。

据史料记载，北宋时，为了供奉佛祖释迦牟尼佛舍利子而建造的佛塔，由著名建筑学家喻浩接手营造，造塔工程浩大，历经8年，于宋太宗端拱二年（公元989年）建成。塔为八角13层，120米高，上有千佛万菩萨，塔下是地宫，专门用来供奉佛祖的舍利子。木塔造工精细，是东京城最高的建筑，被称为"天下之冠"。塔建成后，有人看到塔向西北倾斜，担心会倾倒，去问喻浩缘由，他解释说："东京地处黄河南岸，北无大山，此地多刮西北风，不到百年，此塔会在西北风的风力和黄河水的影响下，逐渐直起来。"他预言这座木塔700年不会倒塌。可惜塔于宋仁宗庆历四年（公元1044年）夏，被雷击起火烧毁，仅存50余年。

北宋仁宗皇佑元年（公元1049年），宋仁宗下诏又在东京夷山仿木塔建造琉璃砖塔。它设计精巧，完全采用了中国传统的木结构形式，塔砖饰以塔壁花纹砖上的飞天、佛像、花卉、伎乐、降龙、麒麟等优美图案，采用28种赭色琉璃砖镶砌。砖与砖之间如同斧凿，有榫有槽，垒砌严密合缝。塔身的檐、椽、瓦等，使用的是琉璃砖。据统计，塔的外部采用了经过精密设计的28种标准砖型合成。这是一座实心塔，高55.88米，塔身层层辟圭形门，从一层到六层，自北、南、西、北、东、南、后

94

插图 3-8.1 开封铁塔

开封铁塔的前身是一座木塔，北宋时著名建筑学家喻浩为供奉佛祖释迦牟尼佛舍利而建造的，后遭雷火所焚。北宋皇佑元年（公元1049年），宋仁宗下诏在距此不远的夷山上，仿照木塔的式样，建造褐色琉璃砖塔，距今已有900多年的历史，远看近似铁色，从元代起民间称其为"铁塔"。它设计精巧，完全采用中国传统的木式结构形式，塔砖饰以飞天、麒麟等数十种图案，砖与砖之间如同斧凿，有沟有槽，垒砌严密合缝。建成历经战火、水患、地震等灾害，至今仍巍然屹立。

等方向依此类推。其实，塔高不止 55.88 米。有史料说明铁塔的根基有一部分掩埋在地下"丈余"，约 4 米。清道光二十一年（公元 1841 年），黄河水围住了开封城池，人们为了保护这座雄伟的古建筑物，主动将塔座下的八棱方池和北面的小桥垫平，便留下现在的铁塔。铁塔原高是 59 米。塔向上呈逐层递减之势，层层开设明窗，从一层至四层，方向为北、南、西、东，以此类推，其余皆为盲窗。明窗即可采光、通风、瞭望，亦能减缓风力的冲击。明代嘉靖年间和万历年间，又在塔心柱正对塔身明窗之处，镶嵌了琉璃砖，保护塔心柱，以免受风力的侵蚀。塔檐下逐层挂铃铎，在风度云穿之时，铃铎晃动叮当作响，如协奏乐曲，和谐悦耳。各种不同用途的外壁砖瓦构件，通过登道与塔心柱紧密衔接，异常坚固，浑然一体，抗震能力特强。塔心柱成了支撑塔壁、抵御外力的核心。

在装饰艺术上，铁塔是一座完美的巨型艺术品。远观，浑然如铸，气势惊人；近看，自下而上，遍身浮雕。由表及里，大至塔顶飞檐斗拱，小到勾头、滴水，无处不见艺术；美轮美奂，精雕细刻，集北宋琉璃工艺之大成。

距今 900 多年的铁塔，历经宋、金、元、明、清五个朝代，以及民国时期的漫长岁月，遭受地震 43 次、冰雹 10 次、河患 6 次、风灾 19 次。1938 年农历端午节第二天，惨遭日本侵略军炮轰，致使塔身遍体鳞伤。铁塔虽屡遭天灾人祸劫难，但它宛如钢铸桅杆巍然屹立在开封城东北隅，这是建筑史上的奇迹，这是人类智慧的结晶。

老百姓说，铁塔受佛祖保佑，不会倒下。佛家相信三世轮回。当地佛教信徒说，绕铁塔左右各转三圈，佛祖会保佑你一生平安。

进塔门便可沿砖砌蹬道拾级绕塔心盘旋而上。登第五层能看城内景色，到第七层可望城外原野，到第九层，浩瀚奔腾的黄河便映入眼中。攀登 168 级台阶直至塔顶，极目四望，大地如茵，黄河似带，云雾扑面，祥云缭绕，飘飘然如在天地之外，似入太空幻景。

铁塔，作为中国名塔之一，在河南宋代砖塔中，它是最杰出、最有影响的代表。它因挺拔有力、气宇轩昂的艺术风格，堪称全国琉璃塔之最。

9. 古吹台春秋

开封市东南约 1.5 公里处，有一片很有特色的古典园林式建筑，兀峙于高台之上，翠柏苍松，林木参天，楼阁亭廊，古朴典雅，距今已有 2500 多年。台高两米多，占地 3000 平方米。称之为"古吹台"，又叫"禹王台"。

插图 3-8.2 铁塔琉璃瓦上的浮雕纹饰艺术

铁塔琉璃瓦遍饰，全身铁色，色调具有铁打铜铸的深厚气质。整座塔身上下收分比例协调自然，视觉差比例匀称美观，气势惊人。塔身装饰的琉璃浮雕有 50 余种花纹砖，有佛像砖，如菩萨、飞天、五僧、立僧、供养人、伎乐等；有动物图案砖，如狮子、云龙、降龙、双龙、麒麟等；有花卉砖，如宝相花、海石榴花、莲荷花、牡丹花、芍药花等，还有璎珞、流苏等装饰花纹砖。每块砖做工精细、栩栩如生，是非常完美的琉璃艺术品。铁塔技术含量很高，建塔选材采用了绝缘的、不导电的琉璃瓷砖，避免被大雨雷击的可能性。铁塔应压强度高，坚固牢靠。

入口是座牌坊，它建于清代乾隆二十七年（公元1762年），四柱三门式结构，牌坊上横额题"古吹台"三个字，为清代河南巡抚题写。春秋时期，晋国晋平公有一位了不起的乐师叫师旷，字子野，当时地位最高的音乐家名字前常冠以"师"字。师旷生而无目，故自称"盲臣"，又称"瞑臣"。虽盲却听力超群，有很强的辨音能力。师旷通晓音律，能演弹奏多种乐曲，尤其能弹得一手好琴。《淮南子·原道篇》中评价他说："师旷之聪，合方之调。"

师旷虽是一乐官，但在后世的传说中，被演化成音乐之神、顺风耳的原型及盲人算命的祖师等。

晋平公曾铸造一口大钟，招来众乐师鉴定这口巨钟的音律，其中就有师旷。钟被击响了，乐工们都说此钟音律准确，而师旷却独唱反调，认为不准。后来经另一位大师证实，师旷所断正确。

师旷善抚琴，善吹奏，能演奏多种乐器。中国家喻户晓的名曲《阳春》和《白雪》就

出自师旷之手。据说他弹起琴来，能引来仙鹤起舞，白云驻足，山水动容。人们从弹奏的乐曲中，可知吉凶祸福。他还可以乐治病。有一次晋平公执意要师旷为其弹奏一支悲曲，师旷只好听命。结果一曲过后，晋平公痛不欲生，从此卧床不起，茶饭不思。他又把师旷叫来，要他重弹一曲，以减少苦痛。师旷操琴弹奏，琴音渐起，乐曲里把晋平公欲称霸于诸侯而不得志的复杂心情表达得淋漓尽致，动人肺腑。晋平公听完，拍手叫绝，大叫称快，病也随之痊愈。

音乐造诣高深的师旷经常与人吹奏名曲，曲过名留。到了战国时代，魏国的魏惠王由安邑（今山西省夏县）迁都到梁（今河南省开封市），魏国亦称梁国。魏惠王为了纪念师旷，就在师旷经常吹奏乐器的地方，高筑土台，取名"吹台"。因年深日久，吹台已成为远古之事，人们就把这座吹台叫"古吹台"。魏惠王与诸侯们常在古吹台宴饮游乐，是个繁华热闹之地。当秦国攻破大梁后，这里便没有了歌之声、舞之影，昔日繁华之地，同魏王的宫殿一起荒芜于野草之中了。魏晋诗人阮籍见此景，吊古伤今，写《咏怀》一诗，曰："驾言发魏都，南向望吹台。箫管有遗音，梁王安在哉？战士食糟糠，贤者处蒿莱。歌舞曲未终，秦兵已复来。夹林外吾有，朱宫生尘埃。军败华阳下，身竟为土灰。"

吹台距今已有2500多年的历史。吹台很高，到了明朝还有10米，周长100米。后来由于黄河泛滥，泥沙淤积，仅高出地面约7米。

插图3-9.1盲人音乐家师旷塑像

师旷，字子野，春秋时期晋国著名政治家和音乐家。师旷是一位盲人乐师，具有丰富的音律基础知识、精湛的音乐演奏才能和深邃的音乐艺术修养，他创作了许多流芳百世的音乐作品，对音乐在人的品质教育方面有着深刻见解。他一生均在宫中生活，但他的地位不同于一般乐工，对政治有自己的见解，敢于在卫侯面前发表自己的意见，也向晋王提出了许多治国主张。师旷具有强烈的民本主义思想，故他在当时深受诸侯及民众敬重。

古吹台遗址，为南北长、东西短的椭圆形，最外侧是环台的小河，台四周是高大繁茂的松柏，禹王庙的四周是围墙并有环廊，三道屏障使吹台构成封闭状态。古吹台周围是一条环形水渠，台南渠上建造四龟头，台北修一桥似龟尾，台东南、东北、西南、西北渠上建有四座小桥，小桥似龟的四只脚。台西北至东北渠外堆一土山，形如长蛇，叫蛇山。

汉景帝次子刘武被封为梁孝王后，建都大梁。他占据开封这个天下膏腴之地后，便在开封城东南包括吹台在内，建造了规模宏大、富丽堂皇的梁园，并在梁园中增筑了许多亭台楼阁。汉末，古汴州留下战乱的伤痕，梁园也遭到毁坏。隋炀帝开凿汴河，使开封成为隋朝东都的门户，汴州发展成为水陆大都会。赵匡胤立宋建都开封后，京城分皇城、里城和外城。吹台位于外城的东南角。宋真宗推崇道教，都城的人在吹台上建起二姑庙，祭祀麻姑和紫姑，吹台被称为"二姑台"。明朝成化十八年（公元1482年），太常寺卿吴节在吹台上修建一座"碧霞元祠"，吹台成了道教的活动场所。

古吹台又名"禹王台"。唐高祖李渊武德四年（公元621年），开封撤县复州，地位十分重要。那时黄河流向偏北，开封减少了黄河水害的威胁。传说大禹治水时，曾在古吹台附近住过，为纪念大禹治水的功劳，历遭黄河水灾

3-9.2 古吹台

古吹台，原名"吹台"。相传春秋时代晋国的著名盲人大音乐家师旷，曾在这个地方吹奏乐曲，故而得名。古时的吹台很高，到了明朝还有10米，周长100米，后来由于黄河泛滥，泥沙淤积，仅高出地面约7米。古吹台秀水环绕，古木参天，曲径通幽，风景优美。今日禹王台上，经过修葺后主要建筑有禹王庙、三贤祠、水德祠和御书楼等。宫殿式的水德祠和三贤祠是后世续建的，碧瓦红墙，绿树掩映，为游览胜地。

的开封人民，明正德嘉靖二年（公元1523年）在吹台上修筑了禹王庙，建大殿，铸高8尺的大禹铜像，企望大禹的神灵佑护开封免受水害。自此又称之为"禹王台"。

康熙三十三年（公元1694年），康熙帝为禹王庙题写"功存河洛""崇高峻极""昌河仁义""灵渎安澜"四块匾额，除做成木匾分别悬挂外，还刻成石碑，存在原开封府学宫后院。禹王庙前又建造一座御书楼。1927年废禹王庙时，匾被毁，"功存河洛"御笔刻石存在开封府文庙里。乾隆十五年（公元1750年），乾隆皇帝南巡到开封，在禹王台题诗一首，刻碑立在庙后，后人称之为"御碑亭"。禹王庙前面的木牌坊，是乾隆二十七年（公元1762年）建成，现在的牌坊是道光二十九年（公元1849年）重建。

明朝时，在古吹台上建了一座"三贤祠"，是为了纪念李白、杜甫、高适相遇大梁（开封）而建。李白经人推荐，被唐玄宗召入京都长安，没想到只做了御用文人，但还是遭到宦臣高力士等人的排挤，无法实现抱负，便上书唐玄宗，交了"辞呈"，

要求"还山"。唐玄宗顺水推舟，痛快地批准了他的"辞呈"。李白一腔豪情，满腹忧愤，"仗剑去国，辞亲远游"，开始浪游大山名川。他漫游到了洛阳，在这里与青年诗人杜甫不期而遇。

其实，杜甫早就想结识名满诗坛的李白了。他到吴越齐鲁游了一大圈之后，听说李白到了自己的故乡河南洛阳，便急不可待地赶到洛阳拜访。天宝三年（公元744年）初夏，在古都洛阳，32岁的杜甫与43岁的李白见面了。二人一见如故，成为品味很高的心神之交，在中国文学史上被赞为值得千嚼万品的盛事。李白与杜甫相偕沿黄河而下，联袂东游，来到了开封。很巧的是著名的边塞诗人高适也在开封。高适时年40岁出头，也是怀才不遇，浪迹天涯，以泄愤懑。于是李白、杜甫、高适诗坛三杰相约到了古吹台，分别写了《梁园吟》《遣怀》《古大梁行》。不只是题诗，三人还偶遇一位美女，在历史上留下了一段佳话。

李白、杜甫和高适在古吹台饮酒，饮酒必诗，特别是"斗酒诗百篇"的李白，不但有诗，而且诗必佳作。有一回，他们三人饮酒时，李白谈兴浓，酒兴更浓，酒浓情浓，狂放不羁，咏吟之中，挥笔在白墙上写下《梁园吟》一诗，诗曰："我浮黄河去京阙，挂席欲进波连山。天长水阔厌远涉，访古始及平台间。平台为客忧思多，对酒遂作梁园歌。"诗人酣畅淋漓地抒发了从希望的顶峰跌落到失望的深谷这一复杂而激越的感情。

三位诗人走后不久，有一位美丽的宗小姐来到古吹台旅游，正巧游到李白题诗的那面墙壁前，一下被李白那龙飞凤舞的字吸引住了，再吟咏那首《梁园吟》，更是激动不已，美丽的宗小姐萌生爱意。宗小姐不但文学修养高，而且是一位富家小姐。她甩出千金，买下了这面墙。李白听说这事之后，很感动，认为人生遇一红颜知己不易。杜甫和高适非常理解李白，他们亲自登门做媒，最终使李白与宗小姐喜结良缘。

10. 会馆之美

在中国古建筑中，"画栋"随处可见，但"雕梁"却不常有；"雕梁"与"画栋"二美兼备的，亦不多见。开封的山陕甘会馆，集古代建筑、雕刻、上漆、彩绘之大成，是一座极为珍贵的古代建筑艺术宫，成为开封著名的景观。

何谓会馆？它有何功用？过去在一个都市中，有人牵头把同乡或是同业者召集起来，为了互助互济共谋利益的目的，集资建一聚会的场所，称之为"会馆"，也叫"同乡会馆"。清代乾隆年间，寓居于开封的山西、陕西、甘肃三省的富商巨贾集资在开封徐府街建立了会馆，叫"山陕甘会馆"。为什么建在徐府街？这个地址原是明代开国元勋徐达的后裔奉敕建造的府第，徐家是当地的名门望族，人们把这条街叫"徐府街"。山陕甘会馆就建在明代徐府原址上，距今已有200多年的历史。

山陕甘会馆现仅存关帝庙的部分建筑，地处徐府街中段路北，坐北朝南。它的建筑考究、装饰华丽，其中精美绝伦的砖雕、石雕、木雕，堪称"三绝"。

98

关羽是山西人，在开封的山西商人以此为荣。民间称关羽为"武圣"，奉为司命禄、佑科举的"上帝"，是除灾治病、招财进宝的"万能之神"。商人把关羽作为庇护自己的神仙，在会馆前建有关帝庙。现存建筑依次有照壁、古戏楼、牌楼以及三进正殿、东西牌楼、钟鼓楼等。

临街的巨大照壁高9米许，长16.5米，上覆绿色琉璃瓦，可分为台基、壁体和庑廊顶三个部分，是砖雕和石雕的集中表现。上部为庑殿顶，檐下全部用砖雕装，青砖仿木结构，梁头雕有"寿"字。砖雕上有花瓶、插花、薰炉、书函、画卷、乐器等各种造型，充满了浓郁的生活气息，折射出西北高原的神韵。那些洋溢着美好愿望和理想的吉祥图案，充分展示了民俗风格。花瓶、几案、蝙蝠的图案，其寓意是"平安是福"；雕有鹌鹑窝的则寓意"安"、菊花寓意"居"、"芦叶"寓意"业"，合起来其寓意是"安居乐业"。浓情的寓意，巧妙的组合，令人拍案。商人之所以为"商"，就是要赚钱。"算盘一响，黄斤万两"。

在砖雕中有一个算盘的造型，其精制小巧，越看越有味。别看它小，那上面每个算盘珠子都寄予着他们"日进斗金"的理想与志气。照壁的里外，均嵌以砖雕，雕的是缠枝牡丹和回形纹饰。照壁背面的图案与正面有异。如果说正面的各种图案是生活小品之作的话，那么这背面的图案和字，则是充满了大气的鸿篇巨制。照壁中间的四个大字"忠义仁勇"苍劲有力。这是人们对关羽高尚品格的最高评价。关羽故乡是山西，写在这里的"忠义仁勇"当然是山西商人的骄傲。

关羽是财神，也是商人敬奉的神明，所以陕西和甘肃的商人也会与山西商人取得共识，取此四字写于照壁之上。如果说"忠义仁勇"是山西、陕西、甘肃三省商人的共识，那么照壁中间那尊"二龙戏珠"的石雕所表达的则是他们经商的共同理想。这幅石雕5尺见方，雕刻手法细腻，雕刻图案精美。两条龙活灵活现、栩栩如生。最能体现设计者和雕刻工匠奇思妙想的是"二龙戏珠"的"珠"，这不是一般

插图 3-10.1 会馆中的"雕梁画栋"

山陕甘会馆为一处庭院式的建筑，整座建筑群整齐精致，布局严谨，建造考究，装饰华丽。特别是建筑上的雕刻和丹青，审美价值很高。其木雕为镂空透雕，上下宽度达170厘米，雕刻题材丰富，加之丹青彩画，更显得绚丽多彩，金碧交辉。各殿装饰，有如一座画廊，东西配殿的雕刻以人物为主。在长一丈宽五尺的木栏上，雕刻着大大小小的人物和神仙故事。大的约6寸，小的约3寸。画中的男女老少，个个表情丰富，体态动人。一些佛教故事、传奇小说、戏剧场面中的人物都置于山水、亭榭、庙宇、阁楼之间，层次分明，千姿百态，妙趣横生。

意义上的"珠",而是雕刻成一只"蜘蛛",成为"二龙戏蜘蛛"了。这不是对中国传统的"二龙戏珠"的随意改动,而是别出心裁、寓意深刻的精心设计。古代商人的生意经认为,要经商必须广交朋友,才能把生意做大,才能越做越红火。所以,把"珠"改成"蜘蛛",寓意着他们要像蜘蛛结网一样,去建立一个交易网络、人际关系网络。这可以说是商人生意经中的"经典",是商人经商的"雄才大略"。照壁两侧的左右掖门,与壁门高低错落,谐调一致,巧妙地组成一个"山"字形整体,更衬托了整个照壁雄伟、古朴的风格。这也是山西商人的有心设计。

甬道南望是一座豪华的楼,叫戏楼,又叫歌楼。除了节日里举行的表演外,祭祀、还愿、祝寿等活动也在此举行。戏楼面阔三间,分前后两部分,前台是演出的舞台,称为"乐床";后台是演员的化妆室,称为"戏房"。清代时,每年正月

插图 3-10.2 会馆戏楼

山陕甘会馆的主体建筑都在中轴线上,依次有照壁、戏楼、牌楼、大殿等,附属建筑位于东西两侧。戏楼又名歌楼,旧时节日、祭祀、还愿、祝寿的场所。楹联写道:"幻即是真,世态人情,描写得淋漓尽致;今世犹古,新闻旧事,扮演来毫发不差。台上笑,台下笑,台上台下笑惹笑;看古人,看今人,看古看今人看人。"

十三、五月十三、九月十三为祭祀关羽而出演专场戏。戏楼的两边钟楼、鼓楼东西对峙。钟鼓楼重檐歇山,绿瓦覆顶,行龙花雕正脊,脊上雕有一头象驮着宝葫芦,两侧为鬼判系链。它建于清代道光十八年,楼高 12.14 米,小巧玲珑,秀丽精致。在檐额枋有一《关公斩蔡阳》的木雕画,人物生动形象。这幅雕画讲述了这样一个故事:关羽脱离曹营,来到古城之下,要见张飞。但张飞还不知关羽是否真心实意反曹归来。他紧闭城门,高坐城楼,想以此观察一下这位结拜兄长。这时,背后杀声震天,蔡阳率领人马赶来。关羽毫不犹豫地挥刀斩蔡阳于城下。张飞释疑,大开城门,迎关羽入城。画面中,形象逼真地表现了张飞粗中有细的性格特征。

钟鼓的四角立有四根通柱,内置十二根小柱,柱间装隔扇,通风透光,明亮雅致。楼下设辟门相对,内置木梯。沿梯而上,站在楼上可俯瞰全景。楼内有钟鼓,撞钟击鼓,则钟声嘹亮,鼓音雄浑。

牌楼面三间,次间向前后呈90度角岔开,形成四个次间,正面楷书"大义参天"四个大字,包含着对关羽高尚品德和情操的赞扬。额枋与雀替都是浮雕木刻画,其内容取自三国故事,如"长坂坡救阿斗""关羽挂印封金""关羽脱离曹营""过五关斩六将"等,其他题材的有"狄仁杰登山望母""汾河弯夫妻相会"等,还有吉祥图《丹凤朝阳》《辈辈封侯》等。

牌楼两侧的建筑是配殿叫"庑",或厢房,共16间,分南北两部分,均为硬山灰瓦顶、高浮雕花脊。屋檐下额、斗拱、雀替、挡板、垂柱等,遍布木雕装饰,有龙凤、

花果、禽畜、房舍、人物、小桥、流水、骑马、担担、说唱等山川树木、花鸟虫鱼、亭殿楼阁等题材十分广泛。还有一些民间故事、人物传说入画。西厢房的檐下，有一组木雕组画叫"九狮戏绳"。画面上有九只狮子正在舞绳，狮舞绳飞，上下盘旋，绳索自然流畅，狮子活泼，趣味横生。此图的寓意是取"狮"的谐音"世"，"九狮"为"九世"，意即"九世同堂"，吉祥如意。

西厢房梢间的额枋上雕刻了一幅民间风俗画。画面上一派水城风貌，干道是水渠，街心行船上有一女子。她怀抱琵琶，弹兴正浓。在船头上，有一个演唱者。船后有一女子，头戴大檐遮阳帽，双手摇橹，悠然自得，有另一番情趣。整个画面的中心是那只豪华的游船。河岸上观者如潮，有骑高头大马的达官贵人、摇着合扇喜笑颜开的公子王孙、手牵小孩的女子和手扶伊翁的老妪。最有意境的是路边的两个石匠。他们也停下了手中的活计，神情专注地观看船头，意味无穷。画面上共有25个人物，表情不同，姿态各异，栩栩如生，充满了生活情趣。东厢房檐下各间的额枋上，分别装饰着武士征战、八仙庆寿、佛门进香、八骏放牧等图案，雕刻手法娴熟，构图精练，人物突出，主题鲜明。《八骏放牧》图中的八匹骏马，或立或卧，或啃蹄打滚，或长嘶奔驰，动静相宜，自然和谐。那一幅《孟宗哭竹》图，表现的是"孝"。孟宗是封建社会里二十四孝子之一。画面上，他被巧妙地安排在一个雀替和支墩之中，跪在几株稀疏萧瑟的竹子下，一手扶竹，一手掩面哭泣，身前有两棵新笋，颇有寓意。

会馆雕刻彩绘最精的部分在牌楼北边的大殿，这是山陕甘会馆中的主体建筑。会馆大殿由三进殿宇组成，这里的木雕装饰最集中、艺术成就最高。前为拜殿，面阔三间；中为卷棚，后为大殿，皆面阔五间。三殿由天沟相连，浑然一体，总面积为500余平方米。

拜殿挑檐桁以至额枋宽1.7米，里外七层，全部木雕装饰。正脊上装饰着雄狮宝瓶，上书"城圣大帝"四个字。第一层挑尖梁头的浮雕是狮面，梁头是龙头，龙头两边是金色的小蝙蝠，取"蝙蝠蝙蝠，遍地是福"之意。第二层为云形透雕花纹。第三层为二龙戏珠。第四层是鹿、马、牛、羊、麒麟、大象等祥禽瑞兽。第五层由荔枝、柑橘、仙桃、松竹、梅、兰等雅致花草组成的图案。第六层的内容更为丰富，不但有喜鹊闹梅、鸳鸯戏水、青蛙卧莲等吉庆祥和的图案，还有葵果、石榴、莲蓬等硕果图案，寓意"多子多福"。第七层宽约一尺，上刻二龙戏珠、凤凰牡丹。凤凰在牡丹丛中振翅欲飞，苍龙腾云驾雾，呈现出一派龙凤吉祥、花枝争艳的景象。卷棚内额枋遍布彩绘，中间有一石案，是清代嘉庆十二年（公元1807年）的遗存，正面浮雕的图案是"八仙庆寿"，雕工精细。大殿灰瓦剪边，殿内朱柱矗立，柱础四布，是会馆现存的最后一座建筑。

山陕甘会馆的建筑辉煌壮丽，令人赞叹；木雕绘画，鬼斧神工，令人拍案。这些雕梁画栋，其制作风格既有殿式特征，又有苏式写实笔法。石雕中既有汉代雕刻粗犷雄浑的神韵，又有清代雕刻细腻流畅的功力。确实是集古代建筑、雕刻、上漆、彩绘之大成。

山陕甘会馆是中国民间传统建筑艺术的结晶，是中国古建筑的艺术宫殿，具有极高的历史价值、美学价值和观赏价值。

古都

第四章
甲骨文故乡
——安阳

古都

四

甲骨文故乡——安阳

1. 殷都废墟

大约在公元前17世纪初，距今约3700年以前，商汤灭掉夏王朝，正式建立了我国历史上第二个奴隶制国家商朝。至商汤的孙子第五代商王太甲执政之后，商朝历代君主和奴隶主贵族，生活腐化，饮酒作乐。奴隶和奴隶主之间的矛盾十分尖锐。王室贵族争夺王位，愈演愈烈，叔侄之间、兄弟之间常常是你死我活的争斗。国家政局混乱，生产荒废，又有水涝干旱之灾，商王朝摇摇欲坠。从商汤传至第19位阳甲时，商朝内乱更甚，奴隶主贵族之间相互残杀，阳甲已无法控制局面。

从汤王传至商朝第20位王盘庚时，商王朝已处于风雨飘摇之中。盘庚，商王阳甲之弟，汤第九代孙，阳甲死后继位，成为商代第20位国王。年轻的盘庚登上王位时，国内局势很不安定，一些王公大臣无视他的王权，明目张胆地向他的王位挑战。在长时期的内部倾轧争名夺利和对外征战中，王朝的国势大大削弱，商朝所属的一些地方国，也独立出来，拒绝向商王朝贡。善于观察形势的盘庚，看清了国内外的严重矛盾，为了挽救政治危机，缓和阶级矛盾，积极寻找出路。经过慎重衡量，他断然选择了迁都，并对外扩张领土，以转嫁国内的危机。

能做都城的条件是：其附近应是富庶地区，能最大限度地满足都城生存和发展的物质需要；地理位置应大致处于王朝全境的中心地带，且形势险要，内能制乱，外可御敌；环境上应是依山傍水，交通畅通。盘庚选择了符合都城条件的北蒙（今安阳市小屯村）。北蒙地处中原，天时地利，盘庚的选择是英明的。

但是，盘庚的迁都主张却遭到了奴隶主贵族的强烈反对，他们害怕迁到新都会失去自己享乐的天堂。然而，盘庚迁都的决心不会改变。他一面大力宣传，造舆论，造声势，一面做好迁移的准备。他召集奴隶主贵族，发表两篇训诰，先是劝导，他

插图4-1.1 商汤画像（明代画家绘）

汤是商朝的创建者，儒家推崇为上古圣王。商汤又称作武汤、天乙、成汤，原是商族部落的首领，在位30年中17年为部落首领，只有13年是商朝君主，任贤臣伊尹和仲虺为左右相，以亳为根据地，积极治国。夏朝国势渐衰，商汤乘机起兵，灭夏兴商，商朝成为中国继夏朝之后第二个王朝。肖像画以全身或半身肖像为主，诞生于唐宋时期，主要是描绘皇帝、宫妃的画像。两宋时期，随着工笔画的推崇，肖像画趋于成熟。明清时期，人物肖像画已达到历史最高水平，留下大量宫廷画家的作品，大多是帝王、将相、宫妃的画像。主要采用写实手法，工笔精细，画面极其精致传神。

说先人在天降灾难，或政治失误时，总是顺应天时迁都，以有利于百姓，有益于国家的安定。在劝导中，再用严厉的态度对那些有意掀起动乱的臣民施加压力。他说："有些人心怀恶意，不把我的决定放在眼里，为了自己的财产和安逸的生活，竟然编造谎言，邪恶浮夸，蛊惑人心。如果不思悔改，必定严厉惩罚。"同时，盘庚积极做好迁都的准备，他下令制造许多大船，以作渡过黄河的工具。

盘庚的软硬兼施手段平息了为迁都而引起的骚乱，迫使奴隶主贵族就范，为下一步动迁奠定了坚实的基础。他率领着自己的臣民，跋山涉水，历经数月，渡过黄河，终于把都城从奄（今山东省曲阜）迁到了新都北蒙（今河南省安阳市安了县小屯村），把北蒙改称为殷。可是，初到殷都，一些人生活不习惯，吵嚷着要返回旧都，奴隶主贵族也乘机起哄。盘庚又发表一篇训诰，制止了动乱，安定了局面。

殷都位于洹河西岸，河水荡荡，水丰草盛，两岸土地肥沃。洹河又名安阳河，古称洹水，发源于太行山脉。殷墟出土的甲骨文中就有"戊子贞，其咬于洹泉"的记载，"洹泉"就是"洹河"。这说明洹河见之于文字记载至少已有3000多年的历史了。它流经小屯村之北，再蜿蜒向南行数百米，掉头向东而去。小屯村地势稍高，成为台地，洹河从它身旁缓缓流过，水阔岸高。3000多年来，它从未改道，护卫着这座神秘的小村庄。

盘庚将他的臣民安顿下来之后，就带领人民建宫筑殿，身体力行。经过几年的建设，殷都成为中国历史上第一个疆域稳定、能长期定居的都城。自此，商朝在殷都共历8代12王，长达500多年，在此度过273年。后称这段为"殷朝""殷商"。

历史证明，盘庚在位的28年（公元前1300—前1277年）里，是商代继商汤之后最为杰出的国君。他的迁都成功地结束了商王朝的动荡局面，他的创举赢得了后世的尊敬。

可是商王朝传到第31代纣王手中后，他的荒淫残暴，使得王朝不堪一击，公元前11世纪周武王灭掉殷纣王。周灭商之后，曾经把殷纣王的儿子武庚封于殷，"以续殷祀"。但是，武庚不忘复国，进行叛乱，周公立即举兵平息了叛乱，并且大迁殷民，以防止殷商遗民再次作乱，殷都居民皆空，繁华散尽，逐渐沦为一片废墟，后世称其为"殷墟"。

新中国成立后，为了保护殷墟，国家在殷墟宫殿区遗址上，兴建了"殷墟博物苑"。

这座殷墟博物苑是1987年在殷墟遗址上建起的。苑的大门，确是文化历史之门。它是由北京著名古建筑学专家杨鸿勋教授设计的，其造型来自于甲骨文象形字"门"的构形和殷商纹饰。甲骨文"门"字，为古老"衡门"的简化。"衡"字古文为"横"字。古"衡门"，横本为门，仿车衡而得名。建造时在宫殿出入口处立两根柱子，支撑着一根横木，横木与门前路宽相当，门框上安装门扉，来控制出入。这是最原始的大门，可称得上是华夏"门"的鼻祖。这种"门"的风格因其古老而被历代统治者所尊崇，并延续下来，逐渐成为神坛庙宇场所的礼仪性设施。门框上雕刻有凤、虎、饕、餮、夔、蝉等具有殷商时代风格的花纹。门额上苑名的题字是我国著名历史学家周谷城先生的亲笔。整座大门透露出古色古香的韵味，其庄严大方的风貌，令人肃然起敬。这古风古韵的朱墨雕彩，会把人带入风云变幻的殷商时代。大门两

侧墙壁上的浮雕为殷商时代龙形玉王。

殷墟博物苑的中心是大殿。进入苑门，首先呈现在人们面前的就是这座大殿。它是建筑在商王朝都城宫殿遗址上复原的仿殷大殿。3000 多年前，这里是商代帝王与他的文臣武将们议事朝拜的场所，是都城的心脏，是王朝的最高"司令部"。仿殷大殿草盖屋顶，夯土台阶，四面斜坡，双重屋檐，也就是被称为"茅茨土阶，四阿重屋"的建筑方式。看上去整个仿殷大殿宏伟庄严、古朴凝重。殷墟博物苑的大门和仿殷大殿已成为古都安阳的象征性建筑物。根据考古发现，大殿建立在夯土台基上，发现的 53 座王宫建筑基址，说明殷都是经过多次修建的宏伟工程。从考古发掘推测看，宫殿在建造过程中，要举行许多祭祀仪式。打地基前举行奠基仪式时，屋基范围内要埋下一些奴隶和牲畜。安放柱础时，再次在屋基前面埋下奴隶和大量牲畜。在一座较大的宫殿基址前，发现埋的有 1 个奴隶、30 头牛、111 只羊、78 条狗。就是小一点的宫殿基址，也埋有 1 个奴隶、10 头牛、5 只羊、21 条狗。安装门时，门左右两侧和前面，分别埋着 56 个持矛的武装侍从，屋内左右两旁各埋 3 个女奴。宫殿落成时，还有大批奴隶和车马埋祭。有一组建筑群北头埋着 5 辆马车，西侧埋有一匹马和大批砍头的奴隶。这些豪华的宫殿，不知埋葬了多少无辜的生灵。

殷墟占地面积约 24 平方公里，东西长 6000 米，南北宽 4000 米，大致可分为宫殿区、王陵区、一般墓葬区、手工业作坊区、平民居住区和奴隶居住区，都城建筑布局严谨而合理。古老的洹河水从殷墟中缓缓流过，诉说着一个个古老的故事。这座古城建筑规模之大、宫殿之宏伟、出土文物之精美、数量之多，证明了当年的殷都是政治、经济、文化的中心，是繁华的大都市。

仿殷大殿后面是殷商车马坑殿厅。这里展出殷商时代 6 座车马坑，坑内几具车马保存基本完整，每坑葬车一辆，其中 5 坑随车皆葬两匹马，4 坑各殉葬 1 人。经专

插图 4-1.2 殷墟博物苑

殷墟博物苑系统展示商代文物，所展示的文物是自新中国成立后在殷墟发掘出土的一系列文物精品，包括陶器、青铜器、玉器及甲骨文等共 500 多件，均为国宝级的文物展品，以及在此发掘的众多的商代宫殿宗庙建筑基址、王陵大墓、洹北商城遗址、祭祀坑和众多的族邑聚落遗址、家族墓地群、手工业作坊遗址、甲骨窖穴等，全面而系统地展现出 3300 年前中国商代都城的风貌，为这一重要的历史阶段提供了坚实证据。

108

插图 4-1.3 殷代车马坑

殷代车马坑保存基本完整，这里陈列了 6 座殷代车马坑，每坑葬 1 车，其中 5 坑随车皆葬两马，4 坑各葬 1 人。经鉴定，殉人中多为成年男性，另有 1 少年男性。殷代的马车造型美观，结构牢固，是木质制造而成，主要由舆、轴、轮、辕、衡、轭构成。车体轻巧，运转迅速，重心平衡，乘坐舒坦。殷代车马坑不仅展示了上古时期的畜力车制文明程度，也反映了奴隶社会残酷的杀殉制度。车马坑最南边，有殷代的道路遗迹，很清楚地显现出车辙，道路较宽，有两道车辙，有人行道。由此证实殷商时期的交通是比较发达的。

家技术鉴定，殉葬中 3 人为成年男性，1 人为少年男性。这 6 座殷商时代车马坑是近年来考古工作者发掘的新成果，它与殷墟博物苑内的宫殿建筑遗址一样，是博物苑的"镇苑"之宝。在车马坑的最南面，有一条道路，路面较宽，仔细辨认，路面有车辙，印迹清楚。路面上两道车辙以外，还有人行道。这便是殷商时代的道路。从道路遗存可以想象得到，殷商时的交通在当时是相当发达的。古代先民们在陆地上的重要交通工具是畜力车。据历史记载，远在夏王朝时代先民就发明了车，但至今没有发现夏代车的遗存。殷商的车马坑是中国考古发现畜力车最早的实物标本。所以这 6 座车马坑的文物价值和研究价值是无法估量的。

在仿殷大殿中还陈列着甲骨文和殷商时代的青铜器。

2. 惊世发现

曾经繁华的商都被西周王朝遗弃成为废墟，渐渐被世人淡忘。但它却成了盗墓者冒险的乐园。直到清末，在这片废墟上才有了震惊天下的大发现，3000 多年前的废墟才再度成为世人的焦点。

刚从原始的蒙昧中走出来的商民们，对大自然和社会认识还处于人神之间的模糊中，迷信神鬼，他们认为，天神掌管着人的命运，遇事都要卜问神鬼，以求保护。《礼记·表记》载："殷人尊神，率民以事神，先鬼而后礼。"商代占卜之风极盛，王室贵族上自国家大事，下至私人生活，如祭祀、气候、收成、征伐、田猎、病患、生育、出门等，无不求神问卜，以得知吉凶祸福决定行为举止。于是，占卜成了国家政治生活中的一件大事，占卜活动特别频繁，几乎无事不卜，无时不卜。卜问时为了表示对神的敬畏和崇拜，就举行带有原始宗教色彩的杀生祭祀的活动。朝廷设置了占卜的专门机构和卜官。

占卜的方法是：先把龟甲和牛肩胛骨，通过锯、削、刮、磨整齐后，在甲骨的背面，钻上圆形的孔，或钻成梭形凹槽。在祭祀时，把要卜问的事向神鬼说。然后，用燃烧的木枝去烧灼甲骨上的圆深窝或梭形凹槽之侧。这样，在甲骨的正面相应部位就出现了裂纹，这就是"卜兆"。占卜者据甲骨上的裂纹来判断吉凶。吉卜完毕，把占卜的吉凶结果用刀子刻在"卜兆"一侧，史称为"甲骨文"。甲骨文，又叫"卜辞"。有刻辞的甲骨都作为国家档案保存起来，堆存在窖穴中收藏保存。"甲骨文档案库"随着殷商成为"废墟"，而被中原的黄土和流转的岁月尘封起来，3000多年来，无人知道它的存在。在清末，不经意间有人发现了它，却不认识它，于是一个有趣的"小人物大发现"的传奇故事发生了。

故事发生在清朝末年。坐落于今安阳市西北洹河南岸的小屯村，剃头匠李成因天气干燥身上生了疥疮，痛痒难耐，苦不堪言。这天李成走到田间地头，身上又痒起来，他无奈地放下剃头担子，坐在地上又抓又挠。突然，他发现地里有一种小白片，不知何物，随手捡起，用力一捏，竟成了细粉。他把白色细粉撒到正奇痒难止的疥疮上，想缓解一下痛苦。谁知奇迹出现了，被撒上白色细粉的疥疮立马不痒了，被挠破的疮口上的脓血似乎也被细粉吸干净了。不久，他身上的疥疮便莫名其妙地消失了。

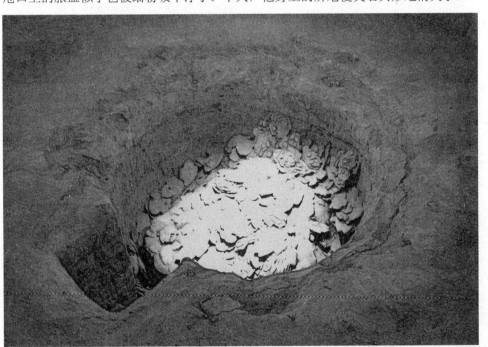

插图 4-2.1 殷墟复原的甲骨窖穴

1936 年，在安阳小屯村出土了一坑未遭到破坏的、完整的甲骨，编号为 YH127。甲骨坑口距地面 1.7 米，坑底距地表 6 米深，坑直径长 1.8 米，甲骨堆积层厚达 1.6 米。当年把这坑甲骨整坑运到南京室内发掘，挖掘整理出 17096 片龟甲，完整的龟板达 300 片，牛的肩胛骨只有 8 片，其中最大的一片龟板长 44 厘米。1996 年召开的国际图联大会上被专家誉为"世界上最早的图书馆""中国最早的档案库"。现存于"台湾故宫博物院"，殷墟博物苑在原址上，复原了这坑甲骨。

那些被耕锄犁耙翻出来的小白片，对于只认识土地和粮食的农民来说，不会知晓它的价值。而剃头匠李成的偶然之举却知道了小白片最初的实用价值，它治愈了疥疮。

"小白片"的无价之"价"还是通过小人物李成传递出去了。李成无意的发现变成了有意的寻找。他到田间地头搜集被农民随手扔掉、脚踩垫地的小白片，然后跑到城里药店现身说明小白片的神奇作用，并欲将其换成钱。药店老板将信将疑，就查"药书"，结果竟使他大为惊喜。原来这小白片就是中药里的一味药，叫"龙骨"。

SERIES ON THE HISTORY
AND CULTURE OF

中原历史文化系列丛书

这个消息不胫而走，农民们知道后，便更大范围地去寻找"龙骨"拿到药店去卖，而且去药店卖"龙骨"的人越来越多。药店老板收购时也挑剔起来，凡"龙骨"上刻有细线的一律不收。药店老板这一"举措"，造成了"龙骨"难以弥补的巨大损失。李成和乡亲们把收集来的"龙骨"认真地、不厌其烦地刮去上面的纹线后再拿到药店去卖。

时间长了，药店不再收购"龙骨"。李成们便把收集到的"龙骨"直接加工，研成细粉，包成小包，在庙会上摆地摊叫卖。此药成了专治刀枪跌打创伤的特效药，卖得十分红火。"特效药"的消息不胫而走，京津商人闻讯而至，大量收购。于是"龙骨"走出了小屯村，走出了中原，成了京卫大药房药柜里的"新贵"。不知有多少人明明白白地用"龙骨"治伤，却糊糊涂涂地毁灭着一种珍贵的文化遗产。

结束"龙骨"悲剧命运的是一位古董商人，他叫范维卿。他是为收购古董而来到安阳的。他来到安阳，只收到一些青铜器、瓷瓶等小文物，迟迟未能收到有价值、上等的文物，失望和焦急伴随着他。

一天，他正在屋内品酒，一个中年男子提着一个破篮子进来卖古董。他问那男子带的是什么古董。那男子不好意思地说，不是什么宝贝，是"龙骨"。范维卿看看他篮子里的骨头碎片只是摇了摇头。男子扫兴地往外走。正要出门时，范维卿突然喊住了他，收下这骨片，随便给了那男子几文钱。实际上他与那个男子一样不识货，并没有认识到"龙骨"的真正价值。所以，当他离开安阳时，曾想把这些骨片扔掉，但作为古董商人的他，沾上"古"字，总有些情结。再加上这骨片叫"龙骨"，沾"龙"字就吉利。于是，他在不经意间做出了一件惊世骇人的决定。他要把龙骨带到北京，拿到同乡王懿荣那里做鉴定。

王懿荣，山东福山人，出身官宦之家，清代光绪年间的进士、翰林。他学识渊博，对金石、书画和版本的造诣很深，是北京城有名的金石学家。他酷爱文物，见到文物，不惜重金，甚至典卖妻子嫁妆也要弄到手。他人缘好，在朋友中口碑极佳。京城许

110

插图 4-2.2 甲骨文发现地遗址

甲骨文发现地位于安阳市西北郊小屯村的殷墟博物苑内。"龙骨"蕴藏着商文化秘密。这石破天惊的大发现，让小屯村成为举闻名的中国考古学的诞生地、甲骨文的发源地。

多名流学士有了文物就找他鉴定。1899 年的秋天，他得了疟疾，久治不愈。一天他在菜市口的达仁堂药店买药，其中一味叫"龙骨"的药引起了他的注意。他把配有龙骨的药剂买回家，并特意吩咐家人把熬过药的药渣留下。他在药渣里仔细翻看，但不知其理。再次买药时，他专门买没有捣碎的"龙骨"，但仍没有看出门道。

就在此时，老乡范维卿来了。范维卿让王懿荣鉴定了一些青铜器等文物后，又拿出一个小包说："这是很古的龙骨，让你见笑了，若是没用，就扔掉它。" 这正是雪中送炭。王懿荣正在对"龙骨"冥思苦想而无结果时，却意外地得到了大收获。他反复观察"龙骨"上的纹线，千方百计地拼对碎骨片，同时查阅大量的文史资料。他头脑里终于迸发出智慧的火花。他把骨片上的纹线图案与华夏先民们崇尚神鬼、祭祀神灵之事联系起来，认为这些纹线图案是先民刻出的一种符号。这是一个了不起的思想认识与理解上的升华，他似乎听到了叩响这神秘符号大门的声音。

一天夜晚，他在拼对大大小小的"龙骨"时，突然发现其中拼在一起的三块龟板上出现的纹线似乎鲜活起来。他惊喜地叫道，这个图案像"雨"字。天亮了，他的心亮了，眼也更亮了，以后又陆续辨出了"日、月、山、水"等字。他立即到各大药房收买"龙骨"。一时间竟购买搜集了数千片，并辨识出更多的汉字。消息像插上了翅膀，其价格暴涨，每片由 6 文钱涨到每字白银 2 两。埋在中原黄土之下的神秘文字，3000 多年之后，显现在人们面前。但还是"犹抱琵琶半遮面"。"龙骨"上的文字，不能辨识的还是占多数。

王懿荣是伟大的，可惜他于 1900 年殉国自杀，没有留下研究的专著。然而，另一位为甲骨文做出毕生贡献的是天津人王襄。他家虽贫但却千方百计收集"龙骨"。后来在托运过程中，有过失而复得危险的遭遇。日本人、美国人得到消息后，想出高价收买。当时已经失业的王襄断然拒绝。1953 年他将这些"龙骨"献给了国家，并写出了甲骨史的第一部专著《蓝宝殷契类纂》。

3. 甲骨美文

1936 年，考古工作者在安阳小屯村北发掘了一个大窖穴，出土了 17096 片甲骨。这些甲骨上的卜辞不只是简单的记事，更重要的是反映了商代的政治、军事、农业、历法、天象等丰富的内容。经过占卜验证的，就作为档案被保存。在安阳小屯村发现的这个窖穴所藏的甲骨片，是目前殷墟发现甲骨最多的一次。这个甲骨坑被专家们认定是世界上最早的图书馆和档案库。这就是著名的安阳殷墟苑里甲骨文档案库。

现甲骨出土已达 16 万片，甲骨上的单字有 4500 多个，被专家认出的有 1000 余字，公认的有近千字。

自 1899 年金石学家王懿荣揭开了甲骨文神秘面纱之后，甲骨文就受到了国内外的金石学专家的高度重视。他们多方收购搜寻。但那些以获利为目的的古董商们，对甲骨文的出土秘而不宣，千方百计封锁消息。1911 年，著名金石学家罗振玉派他的弟弟罗振常到安阳进行实地调查，弄清了殷墟及出土甲骨文的准确位置，并收购了大量甲骨片，其中就有被称为"甲骨之王"的甲骨。它是一块完整的龟板，上面刻的文字最多，达125个，记载了大将眉与两个方国（即土方和方）的战争情况。

还有一片甲骨上的文字内容是关于彩虹这种天象情况的。它从时间和空间上准确地记录了彩虹的形成条件和出现的过程。这是我国历史上记载彩虹这种天象最早最完整的文字表述。有意思的是有一片甲骨上是商王出行打猎时遇到车祸的一些情况，这是中国历史上最早的交通事故记录。

中国的文字萌芽较早，在新石器时代仰韶文化的陶器上，就发现了各种刻画符号，成为中国文字的雏形，经过二三千年的孕育、发展，到了商代，我国的文字达到基本成熟阶段。甲骨文就是中国文字走向成熟的表现。它刻画精湛，内容丰富，有一定体系，有严整的规律，已具备后代汉字结构的基本形式。中国书法的用笔、结字、章法三要素都能在其中体现出来，孕育着书法艺术的美，很值得欣赏与品味。它的用笔线条严整瘦劲，曲直，粗细均备，笔画多方折，对后世篆刻的用笔用刀产生了影响。从结字上看，文字有变化，虽大小不一，但比较均衡对称，显示了稳定的格局。从章法上看，虽受骨片大小和形状的影响，仍表现了镌刻的技巧和书写的艺术特色。有专家总结出甲骨文的特征：劲健雄浑、秀丽轻巧、工整规矩、疏朗清秀、丰腴古拙。

甲骨文是契刻出来的文字，但笔意充盈，百体杂陈，或骨骼开张，有放逸之趣；或细密绢秀，具簪花之格，字里行间，多有书法之美。于是，当代有"甲骨书法"在一些书法家和书法爱好者中流行。

现代书法家创造的"甲骨文书法"，是根据甲骨文的字体结构、书法特征，加以工整地摹写而成的书法作品。它可选用甲骨文中的古字来组合为新内容，饶富雅趣，耐人寻味。若甲骨文中没有的字，就用"偏旁拆零"的方法进行拼接；再拼不出，就要从金文等其他古文字里选取。"甲骨文书法"另一种写法是，从甲骨文特征中，获得古文字的灵感，从而得到艺术创作的启示，并非严格地按甲骨文的书法特征去写，而是综合甲骨文、金文、战国文字等多种古文字的风格进行艺术创作。这样的书法艺术与古文字学虽有关系，却是现代概念上的书法艺术。

中国出土的甲骨文除大陆外，台湾、香港、澳门地区都有收藏，并且多流失海外，日、英、美、加拿大、法、俄、德地有收藏。20世纪初，有一个外国人到中国，用西方人特有的智慧和狡黠拿走了中国的甲骨文，甲骨文如何流向海外可见一斑。

此人是加拿大人孟席斯·詹姆斯·梅隆，中国名叫"明义士"。他大学毕业后

112

插图4-3.1甲骨文片

甲骨文是中国已发现的古代文字中时代最早、体系较为完整的文字，也是现存中国最古老的一种成熟的文字，又称为"殷墟文字""殷契"，是商朝人在占卜、记事时刻在龟甲或兽骨上的文字，主要是王室成员用。甲骨文继承了古人在陶器上刻画文字符号的造字方法。甲骨文有上自天文，下至地理，从国家大事，到生活小事，从人们的活动，到各行各业的生产状况等内容，十分广泛，是商代社会生活的百科全书。此图为一片甲骨文的正反两面，字内涂朱，刻写的是关于北方部族入侵、王命诸侯、田猎、天象等内容，信息量颇大。

进修于神学院，1910 年作为牧师到中国传教，被派往豫北，先在武安，后到安阳。在此期间，安阳殷墟出土了甲骨文的消息引起了他浓厚的兴趣。他打听到地址后，就直奔安阳小屯村。路上，他觉得自己一身西装革履不会被百姓接受。于是，他在旧衣行买了一身浅灰色对襟粗布上衣和一条裤子穿上，才继续前行。教堂距小屯村三四里，他骑着一匹白瘦马，很快到了洹河边。有几个小孩跑过来看这个洋人很有趣：他上身露着半条胳膊，下面露着半条腿，嘴里叽里咕噜，像个大怪物。孩子们扭头就跑，明义士忙喊道："别跑，我不是魔鬼。"孩子们听他会说中国话，转回来围着他看稀奇。明义士告诉他们自己想找一种骨片。小孩说："那东西地里有，能卖钱。"明义士听到"钱"字，开了窍，摸出一个钱说："咱们做个游戏，谁帮我找到骨片，这钱就给谁。"孩子们跑了不一会儿，就拿来了许多骨片。明义士收获很大。从此他开始研究这些甲骨文，写了一部甲骨文专著《商代文化——殷墟甲骨》。书中收录甲骨文 2369 片。这是外国学者出版的第一部研究甲骨文的专著。1932 年，明义士到山东齐鲁大学考古，并在该校汉学系任教。他还用自己收藏的甲骨文办了一个小博物馆。1937 年抗战爆发前，他带着 6000 多片甲骨精品回国，作为他爱自己祖国的礼品，献给了国家。那些甲骨现藏于加拿大皇家博物馆。

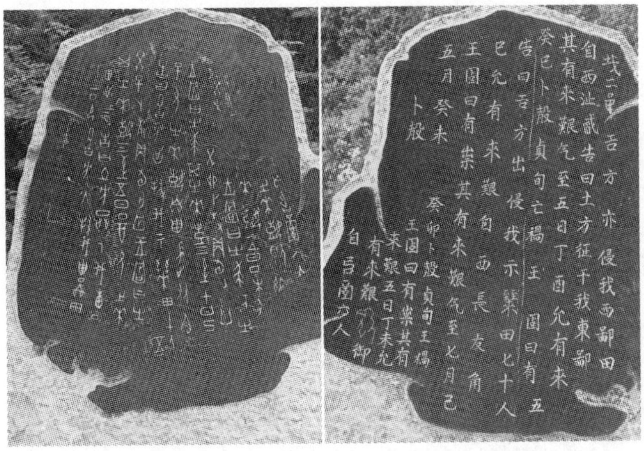

(1) 正面甲骨文　　(2) 背面释文

在殷墟博物苑里，有一片碑林很特殊。那里每块碑上的碑文并非名人题词，字体也不是行、草、隶、篆，而是一种古朴典雅的甲骨片形状的甲骨文。碑的另一面是相应的现代汉字译文。

此处碑林，是由我国著名甲骨文学者王宇信、杨升南先生精选，以原甲骨片形状放大而成的石碑。碑林中共有甲骨文石碑 30 通，所选内容涉及商王朝时代的文化、军事、农业、天象、田猎、鬼神崇拜等。甲骨文碑林，向人们展示了中国最古的文字的魅力。

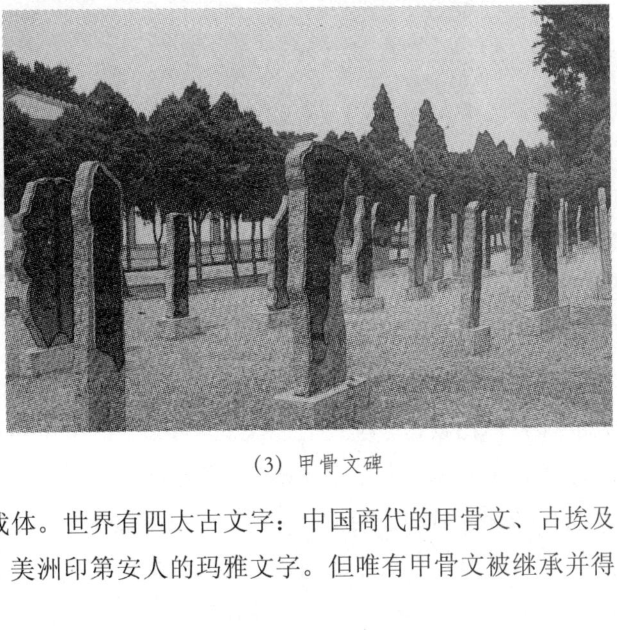

(3) 甲骨文碑

插图 4-3.2 甲骨文碑林和译文

精选出 30 片甲骨，按原片放大契刻在石碑上，形状"如甲似骨"，排列错落有致，正面为甲骨文，背面是与其相对应的汉字释文。其内容丰富，涉及殷代社会的政治（奴隶逃亡和刑罚）、军事、农业、天象、历法（迄今发现最早的日历）、生育、疾病、吉凶梦幻、鬼神崇拜、田猎、贡纳和祭祀等多方面的商史知识。插图中的 (1) 为甲骨文，(2) 为释文。该片甲骨文记载了一个颇具新闻性的事件：商王武丁去狩猎，一位叫"叶"的大臣乘另一辆车跟随。路上叶的车轴突然折断，驾车的马歪斜地打个趔趄，车上的另一人站立不稳，从车上掉下来。(3) 为甲骨文碑。

文字是一个民族文明的载体。世界有四大古文字：中国商代的甲骨文、古埃及纸草文字、巴比伦泥版文字、美洲印第安人的玛雅文字。但唯有甲骨文被继承并得到发扬光大，其他三种文字都中断了。在已发现的近 5000 个甲骨文单字中，能够释读的约 1500 字，余下的 3000 多字多属地名、人名、族名，可知其意，但不可读其音。其中也有不少字因后世不再沿用，给正确考释、研究带来了极大的困难。有专家认为，由于甲骨文属卜人应用文字范围，并不等于社会的用字量，所以商代实际存在的字可能还要更多。

甲骨文是中华民族文化中最珍贵的文字材料，是研究中国古代文化和认识夏商社会的百科全书。

4. 发掘铜鼎

耸立在仿殷大殿前的是一件商代青铜器，它的名字叫"后母戊鼎"。这是一件仿制品，它的原件现藏于中国国家博物馆。

自从甲骨文面世之后，人们发现殷墟的地下是一个巨大的宝库，只要揭开那里的一片土层，就能看到祖先遗留下来的宝物。农民们也意识到了自己脚下这块土地的价值。于是，一股挖文物、掘坟墓之风刮了起来。农民们自发、盲目地挖文物成风，在不经意间却挖出了奇迹。

1939 年 3 月 15 日，对于安阳市武官村农民吴希增来说，是非同寻常的一天。这一天，他带上"洛阳铲"（发掘用的专业工具），到了同村吴培文家祖坟地里，以寻找中药材田七为名，实际是"探宝"（盗掘）。他选好一钻点，怎么也不会想到这个钻点，竟是"一点惊世界"。1 米、2 米……下钻到 10 多米时，钻头触到硬物不能往下钻。他急忙提出探杆，钻头已卷刃，上面粘着绿色的铜锈。这种特殊的颜色他熟悉，也懂得它的价值，他惊喜了，心震颤了。按当地民间发掘文物的习惯，钻探地层找文物不分地界，如果不是在自己的地界挖掘到了宝物，那么宝物所在地的主人要分得宝物售价的一半。这是一种约定俗成的君子协定，很能体现中国古老的民风。

插图 4-4.1 出土"后母戊鼎"

后母戊鼎于 1939 年 3 月 19 日在河南省安阳市武官村吴姓农田里出土，后被一古董商发现，欲重金买下运往京城。但鼎重，移动困难，又坚硬不可分割，只好作罢，日本人闻讯索要，为保密村民重新埋入墓穴中，直到 1946 年重新挖出。

于是吴希增跑到吴培文家，向他叙述了刚才的"探宝"经过。二人商议好分利的方法，当夜便找了七八个人，来到吴培文家祖坟地，秘密破土开挖。开了一个宽二尺、长六七尺的长方形坑。他使用抓钩子刨土，又在坑口处安装辘轳往上吊土。挖了两个多小时，挖至十三四米处时，看到器物的柱足了。但此时天色渐明，众人害怕日本人知道，便又将土回填，返回武官村。

次日（3月16日）夜里，参加盗掘的人数增至三四十人，当地区公所也派了两个排，在距离现场50米处设岗。他们将坑扩大至2.5米见方。挖到午夜时分，鼎身显露出来了。那大鼎斜立在泥水里，口向东北，足朝西南，一耳朝上。村民看到这物，非常兴奋，劲头更足，齐心协力把井绳拴在鼎耳上，向上拉，但拉不动，想尽各种办法拉，还是纹丝不动。又是一夜功夫。3月17日，夜幕刚刚降临，吴培文拿着刚从县城买来的三条新井绳，其他村民抬着早已准备好的大梁等工具，在坑口搭了一个三角架。用麻绳一头拴住鼎耳，一头拴在鼎足上。村民们分成两班，先撬起鼎的一端，用土填实后，再撬起另一端，如此重复来撬，直到第二天凌晨5点钟时，才将大鼎从十几米深的坑中拉出来，这已经是第四天了。

这时，有村民发现，埋在底部一侧的鼎少了一只鼎耳，赶快下到坑中寻找，但就是找不到。有人又发现断口为旧茬，不是挖掉的，也就不再找了。他们用一辆三头骡子拉的铁轮车，将大鼎运到吴培文家，立即埋在吴家粪坑里，这才放下心来。

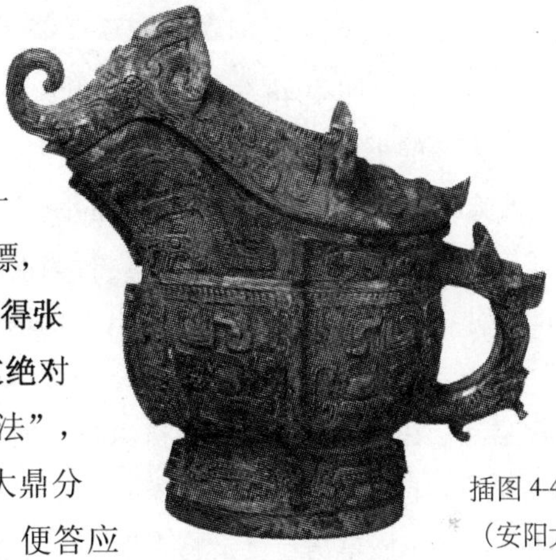

挖出青铜大鼎的消息像长了翅膀飞到了北京，一个月后，北京城最大的古玩商萧寅卿随身带着两个保镖，秘密乘专车到安阳，找着吴家，看到大青铜鼎，吃惊得张口结舌，以20万大洋购买，对当时的农民来说，这绝对是天价，当然成交了。但古玩商萧寅卿有自己的"玩法"，他说，这么大的家伙怎样才能顺利地运走，必须将大鼎分解为八块，以便装箱运输。村民经不住重金的诱惑，便答应了古玩商的要求。但是，天价重金买不来分解大鼎的技术，村民们只相信自己的力气。他们买来三打36根新锯条，开始用钢锯锯起来。他们分别锯刻有铭文一侧的两个鼎足。然而，我们祖先高超的冶炼技术和精湛的铸造技艺，他的锯加上他们的力气，对青铜大鼎太微不足道了。钢锯在大鼎身上"刀枪不入"，36根锯条几乎磨秃，鼎足仅留下轻微的痕迹，青铜大鼎毫发未损。

太相信自己力气的村民们又举起了大铁锤向青铜大鼎砸去。青铜大鼎发出当当的呐喊与抗争的声音，悲剧发生了，青铜大鼎的一只鼎耳被砸掉了。此时，那一声铜耳断裂的声音震醒了他们，感动了他们，他们停了下来，毅然回绝了商人，又把大鼎重新埋入地下。

数月之后，一直担心害怕的事终于发生了，日本宪兵队得到了消息。驻彰德县（今安阳市安阳县）日伪宪兵队队长井东三郎得到汉奸的告密，立即"采取行动"，那不是买鼎，也不是要鼎，而是强盗式的抢鼎。第一次日本人动用铁道警备队、日本宪兵队三四百人，搜查武官村，在村各路口架起机枪，将全村围得水泄不通。但是告密的汉奸告密不准，日本人一进村，直奔与吴培文家一墙之隔的西院马棚，结果一无所获。强盗走后，村民们连夜将大鼎挖出，转移至吴家东屋，挖了一两米深的大坑，将鼎埋入。那是平日装马草的屋子，目标小。武官村的村民在艰苦的斗争

插图4-4.2 象首兽面纹觥
（安阳大司空墓出土）

觥，流行于商晚期至西周早期的盛酒器，椭圆形或方形器身，圈足或四足。带盖，盖做成有角的兽头或长鼻上卷的象头状。有的觥全器做成动物状，头、背为盖，身为腹，四腿做足。觥盖做成兽首连接兽背脊的形状，觥的流部为兽形的颈部，可用作倾酒。此件"象首兽面纹觥"，通高17.7厘米，为商代晚期文物。深腹圈足，盖前铸象首，后兽首鋬，口下饰龙纹，腹饰兽面纹，圈足饰虎纹。此件文物出土于安阳大司空村，该村与著名的小屯村隔洹河相望。

中，又多一个心眼，为了应付日本人的再次搜查，他们赶快凑了七八十元伪钞，买来一尊殷墟出土而无铭文的"青铜甗"，将它与一些碎陶片一并放在吴家的空炕里面，以迷惑敌人。

日本人哪肯罢休，第二天，果然带着大队人马又来抢鼎了。强盗们有备而来，到了村里又是直扑吴培文家，很快发现了那个埋着"青铜甗"的深坑。日本人以为真货得手了，满心欢喜。可正当他们高兴时，突然西北方向刮来大风，这风大得几十年罕见。顿时乌云密布、电闪雷鸣，飓风卷着泥沙袭来，村里几十棵大树被连根拔起。这风雨来得真神，日本人也被弄得疑惑不解，不敢久留，带着搜查到的"宝物"，马上撤离了武官村。青铜大鼎天助神护地得以保存下来。

5. 后母戊鼎

抗战胜利了，第二年，即 1946 年 6 月，安阳县参议员兼古物保存委员会主任陈子明，四处打听大方鼎的下落，但不得而知。曾在日伪时期任督学之职的吴延年，是青铜大方鼎的股东之一，当然知道青铜大鼎的藏匿地点。6 月 28 日陈子明了解情况之后，给吴延年安上在日伪期间有"附逆"行为的罪名，抓起来关入监狱里。吴延年不知深浅，十分害怕，为洗刷罪名，说出了青铜大鼎的埋藏地点，并愿献出大鼎"将功补过"。

陈子明如获至宝，在 1946 年 7 月 11 日深夜，他协同安阳县的县长姚法圃在当地驻军 40 军的协助下，直奔吴官村吴培文家，按吴延年所述地点，到东屋草房，终于将青铜大鼎从地下掘出来。随即，又直奔吴希增家，搜出青铜大鼎耳。这尊青铜大鼎存放于古物保存委员会里。后来，驻安阳军事当局总司令王仲廉在蒋介石六十大寿时将其作为贺礼派人押运至南京，拨交中央博物馆筹备处保存。1948 年 5 月 29 日至 6 月 8 日，中央博物馆筹备处与故宫博物院联合举办展览，青铜大鼎首次在南京公开展出。蒋介石亲临参观，并在鼎前留影。国民党溃退台湾时，国民政府曾欲将青铜大鼎运往台湾，因为青铜鼎体大身重，难以搬运而放弃。

中华人民共和国成立后，青铜大鼎一直存于南京博物院，但令人遗憾的是，被吴官村的村民砸下的那只鼎耳一直未能找到。直到 1958 年，南京博物院从山东请来两位专家，依照另一只鼎耳的形状，将它补铸了上去，这样可稍稍弥补人们观宝鼎时的遗憾心情。这尊大鼎陈列于南京博物院"中国历史文物陈列"馆里。1959 年 8 月 31 日，中国历史博物馆竣工，当年 10 月 2 日，"中国通史陈列"正式预展，青铜大鼎从南京博物院迁至中国历史博物馆，陈列于"中国通史陈列·奴隶社会"馆，

插图 4-5.1 后母戊鼎

后母戊鼎，原称"司母戊鼎"或"司母戊大方鼎"，鼎身呈长方形，口沿很厚，轮廓方直，上竖两只直耳，下有四根圆柱形鼎足。该鼎器型高大厚重，形制雄伟，气势宏大，显现出不可动摇的气势。除鼎身四面中央是无纹饰的长方形素面外，其余各处皆有纹饰，纹饰华丽，工艺高超。通高 133 厘米，重达 832.84 公斤。后母戊鼎是商王武丁的儿子为祭祀母亲而铸造的。后母戊鼎的铸造，充分说明商代后期的青铜铸造规模宏大，组织严密，分工细致，标志了商代青铜铸造业，生产规模大与技艺高，代表着商代青铜文化的灿烂辉煌。

更加广泛地面向观众展出。自此，作为国之重器，"青铜之王"开始走向新的辉煌。

这尊青铜大鼎器型高大厚重，形制雄伟，气势宏大，纹饰华丽，工艺高超，又称"司母戊大方鼎"。是现存的先秦时期最重的青铜铸件，反映了殷商青铜冶铸业的技术水平，是商周青铜器的代表作。鼎身呈长方形，口沿很厚，轮廓方直，显现出不可动摇的气势。立耳，方腹，四足中空，鼎高133厘米，口长110厘米，口宽78厘米，重832.84千克。鼎身四面中央是无纹饰的长方形素面，其余各处皆有纹饰。云雷纹很细密，各部分主纹饰形态变化，多姿多态。鼎身四面在方形素面周围，主要纹饰是凶兽饕餮；四面交接处饰有扉棱，扉棱之上为牛首，下为饕餮。鼎耳外廓有两只猛虎，虎口相对，口中含人头，耳侧是鱼纹。鼎的四足各有三道弦纹，其上是兽面。提手文饰同样精美。两只龙虎张开巨口，含着一个人头。它表现了大自然和神的威慑力。据考证，后母戊鼎因为是商朝王室的重器，所以它的造型、纹饰、工艺等方面，都达到极高的水平，成为商代青铜文化顶峰时期的代表作。用陶范铸造，鼎体浑铸，其合金成分有铜、锡、铅等，是目前世界上发现的最大的青铜器。

我国古代青铜文化的鼎盛时代在殷商时代。殷墟出土的青铜器，无论是数量，还是质量，都是无与伦比的。那么，这个庞大而精美的祭器是如何铸造出来的呢？据专家分析，工匠们先分别铸造出鼎的身、足、耳等各部位，然后合铸成整体。专家把这种方法称为"混铸法"。其中让人称奇的是鼎足的铸造。鼎的三足洗口范作为浇铸的口，留一足作排气口，将大型熔炉置于足的外侧，待熔炉中的青铜熔化成铜汁，从浇铸口缓缓向里灌注，于是足就与鼎身成为一体。铸造这样高大的铜器，所需金属料当在1000千克以上，且必须有较大的熔炉。

中国"鼎文化"的起源，可追溯到原始社会的新石器时代，早在7000多年前就出现了陶制的鼎，陶鼎是青铜鼎的前身。其实，鼎本来的用途，是中国古代炊具器皿，相当于现在的锅。那时，祭祀或典礼时，里面放入鱼、猪、牛、羊肉等食物火煮，表达对上天和神灵的敬畏。在商朝和西周时代，作为祭祀用的容器发展到了最高峰，一直延续到汉代。在奴隶制鼎盛时代，鼎在发展中逐渐改变了它的价值，被用作"别上下，明贵贱"，是一种标明身份等级的重要礼器。在古代，鼎是贵族身份的代表。典籍载有天子九鼎、诸侯七鼎、大夫五鼎、元士三鼎或一鼎的用鼎制度。据文献记载："天子九鼎，诸侯七鼎，大夫五鼎，元士三鼎或一鼎。"又载："铸九鼎，像九州。"本来是日用饮食容器的鼎，后来发展成祭祀天帝和祖先的"神器"，并被笼罩上一层神秘而威严的色彩。鼎也是国家政权的象征，《左传》有载："桀有昏德，鼎迁于商；商纣暴虐，鼎迁于周。"

SERIES ON THE HISTORY AND CULTURE OF CENTRAL PLAINS

中原历史文化系列丛书

插图4-5.2"后母戊"鼎腹内壁上所铸"后母戊"铭文

对青铜大方鼎内壁上铭文"司母戊"中的"司"字，长期以存来有争议。学术界在深入认真的考证中认为，"司"字在甲骨文和金文里，可正写亦可反写，"司"与"后"实际上是同一个字。所以，将"司母戊鼎"改为"后母戊鼎"之名，虽然去掉了商王为其母"戊"祭祀之意，却突出了"后"字的"皇天后土"之意，其意义相当于"伟大、了不起、受人尊敬"。"后母戊"是商王武丁妻妾妇妌（jīng）的庙号。故"后母戊鼎"的铭文之意，和现代表示"献给敬爱的母亲戊的鼎"相同。

在安阳小屯村出土的青铜大方鼎，内壁有"司母戊"三个字的铭文，据考证，这是商王朝后期（公元前14世纪至前11世纪）王室的青铜器。"司母戊"是"祭祀母亲戊"的意思。"戊"是指商王朝武丁王之子祖庚王的母亲"妣戊"，这是商王祖庚为祭祀他的母亲妣戊而铸造的，所以命名为"后母戊鼎"。

可是学术界在长期深入考证后认为大方鼎内壁上原读为"司"的字，在甲骨文和金文中，可正写亦可反写，"司"与"后"为同一字，故"司母戊"中的"司"字，应为"后"字，取"皇天后土"之意，表示最高的尊敬。改为"后母戊"，意思相当于将此鼎献给"敬爱的母亲戊"。2011年，正式把"司母戊鼎"改名为"后母戊鼎"。

6. 女将军妇好

后母戊鼎出土后，又一件可与之相媲美的大青鼎"司母辛鼎"，现身世人面前。它的发现虽没有"后母戊鼎"出土情节曲折传奇，但其偶然给人的惊喜，也令人回味无穷。它的发掘不但有近2000件稀世珍宝，而且带出中国历史上有文字记载的第一位女将军，她的名字叫妇好。

1975年的冬天，正处在"文革"中的多事之秋。河南省安阳在学大寨中掀起平整土地的热潮，但是，这里只要动土，必须向文物部门报告允许后，才能开工。于是，安阳考古工作者在安阳小屯村西北一片高岗的棉花地边缘开始了钻探，以摸清这片土地上的"文化内涵"。没曾想到，考古的钻头深入到土层后，钻出了考古的又一个春天。

插图4-6.1 发掘的妇好墓坑

妇好墓于1976发掘，是殷墟唯一保存完整的商代王室墓葬，长5米多，宽4米，深7米多，墓上建有被甲骨卜辞称为"母辛宗"的享堂。墓室不大，但随葬品极为丰富，共出土青铜器、玉器、宝石器、象牙器等不同质地的文物1928件。刻有铭文的青铜器近200件，有"妇好"铭文的上百件，其中两件大铜钺分别饰以龙纹和虎纹，每件重达八九公斤，为妇好生前所用。件件出土文物，显示灿烂的商代文明。靠墓壁发现有殉葬的人骨架和狗骨架。据统计，有16个人殉、6只犬殉。

当年在冰封的严冬发掘工作暂停，第二年春寒料峭时，考古专家还没等地上的残雪融化，他们的钻头又开始工作了。随着钻头、探铲的上上下下，给地上考古人员带来了地下神秘的信息。1976年6月初，一座商代古墓终于面世了。在发掘中，考古工作者绝不会想到，这是个埋藏在地下3000多年的"百宝箱"。打开"百宝箱"，人类文化的精髓炫耀在人们的眼前。共有青铜器、玉器、骨器、海贝等器物1928件，在486件青铜器中，有两尊仅次于"后母戊鼎"的大鼎，特别引人注目。从鼎上铸的铭文中可知，它们叫"司母辛鼎"，还有一个名字，和"司母辛"三个字一样，在铭文中出现的次数最多，这个名字就是"妇好"。

这使人马上想到，专家在甲骨文词条里认定的上千个汉字中，"妇好"这两个字出现过240条，甚至有一件兵器上也有她的名字。从记载中看，妇好是商王武丁的妻子。

武丁，名昭，是商朝第 23 位国王（公元前 1250—前 1192 年），庙号为高宗。他是盘庚的侄子，小乙的儿子。小乙是盘庚的小弟弟。小乙不愿让儿子武丁在王宫里养尊处优，在武丁少年时，便把他送到林滤山一个叫傅岩的地方与平民一起生活。林滤山在今河南省林县，是太行山山系。武丁生活的地方距殷都 50 余公里。他生活于下层，学会了生产劳动的本领，养成了简朴的生活习惯，并且和一个叫"说"（yue）的奴隶交上了朋友。他们二人经常在一起谈国家兴衰，论天下政事之道。他发现说聪明朴实，很有学问，能从他那里学到不少知识。所以武丁认为这位奴隶是个不平凡的人。

盘庚去世后，他的大弟弟小辛继位。过了三年，小辛亦死，盘庚的小弟弟小乙继位。小乙在位 10 年，死后儿子武丁继位。武丁成为商王朝的第 23 个君王。武丁即位后，励精图治，日夜考虑着如何复兴殷朝。他深知必须有贤相辅佐，他想到了雄才大略的说。可是说是个奴隶，起用奴隶是大事。他绞尽脑汁，终于想出一个办法。他对大臣们说，自己夜里做梦，梦见先王商汤举荐了一位大贤人，名叫说，能帮我治好国家。于是，他便派人找来说，解除了他的奴隶身份，拜为宰相，并让大臣们尊他为"梦父"。说上任后，从整饬朝纲开始，劝武丁减少贡品；整治腐败，大力推行新政，极尽文韬武略之才，朝廷内外井然有序；极力恢复生产，与方国修好。武丁统治时期，商朝达到全盛，史称"武丁中兴"。

武丁文有傅说辅佐治理朝政，武有女将妇好领兵征讨，他则修明政治，发展生产，充实国库，富国强兵，征服了西北和南方的众方国，深受臣民的拥戴。这么一个重德重才的君王，找一个德才兼备的妻子顺乎情理。据传武丁文治武功，国威大振，诸侯方国进贡的美女很多。武丁有 64 个妻子，100 多个儿子。但按法定，商王只能有三个王后，而最有影响的，就是妇好。中国历史上有许多著名的女将军，但有文字记载的、最早的、地位最高的巾帼英雄当推妇好。所以妇好不只是武丁王的好妻子，更是一位英勇善战、保卫国家的好将领。妇好容貌端庄清秀，美丽动人，但性格豪爽，武艺高强，精通兵法，足智多谋，英勇善战。妇好墓前耸立一尊妇好汉白玉雕像，俨然是一位女将军的形象。目光炯炯，不怒而威，一手执龙纹大铜钺，一手执虎纹铜钺。古代斧钺主要用于治军，它在将军手中是军事统率权的象征。妇好手上的两件铜钺，是她生前使用的武器。但是从记载看，妇好不是靠美貌得宠，而让她走上显赫王后宝座的是她超众的才智和过人的勇力。

妇好，庙号"辛"，深受丈夫武丁的宠爱。她不但多次参与国家大事，而且带兵东征西战，最多的一次竟带兵 13000 多人，不少男将军都在她的指挥之下。她在战场上总是一马当先，纵横驰骋，有勇有谋。

有一年夏天，北部土方军队突然入侵边境。武丁派大将湄迎击，激战数日，仍

插图 4-6.2 妇好玉凤

玉凤，是 1976 年殷墟妇好墓出土众多玉器中的精品，通高 13.6 厘米，壁厚 0.7 厘米。玉凤高冠勾喙，短翅长尾，作亭立回首欲飞状，飘逸洒脱，舒展的长尾自然弯曲，尾翎有合有分，素洁无纹。身前有透穿镂孔，显示凤体丰满迷人。背部外凸的穿孔圆钮，应是供穿绳悬挂之处。凤的形象美丽、精巧，玉质晶莹润洁。此器与商代甲骨文中的"凤"字极似。《山海经》上说："凤鸟首文曰德，翼文曰顺，膺文曰仁，背文曰义，见则天下和。"凤是道德、仁义的象征，可见妇好爱玉凤有示以高贵、吉祥之意。

相持不下，敌我难决胜负，商军伤亡惨重。此时商王武丁正在病中，不利之势让他寝食不安，忧虑万千。妇好深明大义，见丈夫如此焦急忧心，毅然要求率兵助战。据甲骨文记载，武丁对妇好上战场犹豫不决，就占卜问天，求得上天保佑。武丁随后授予妇好指挥重权，带兵奔赴疆场。

妇好率兵夜以继日赶到边境后，认真分析敌我形势，把军队迂回到土方军队的后方，与湔的军队形成夹击之势。敌方发现受到腹背夹击，困兽犹斗般地转身向妇好军队猛扑过来。但是妇好毫无惧色，镇定自若，以主动出击之势迎上前去，全军将士争先恐后冲进敌军，压倒了敌军气势，敌军乱了阵脚，溃败逃窜。妇好一举歼敌，获得大胜，赢得了国人的尊敬。妇好押解着大批俘虏凯旋，武丁为她举行了盛大的庆功会，并授于她任意指挥军队的重权。为了庆贺王后的卓著战功，把被俘的羌人成批地押到祖庙当祭品杀掉，一次就杀了五六百人。

武丁让妇好担任统帅，统领着3000名精兵、1万名武士。妇好多次带兵征伐四方，为武丁开拓疆域屡立战功。

她北征土方，西战羌方，东攻仰方，先后挫败周围20多个方国，多次建立奇功，备受武丁的赞扬和宠爱。有一次妇好又出征了，这次她是去征伐巴方。她摸清了敌人的动向，选一有利高地，调兵埋伏在敌人必经的要道上。敌军果然来了，她立刻下达命令，乱箭雨点般射向敌军，毫无准备的敌兵溃不成军，全线败退。

妇好不仅在战场上英勇善战，而且在朝廷中还主持重大的宫廷祭祀活动。在夏商时代，祭祀天地神灵、祭祀祖先是王朝很重要很隆重的国事，能主持这类活动的人，在王室中是举足轻重的人物。可见妇好在当时的政治地位和威信是非常显赫的。

妇好为武丁大业连年征伐，立下累累战功。但因积劳成疾，大病不起。为了能使妇好病愈，武丁曾杀死了许多战俘，多次在祖庙祭祀，向天神祈祷。但是还是没能挽救她的生命。妇好病逝，武丁悲伤至极，破例将一位女性厚葬于宫殿区内，修筑一座"王室墓"。其墓距王宫不远，规模很大。陪葬的不仅有许多珍贵器物，而且还杀了不少战俘为她殉葬。武丁在她的墓上修造了一座漂亮的朝堂，作为祭祀妇好灵魂的地方。

7. 羑里监狱

中国有一部古老的典籍《周易》，又叫《易经》。自从东方古老的华夏诞生之后，《周易》就成了规范中华民族文化基本特征的思维基因，是中华文化的活水源头。

插图4-6.3 妇好汉白玉雕像

妇好，是商王武丁60多位妻子中最杰出的一位，中国有史记录最早的女政治家和军事家，甲骨文记载她率军东征西讨，为武丁拓展疆土立下赫赫战功。她有很高的政治地位，任国家主要"祭司"，常受命主持祭天、祭先祖、祭神泉等各类祭典，又任占卜之官。她去世后武丁悲痛不已，追谥曰"辛"，商朝后人尊为"母辛"。她名为"好"，"妇"则是一种亲属称谓，铜器铭文中又称她为"后母辛"。此尊汉白玉雕像立于妇好享堂前，她目光炯炯，不怒而威，披坚执锐，威风凛凛，显示了华夏最早的巾帼英雄的英姿和风采。她手持的是她用的龙纹大铜钺，重8.5公斤，还有一件虎纹铜钺重9公斤。"钺"是军事统率权的象征。

120

《周易》博大精深，包罗万象，书中的内容不仅涉及政治、经济、军事、文化等，还论述了道德、品格、修养、言行等方面的人生道理，甚至包含婚姻、家庭、争讼、交友、进仕、退隐、为人、处事等方面的处世原则。《周易》是一部有关天、地、人的圣经。

《周易》居六经（易、书、诗、礼、乐、春秋）之首，为三玄（易、老、庄）之冠，位于世界三大经典（易经、圣经、吠陀经）之巅。自它面世，就引起了人们的高度重视，人们研究它、探索它、阐释它、运用它，绵绵几千年从未间断过，从而使它拥有了辉煌的文化地位和彪炳千秋的历史地位。

人们对"易"与"经"的各种诠释，非常生动形象，令人回味无穷。从中国古老的象形文字中得到启发，"易"字形如"鸟"字；鸟是飞行的动物，所以"易"含不断变动的意思。有人把"易"解说成"蜥蜴"；蜥蜴的肤色随环境而变色，故"易"含有千变万化之意。有的学者识别象形字"易"为"日"和"月"的组成；日和月分别是阴和阳的代表，因此"易"字象征阴阳二元论哲学。阐明天理人道的书，谓之"经"。

《周易》是一部阐述宇宙万事万物的变化规律，包含着精深哲理，并能改变世界的旷世奇书。《周易》这部书诞生在监狱中，这座监狱坐落在河南省安阳市汤阴县的羑里城。羑里城在汤阴县城北 4 公里处，这座监狱为中国历史上有文字记载的最古老的国家监狱。

据史书记载："羑里，狱犴也。夏曰夏台，殷曰里，周曰囹圄，皆圜土。""犴"是古代画在监狱门上一种传说中的走兽。"圜土"，就是用土筑成的圆形建筑物，专门囚禁国家罪犯。"羑里"，在殷商时代得名。"羑里"就是上古时遗留下来的一座监狱。过去在汤阴县城北面的七里铺北端官道西侧有一石碑，上刻"周文王羑里城"，为楷体。这块石碑，实际上是当时的指路牌。这尊"周文王羑里城"石碑在文王庙重建后移到庙前。

"羑里城"是包含着龙山文化和商周文化的遗址，文化层达 7 米厚，上层出土了西周鬲、盆、罐、豆，商代的罐、鬲等，还有夹砂粗绳纹的器物口沿碎片。下层灰坑出土的有蓝纹、绳纹、方格纹素面磨光陶片，以及鼎、瓮、罐、鬲、盆、盘、骨针等生活、生产用具。裸露的断面层内、平整的白灰地面和红烧土灶面，均反映了远古先祖们生活的场景。

羑里城遗址南北长 106 米，东西宽 103 米，建在高出地表 5 米的平台上。这座高台历经数千年的风雨侵蚀，至今仍巍然屹立，雄姿不减当年，令人惊叹。如今的

插图 4-7.1 羑里城羑中 4000 年前的文化堆积层遗址

羑里城遗址不仅以《周易》的发祥地闻名遐迩，而且还是一处龙山文化层、商代文化层和周代文化层遗存，时间大约在公元前 2800—公元前 2300 年。经钻探表明该遗址文化层厚约 7 米，按照时间先后共分四层，最下层为龙山文化层，中间两层分别为商代文化、周代文化层，上层为近代扰土层。龙山文化泛指中国黄河中、下游地区，约当新石器时代晚期的一类文化遗存，分布于黄河中下游一带。龙山文化是中国原始社会逐步瓦解而迈向文明时代的历史遗存。

羑里城，经过重修重建，面貌一新，恢宏的气势中，透露出精雕细凿之秀；古朴的厚重里，显示出典雅的时代氛围。建筑庄重严谨、古柏苍劲。《周易》的意境、八卦的内涵，在这里演绎得淋漓尽致、生动形象。

羑里城大门是牌坊式建筑，高大雄壮，气势宏伟。大门内是广场，广场上最突出的是那座塑像，就是推演八卦、创作《周易》奇书的作者周文王。

上古时代，西方渭水流域兴起了一个小国"周"。周的祖先后稷在尧帝时代任农师，专管农业生产。后稷的这个职位世代承袭。周发展到夏代末年，朝政衰败，农业衰落。周为了生存西迁到今甘肃东部和陕西的西部一带活动。周的首领叫古公亶父，他有三个儿子，太伯、虞仲和季历。三子季历备受宠爱，古公亶父有意传位于他。太伯和虞仲看出了父亲的心意，为成全父愿，哥俩不辞而别，双双躲避到东南沿海"荆蛮"之地，按当地习俗断发纹身，定居下来。古公亶父死后，季历成了当然的继承人。

据传，季历的妻子太任，容貌端庄，人才出众，贤惠有德。一天，飞来一只赤雀，口衔用朱砂写的书信落在门前。这是吉祥征兆，家门中必有"圣瑞"出世，成大器于天下。后来季历和太任生下一子，叫姬昌。姬昌自幼聪明伶俐，智慧过人，这正应了"雀落家门，神兆于人"的征兆。传说姬昌生下后，身上长了四个乳头，长到成年，身高10尺，龙颜虎肩。

在姬昌47岁时，他的父亲季历去世，姬昌便继承了王位，史称西伯侯。姬昌继位后，励精图治，勤于政事，广招贤才，体察民情，质朴待人；他生活简朴，尊老爱幼。特别是他继承了祖先以农立本的传统，努力发展农业生产。几年的工夫，周国便富强起来，百姓安居乐业，周边的诸侯国都愿归附于周国。为此，姬昌在殷朝上下威望大大提高，他同九侯、鄂侯并称当朝三公。

殷商末年，殷纣王是一个暴虐无道的昏君。他贪图享乐，终日嬉戏于酒池肉林，而且极端专横，荒淫残暴，嗜杀成性。他听说九侯的女儿十分漂亮，就娶进宫中。但因此女厌恶他的淫乱，纣王便杀了她，并把她的父亲九侯剁为肉酱。鄂侯得知此事后，立即进朝向纣王谏诤。纣王一怒之下，竟把鄂侯也杀死了，将肉做成肉脯。

此时强盛起来的西伯侯姬昌领导的周国使殷纣王感到了威胁，成了他的一块心病，必欲除之而后快。再加上奸臣崇侯虎经常向纣王进谗言，诋毁姬昌，更增添了纣王的疑心恨意。当姬昌听说了九侯父女被纣王残杀的事后，不由地叹气。崇侯虎得知了姬昌的态度后，马上报告给纣王，说姬昌在自己国内修德积善，收买民心，

插图 4-7.2 羑里城遗址

商末，纣王荒淫残暴，国势渐弱；西部周国在西伯姬昌的治理下，日益强大，殷纣王疑虑。据《史记》载："九侯有好女，入之纣。九侯女不熹淫，纣怒，杀之，而醢九侯。鄂侯争之强，辩之疾，并脯鄂侯。西伯闻之窃叹。崇侯虎知之，以告纣，纣囚西伯羑里。"囚姬昌的地方就是今羑里城，在被囚的漫长岁月里，他用7年的时间著《周易》，后被列为五经之首。羑里城是《周易》发源地，也是我国历史上自有文字记载以来第一座"国家监狱"。

122

对纣王不满，有夺取天下之意。纣王为了削弱周国的力量，找借口，立即把姬昌抓起来，关到羑里城监狱，并派了许多人严加看管。身陷囹圄的姬昌心里十分清楚，自己稍有过错，就会被纣王杀掉。

西伯侯姬昌被殷纣王投进羑城里监狱时，已是82岁老翁了。他不但没有因被囚禁而心灰意冷，反而以极大的激情投入到一项伟大的思想工程的研究和创建中。这就是在伏羲先天八卦的基础上，演绎后天八卦，而后写出了一部称之为"群经之首"的《周易》。

在羑里城广场上周文王姬昌巨型塑像的两侧，把八卦的形象定格在巨大的草坪上。东侧的草坪组成了伏羲先天八卦图案，西侧的草坪构成了文王的后天八卦。天下之事，遵循其本源，就有道理；地上水源若是疏通，就长流不断。万物繁衍不息，日月运行不止，四季交替有序……这些自然现象后面隐藏着什么秘密？远古时期，能注重这种自然现象，并能思索这个问题的第一人就是伏羲。传说伏羲为天下王时，就经常低头察看地上的山川泽壑的形态，仰首观望日月星辰的变化。他细微地观察千姿百态而又各得其宜的植物荣枯，以及鸟兽动物身上五彩缤纷的皮毛纹彩；细心地体验周围环境变化而引起人身体变化的不同感觉。观察思索的结果是他发现了阴与阳相反相成，循环不已组成天地的法则。但如何去表达和掌握这一普遍的法则呢？这其中的真谛是什么呢？它似乎是触手可及，然而又杳然难觅。

插图 4-7.3 周文王姬昌
石雕像

羑里城大门内的广场中心，耸立着一尊红色花岗岩的周文王雕塑站像，雕像高9米。文王漫步姿势，右手背负，左手执竹简《易经》，两眼遥望远方，相貌魁奇，神态肃穆，圣哲的内心世界溢于形表。基座上按八卦方位刻有《易经》的精髓——八卦和六十四卦卦象。这尊雕像艺术地再现了周文王的演易神采。周文王雕像两边花圃里，是按八卦符号设计的造型，左边是伏羲八卦图，右边是文王八卦图。清乾隆皇帝游汤阴，谒羑里，也不胜感慨地挥毫题诗："洹荡之间曰羑里，演易圣人昔拘此。天高地下皆易理，象辞阐发权舆是。"

8.《周易》诞生

有一天，伏羲在黄河边突然看到从河中跃出一"龙马"，马背上有奇怪而神秘的图案。他的精神处在强烈的震撼之中，顿觉自己的身体与所膜拜的自然之间有一种无法名状的相融相交之感。他猛然发现，马背上的图案和自己仰观天文、俯察万物之象的心得巧妙地暗合。在苦苦思索和孜孜不倦的追求中，他终于将观察所得和自身的体验总结出来，首创了八卦。人们把这种八卦称为先天八卦，又称为"伏羲八卦"。

伏羲之后，神农、黄帝、尧、舜等远古时代的先民领袖们都因精通八卦而掌握了事物变化的规律，为人类的文明做出了贡献，受到了人民的拥戴。后人把他们敬若神明，视为圣贤。

相传大禹的时候，由于洪水泛滥，百姓遭难，大禹临危受命，率众治理水患。最初大禹没有找到治水的良策。他苦苦思索，跋山涉水，来到了洛水之滨。有一天，他突然看到洛水中有一只龟出没于浪涛之中。这只龟五彩斑斓，龟背裂纹形如文字。大禹马上把它记录下来，后人称之为"洛书"。这就是传说的"河图""洛书"。

先贤们以先天八卦，推演出六十四卦，夏朝时称为"连山"，商朝时称为"归藏"，可惜都已失传。

伏羲先天八卦怎样变成了文王的后天八卦呢？在周文王塑像的后面可以看到一座古色古香的牌坊，坊门中间横额题"演易坊"三个大字。据传，这就是周文王推演后天八卦之处。这座牌坊始建于明代嘉靖二十年（公元1541年）。遗憾的是左边的一拱在战争中被破坏，现在看到的是后来补上去的。牌坊是明代的张应吉知县为纪念周文王被囚姜里推演八卦而立的功德牌坊。

穿过"演易坊"牌坊，是"演易台"，其建筑形式是仿3000年前的风格而修建的。演易台的大门横额书"周文王演易处"几个大字。大门台阶旁有一对威武雄壮的石狮。大门台阶的右侧，就是"周文王姜里城"石碑，为明代成化十年（公元1474年）汤阴知县尚玑所题并立，1978年移至此处。与石碑相对应的左侧是禹碑，碑文歌颂大禹治水的功绩，也是明代张应吉知县得到南宋原碑文墨本后，刻于周文王庙前石碑上的。

拾级而上，可以看到大门内的东西两侧分别放置着龙马和神龟汉白玉石雕，基座上刻的是"河图"和"洛书"。两座石雕之间距离虽短，但却把从伏羲先天八卦到文王后天八卦的发展历史传神地表现了出来。再往前，就是姜里城的主体建筑大

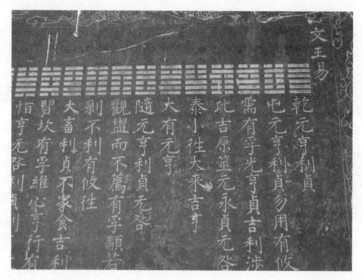

殿，人们叫它文王庙。它无确切的建筑年代，但至少可追溯到唐代中叶。现在看到的文王庙重建于1993年，规模宏大，气势雄伟，为歇山重檐式建筑，进深22.6米，面阔17.6米。走进大殿，看到周文王锻铜塑像迎面而坐，塑像高3.5米。周文王相貌魁奇，神态肃穆，透出先贤圣哲的不凡气度，令人肃然起敬。

在瞻仰周文王塑像前，人们必须排除杂念。所以在大殿左前侧建有"洗心亭"，是让人有片刻静心修养的处所。与"洗心亭"并立的是乾隆诗碑的"御碑亭"。乾隆皇帝于1750年9月拜谒文王庙时，诗兴大发，题诗一首。碑文系草书阴刻，字大如拳，诗名为《演易台谒周文王祠诗》。

> 洹荡之间曰姜里，演易圣人昔拘此。
>
> 天高地下皆易理，象辞阐发权舆是。
>
> 天王圣明罪当诛，千载而下真知己。
>
> 巍巍之台近只咫，凤凛师承惟四字，无忧其常忧暂耳。

插图4-8.1 姜里城的《文王易》碑（局部）

《文王易》碑，是文王庙内林立的碑碣中，最为引人瞩目的一尊石碑，上镌《周易》六十四卦，每卦下面为释卦辞文。《文王易》碑立于明代嘉靖十二年（公元1541年），后来被毁，在清康熙三年（公元1664年）重立。民间流传，六十四卦可上测天，下测地，中测人事。周文王姬昌将伏羲八卦演易为六十四卦，著《周易》一书，被后人尊为"群经之首，诸子百家之源"。《文王易》碑是研究《周易》的重要实物资料，十分珍贵。此图为原碑局部，从中可以看到"乾"和"泰"的卦象和卦辞。

王季为父武为子，牧誓谅非心所喜。

叩马村在河之涘，夷齐首肯吾斯语。

位于大殿右前侧的是玩占亭，还有一座文王易碑亭，亭内立有《周文王演易碑》一尊，上刻六十四卦，每卦下列卦辞。此碑原是明代嘉靖二十年（公元 1541 年）十月所立，后来被毁，康熙三年（公元 1664 年）重立。

演易台位于文王庙大殿右后侧，是周文王推演六十四卦和创作《周易》的圣地。台上有一亭，亭内有文王推演周易的塑像，生动地表现出周文王胸怀大志，面对风云变化的气度。在演易台的右侧，有一片蓍草园，园内蓍草青青，白花点点，微风吹处，草波动起伏。这片蓍草已生长了 3000 多年。相传，伏羲曾用蓍草"揲蓍画卦"画成八卦；周文王被困，也是凭借着蓍草演绎出后天八卦，写出了《周易》。

周文王姬昌被困于囚室之内，是如何推演八卦的呢？传说姬昌初下大狱，心有惊悸，但他的部下千方百计把外面纣王的衰败传到狱中。姬昌听后，有了信心。他决心一旦出狱，即要伐纣。

燕来雁去，日复一日。大狱之内的姬昌在朦胧之中，脑子里的伏羲八卦在神奇地变幻，变中易，易中变，易的形象如一个适季的蜥蜴，色有变，象不变，万变不离其宗。年复一年，数不变、象要变的道理逐渐明晰起来。他推而想到纣王的荒淫无道，认为纣王"天道"不正，必然衰亡。他盘腿面壁，不与人语，浑沌沉醉，悟空悟静，悟天数人事，悟天地大道。

姬昌在羑里狱中演易的事还是传到了宫中。纣王风闻此事后，心生忌恨。为了试探姬昌，纣王竟将姬昌的长子伯邑考杀死，用他的肉做成人肉汤，派人送到狱中让姬昌食用。正在悟道的姬昌一见肉汤，又闻其味，便知道此汤是用自己的亲生骨

插图 4-8.2 周文王演易台

演易台是历史上著名的"文王拘而演周易"之所，上下两层，均是 3 间，楼高 13 米，建在 1 米多高的砖石台基上，门额上阳镌"演易台"三字。相传，人类始祖伏羲用蓍草画八卦，称为"蓍画卦"。周文王姬昌被纣王投入到羑里监狱，经受着重重折磨和生死考验，以坚强不屈的精神和坚定信念，凭借着狱地的一片蓍草，发愤治学，潜心研究，正数反数，正测反测，仰观天象，俯视大地，终于悟出了天地乾坤自然万象之真谛，将伏羲的先天八卦推演成六十四卦，写出了一部旷世奇书——《周易》。

肉烹做的。但如果不食用，会引起纣王的疑心而加害自己。于是，姬昌强忍悲痛，喝下肉汤。纣王听说姬昌喝下肉汤，就得意地说："谁说姬昌是圣人，他连自己儿子的肉汤都不能辨出来。"从此，便放松了对姬昌的警惕。

姬昌虽然使纣王安下心来，可他毕竟食用了儿子的肉。他心中悲痛不已，到演易台的后边吐了出来。后来，人们在他吐的地方堆起土冢，天长日久，形成一个圆丘，后人称其为"吐儿冢"。如今，在吐儿冢前还立了一块碑，上书"伯邑考之墓"。民间还传说，当年姬昌吐出的食物变成了兔子，所以附近村庄的兔子特别多，但老百姓从不捉兔子，这是百姓对姬昌的敬意。

据说由于姬昌的威信很高，又是纣王封的一等公爵，一方诸侯，所以即使是在大狱里，也能受到较宽裕的待遇。因此，姬昌能不受干扰地思考问题，还可以通过狱卒得到羊皮和写字用的涂粉，故而可记录下他思考的结果。这种传说，似乎为《周易》能成书并流传下来做了注解。

姬昌在狱中被囚禁了7年，他用这段时间思考、总结，把先天八卦改造为后天八卦。他对先天八卦中的六十四卦的每一卦都做了总述，这便是"卦辞"；对每一卦中的爻都做了解释，描述了其具体变化，这便是"爻辞"。卦辞和爻辞是姬昌智慧的结晶，寄寓着姬昌的远大抱负和志向，大至国家治理，居安思危之计，小至家庭兴衰、谈婚论嫁之法，包含着为人处事、认朋交友之道。真所谓人间万事，无所不有。这是一部宇宙人事百科全书。在表达方法上，或直抒胸臆，有感兴叹；或委婉曲折，暗指影射。时而借喻，时而象征，灵活多变。"辞"中尽收人世哲理，尽容人间情感。

姬昌在狱中著"辞"立书之时，周国的臣子们坚持不懈地为他四处奔走，千方百计地搭救他。大臣散宜生、闳夭、太巅等人深知纣王为贪财好色之辈，就将设法找到的美女莘氏和搜寻到的骊戎骏马、奇珍异宝通过纣王的宠臣进献给纣王。纣王得到了美女和珍宝后，便放了姬昌。

姬昌回到周国，如虎归山。他用7年心血凝成的《周易》大理，苦心经营，励精图治，周国逐渐强盛起来，为伐纣灭商打下了雄厚的基础。姬昌死后，其子姬发继承王位，同时也继承了姬昌的宏图大志。他联合各诸侯国率兵东进，征伐纣王。姬发的联军与纣王的军队遭遇于商都附近的牧野（今河南淇县）。姬发以少胜多，一举败敌，灭掉殷商，建立了周朝，姬发为周武王，封其父姬昌为周文王。周武王继承父志，仍按《周易》大理行事，《周易》和周王朝一同写进了中华文明的史册，彪炳日月。

9. 岳精坊

安阳市汤阴县城街头有一标志性塑像，就是岳飞铜像。岳飞坐于战马上，左手握宝剑，右手勒马缰，目视前方，威风凛凛，满身帅气。这是人民心中的英雄形象。汤阴县城西南门处，是岳庙街。这条街的建筑都是仿古风格，古色古香。街两头是两座过街牌楼，高大雄伟。走到两座牌楼的中间，便看到一座坐北朝南的殿宇，这

就是著名的中原岳飞庙。中国的岳飞庙有十几处，但以河南汤阴县的岳飞庙和杭州西湖边上的岳飞庙规模最大、香火最盛。

汤阴岳飞庙始建于何时无考。现在看到的这座岳飞庙，是明代景泰元年（公元1450年）所修建，现有面积4000多平方米，殿宇建筑近百间。岳飞庙的大门为木结构的牌楼，叫"精忠坊"，又名"棂星门"。它的建筑很讲究，始建于明正德七年（公元1512年）。牌楼的六根木柱竟托起了五架房顶，古建筑学上称其为"三门六柱五楼不出头"式的建筑。它排列紧凑，衔接巧妙，形如群雁比翼，大有展翅欲飞之势。据《汤阴县志》记载，清代道光十年（公元1830年），河北磁县发生的强烈地震涉及汤阴县，护城墙和民房十不存一，而精忠坊却巍然屹立。我国古代建筑技术之高，实在令人惊叹。

说起精忠坊还有一个美妙的故事，故事要从精忠坊两侧墙壁上的两个大字说起。那是在明朝万历年间，彰德府的推事张应登负责岳飞庙的施工建造。精忠坊完工之日，他看到两边墙上仍是空白，感到有些遗憾，心里总放不下这件事。一天夜里，他做了一个梦，梦见自己到庙里去拜谒岳飞。岳飞对他说："修庙多亏你操劳了。"他忙跪下磕头。岳飞走上前握住他的手，在地上写下"忠"和"孝"两个字。他猛然醒来，反复回味，立即叫仆从秉烛，他提笔展纸，凝神一气写成"忠"和"孝"两个大字，顿感心中大为畅快，长长舒了口气。待到天亮，他即命人磨石刻下"忠"和"孝"两个大字，镶嵌在精忠坊两侧墙上。

通过精忠坊往里走，就会看到五具铁铸跪像。忠孝双全的民族英雄岳飞英年早逝，被害时只有39岁。正当民族需要他的时候，就是跪在这里的以秦桧为首的奸臣，以莫须有的罪名，把岳飞杀害了，而且殃及他的全家，儿女们有的被残杀，有的远走他乡。

插图4-9.1 岳王庙精忠坊

岳王庙坐落在河南省安阳市汤阴县西南隅，称为"宋岳忠武王庙"，原名"精忠庙"。始建时间无考，今址是明景泰元年（公元1450年）重建。历代曾多次修葺、增建，今占地6400余平方米，六进院落，房屋建筑100余间，碑碣林立。岳飞庙的头间叫"精忠坊"，是一座营造精美的木结构牌楼。建于明弘治十四年（公元1501年）又名"棂星门"，为"三门六柱五楼不出头式"。牌坊正中阳镌明孝宗朱祐樘赐额"宋岳忠武王庙"，白底黑字，屋顶覆以绿色琉璃瓦。精忠坊门两侧护坊壁上，各嵌"忠""孝"石刻大字，每字高1.8米，为明代万历年间彰德府推官张应登所题。

插图4-9.2《中兴四将图》中的岳飞画像

中兴，中道复兴之意，指王朝衰微或遭逢离乱之后，出现的复兴景象。北宋王室南迁后，高宗赵构重建南宋，抵挡金兵，此段历史宋史称"中兴"时期。南宋将领张俊、韩世忠、刘光世、岳飞四人，对南宋政权的建立与巩固起了重大作用，南宋画家刘松年，根据这个题材绘制此幅《中兴四将图》。图中身着绿衣者即岳飞，称他为"岳鄂王飞"。宋孝宗即位后，岳飞被追谥为武穆，追封"鄂王"，故名。刘松年，宋光宗绍熙间为画院"待诏"。擅画山水，笔墨精严，着色妍丽，界画工整。兼精人物，神情生动，衣褶清劲。所绘《中兴四将图》《便桥会盟》等图，表现了他拥护抗金、反对投降的思想。

跪在这里的是秦桧夫妇、张俊、王俊、王贵、万俟离。他们都是投降派，是背叛民族、陷害忠良的奸佞。人们为了表达心中对奸佞的愤恨，铸的像都是双手反剪，蓬头垢面，袒胸露脐的，让他们跪在这里受审，遭千人骂、万人斥。他们身后那个铜像，是钱塘人施全。他是南宋殿司小校。岳飞被秦桧杀害后，他万分痛恨，在岳飞被害的第9年正月的一天，他隐蔽在秦桧上朝经过的庆安桥下，在秦桧走到桥上时，他上前刺杀秦桧，未能成功，当即被抓。秦桧亲自审问施全。施全大义凛然，厉声道："举天下皆欲杀虏人，汝独不肯，吾欲杀汝也。"秦桧将他施以磔刑处死。后人敬仰他，塑铜像站立在那些罪人的后面。他手执宝剑，怒目圆睁，怒火满面，他的剑似乎随时会向奸臣们砍下去。人们称他为"义烈将军"。

施全旁边是宋代义士隗顺的塑像。为什么他能与"义烈将军"同立于此呢？当年岳飞被害抛尸后，是他冒着生命危险将岳飞遗体背到钱塘门的北山之麓，偷偷掩埋，并在岳飞腰下放了一枚玉环，在墓前栽了两棵松树。隗顺临终前才将此事告诉儿子。21年后，宋孝宗为岳飞昭雪，下诏寻找遗体。隗顺的儿子献出了岳飞的遗体。朝廷在西湖栖霞岭下举行了隆重的葬礼。这便是今杭州西湖的岳王墓。

秦桧等奸佞群像对面的高大建筑是岳飞庙的山门。山门古朴庄严，两边琉璃青龙蟠，雄师威踞，透出威严之气。向上看，门额上悬挂的匾上书"浩然正气""精忠报国""庙食千秋"等大字，对岳飞和岳飞庙作了精当的诠释。而明柱上一副楹联"存巍然正气，壮故乡山河"彰显出岳飞辉同日月、光照千秋的伟大精神。

拾级入庙，古柏苍翠，一派肃穆气氛。进入碑林区，如走进了中国书法艺术的宝库。两道高大的碑垣把碑区分成东西两个院落。这里有朱元璋、乾隆、徐达、董其昌、何绍基等人的题词，还有乾隆、光绪、慈禧等人的诗文，其字体的笔法有真、草、行、隶、篆等书体，千姿百态。不但是书法艺术的大展览，而且是文学艺术和史学研究的宝库。碑刻中文体多样，诗词、歌赋、记叙文体都有，大多记载了史书中未有的轶闻轶事，使人观之不尽，读之不尽。站在乾隆御碑亭上向北望去，那座雄伟的高大建筑就是岳飞庙大殿。

10. 一门忠烈

岳飞庙大殿是岳飞庙的主体建筑，高 10 米，面阔 5 间，进深 3 间。大殿门楣上方悬挂着"百战神威""故乡俎豆""乃文乃武""忠灵未泯""乾坤正气"等字匾。那"百战神威"是光绪皇帝所书，"忠灵未泯"是慈禧手笔。

进入大殿，便可见到岳飞的塑像，是一位具有丰富战斗经历的元帅，而他身上的紫罗袍又告诉人们他是位文官。人们心目中的岳飞正是这样一位文武兼备的民族英雄。看着这尊塑像，关于岳飞的洪水漂瓮、拜师周同、岳母刺字、三次从军、四次北伐、朱仙镇大捷、挥泪班师、被诬下狱、风波亭就义等故事浮现在眼前。岳飞塑像正上方巨匾上的"还我河山"，已经成为中华民族精神的象征。

岳飞庙大殿东厢房，是岳飞的长子岳云祠。岳云 12 岁随父抗金，16 岁参加收复六郡战斗，在抗金战场上屡建奇功。他同父亲及张宪一同被害，年仅 23 岁。贤母祠里有岳飞的母亲。岳母姚氏是一位忧国忧民、深明大义的中国古代妇女的典范。当金兵大举侵犯中原时，24 岁的岳飞再次从军。因家境贫寒，家中妻子儿女全由姚氏照顾。岳母为了坚定岳飞抗金的决心，在他背上刺下"精忠报国"四字，毅然送儿上战场。岳母是中华民族的一位伟大母亲，是人们心中的"圣母"。贤母祠四周墙壁上陈列的岳飞手书碑刻，左边的《满江红》词激昂慷慨，广为流传；右边墙上是岳飞书诸葛亮《出师表》手迹，是岳飞崇敬古代贤相的情结。岳飞手书《出师表》还有一段佳话美谈。

那是 1138 年，岳飞行军路经南阳武侯祠时，天降大雨，无法前进，便于武侯祠内借宿。入夜，岳飞辗转难眠，徘徊于祠前。这时，他看到墙上书写的诸葛亮的名作《出师表》。此时此刻再次诵读它，心情激动，大有吊古凭今之感慨。他想到当年诸葛亮立志出师，北定中原；而今，自己立志抗金，收复中原。于是对"鞠躬尽瘁，死而后已"的精神产生了共鸣，禁不住热泪盈眶。这时，武侯祠的道长前来向岳元帅求字。岳飞不假思索，挥泪走笔，一气呵成，写下了《出师表》全篇。字里行间表露出岳飞当时复杂而激越的心情，显示了他崇高的品格。这篇名作笔法刚劲、潇洒，如长江黄河奔流，似急风暴雨倾泻。朱元璋曾特书"纯正不曲，书如其人"以赞之。

岳飞的《出师表》手迹最妙的是字体，有行书，有草书，有楷书，有狂草。特

插图 4-10.1 岳飞参花图（清代吕焕成绘）

画面上岳飞神态安详，端坐于凉台之上。此时的岳飞元帅已非当年驰骋疆场英姿勃发的青年了。但岳飞上挑的眉眼、雍容的仪态，仍不失抗敌的英雄气概。他的右侧立一贵妇，头髻高挽，手捧花瓶；左侧一侍从，手持月牙斧，神态威仪。画面左侧一将领面向岳飞，右手托盘，正向岳飞报告。画家人物刻画细腻生动，构图工整，设色淡雅。吕焕成，清代人，善画人物、花卉，兼长山水，好作斧劈皴。

别是其中出现过 22 次的"帝"字、出现过 19 次的"先"字、出现多达 50 次的"之"字，都是字字形体不同，变幻无穷。专家评论这幅书法作品，不是图画，但像龙飞凤舞图画一样灿烂生动；不是音乐，但像行云流水一样和谐流畅。

贤母祠的后面，是四子祠，分别供着岳飞的四个儿子：岳雷、岳霖、岳震、岳霆，以及部将张宪。

再往后就是供奉岳飞女儿的孝娥祠。提起这位孝娥，令人起敬。她自幼聪明，通晓史书，深明大义。她的父兄被害后，她义愤填膺，不顾一切地进京鸣冤喊屈，却遭到巡逻士卒的凶狠阻拦。她悲愤难忍，抱着岳飞遗留的一只银瓶，含恨投井身亡，年仅 13 岁。后人称她为"银瓶小姐"，被誉为"孝娥"。

岳飞的故里在汤阴县程岗村，程岗村就是历史上的岳家庄。宋徽宗崇宁二年（公元 1103 年），岳飞就出生在这里。程岗村距汤阴县 15 公里。

插图 4-10.2 岳飞书前《出师表》

南阳武侯祠大殿的碑廊里，镶嵌着岳飞书写的诸葛亮前后《出师表》石刻。石碑刻工精良，墨底白字，宛如手书，贯通长廊。岳飞兼资文武，能诗善书。他所书的前后《出师表》字体行草，一气呵成，酣畅淋漓，如电掣雷奔，龙飞凤舞，铁画银勾，顿挫抑扬。此书笔力雄逸，气韵生动，艺术价值极高。

据史料记载，早年岳家庄被洪水冲没。明朝初年，山西程姓人家迁移到这里，重建家园，改名叫程岗村。明代中期，汤阴县城修建了岳飞庙，程岗村的村民也在村西建造了一座庙宇，称为"岳鄂王故宅"，立石碑数通。

从村南进村，很远就能看到村头有一碑亭，碑亭内有石碑一通，上镌刻着"宋岳武穆王故里"。再往前走，至村西，有一坐北朝南的古老庭院，朱红大门，很招人眼。大门上方悬挂有一块匾，匾上题有"宋岳武穆王故宅"七个金色大字。这里就是当年的岳家。从石碑刻文看，这座故宅已有 500 多年的历史。现存最古老建筑为清代遗存，东院和后院是近代扩建的。走进故宅庭院，迎面是大殿，大殿东侧的小楼是岳飞父母的卧室，岳飞就出生在这里。据说"岳母刺字"的故事也发生在这里。

"岳飞先茔"在汤阴县城东 11 公里的南周流村，是岳飞曾祖父、祖父和父亲三代先人的墓陵。墓冢高大，古柏苍郁，碑刻挺立，凝聚着难忘的历史。

11. 窃国者侯

袁世凯在中国历史上是第一位总统，又是最后一位复辟的皇帝，这位双料的"国家元首"背上了一个"窃国"的骂名。

袁世凯于清咸丰九年八月二十日（公元 1859 年 9 月 16 日）出生于河南省项城

县（今河南省项城市）王明口镇袁寨，袁家是封建官僚地主家庭。袁家在清道光年间开始兴盛，其父祖辈多为地方名流。他的从叔祖父袁甲三曾任"漕运总督"。古代运河称为漕河，通过漕河转运粮食，以满足国家正常的行政开支和皇室消费，这种运输称之为"漕运"。袁甲三就是监督和管理漕运的官员，他又是淮军重要将领，曾参与平定太平天国运动和捻军，有权有势。袁世凯出生那天，袁甲三正好寄来书信，告知家人自己率军与捻军作战得胜的喜讯，全家为之高兴，又逢喜添贵子，袁家双喜临门，所以，袁世凯的父亲为这个小儿子起名为"凯"，按照家族的辈号"世"字辈，叫"世凯"。袁世凯的父亲袁保中，也是地方上一个有势力有名望的绅士。叔父袁保庆曾在甲三军中带兵，官至江南盐巡道。这些为袁世凯等家族成员进入仕途打下了良好的人脉基础。

袁世凯自幼过继给叔父袁保庆为嗣子，少年时，他随叔父袁保庆先后到济南、南京等地读书。袁保庆死后，又随户部侍郎袁保恒到北京读书。1876 年他参了乡试，但没有考中；公元 1879 年，他再次参加乡试仍未考中，也许他感到自己非"文料"，他弃文就武了。清光绪七年（公元 1881 年）五月，22 岁的袁世凯到山东登州，投靠他叔父袁保庆的结拜兄弟吴长庆所率领的淮军"庆军"部，任营务处"会办"，是正职的助手。吴长庆为淮军统领，统率庆军六营驻防登州，督办山东防务。次年，朝鲜兵乱，23 岁的袁世凯跟随吴长庆部东渡朝鲜，以"通商大臣暨朝鲜总督"身份驻朝，协助训练新军、镇压兵变立功。清光绪十年（公元 1884 年），驻朝日军作乱，袁世凯指挥清军击退日军，直隶总督兼北洋大臣李鸿章奏举，袁世凯任驻汉城（今韩国首都首尔）清军总理营务处。

插图 4-11 袁世凯像

袁世凯是中国近代史上的政治家、军事家，北洋新军的首脑。辛亥革命期间逼清帝退位，以和平的方式推翻清朝，统一国家，成为中华民国临时大总统，后当选为"中华民国"首任大总统。1915 年底复辟中华帝国，自称皇帝，以失败告终。

甲午战争爆发，清军海陆皆败，袁世凯随军撤退天津。清光绪二十一年（公元 1895 年），袁世凯被派往扩天津小站创练新军，成为北洋军阀的开山鼻祖，逐渐掌握了满清政府的军权。"小站练兵"是袁世凯发迹的最关键一步，此时的袁世凯已是一个善于玩弄权术、笼络人心的政客。有一次，他对洋务派的主要代表人物张之洞谈自己的练兵秘诀："练兵的事，看起来很复杂，其实也很简单，主要的是要练成'绝对服从命令'。我们一手拿着官和钱，一手拿着刀，服从就有官有钱，不服从就吃刀。"当时在"新式陆军"中，每棚（相当于班）都供奉有袁世凯的肖像，朝夕焚香跪拜。袁世凯又常派人到各营演说，向士兵灌输袁世凯是士兵们的衣食父母，大树自己的神话，一时迷信袁世凯之风弥漫兵营。

袁世凯手下有一个管理军制饷章文牍机务的"文案"，叫阮忠枢，为了让此人成为自己的铁杆，他用尽了心机。有一次阮忠枢结识一个妓女小玉，对她爱恋不舍，欲纳为妾。袁世凯得知后，把他痛骂一顿。他对小玉也不敢再提起了。后来，袁世凯秘密派人将小玉从妓院赎出，并且购置了房舍然后带阮过去。一切安排停当了，一天傍晚，袁世凯叫来阮忠枢，神秘地让阮忠枢跟着他去一个地方，阮忠枢忐忑不安地跟着袁世凯走进一个院子里。一进门，他吃惊地看到屋子里铺陈异常华丽，堂上红烛高烧，桌上摆着丰盛的酒席，他一时坠入五里雾中。还没来得及多想，只见一个丫头一面高喊："新姑爷来啦！"他心中正疑惑，丫头从里间搀出了一位新娘。阮仔细一看，这位俏丽佳人竟是朝思暮想的小玉。这时他才恍然大悟。从此以后，他更效忠袁世凯，成为袁世凯的重要参谋。后来袁世凯称帝失败，国人皆曰杀，可阮忠枢还在痴心地为袁世凯留任大总统而四处活动。

公元 1898 年百日维新时，袁世凯阳奉阴违，出卖维新派，致使"戊戌变法"失败。在镇压义和团运动中，他立了大功，登上了直隶总督兼北洋大臣的宝座。但好景不长，清光绪三十四年（公元 1908 年），光绪皇帝及慈禧太后相继去世，3 岁的溥仪被立为皇帝，是为宣统皇帝，他父亲载沣"监国"，代理朝政。此时，朝廷中满汉两派矛盾尖锐，清光绪三十四年十二月十一日（公元 1909 年 1 月 2 日），载沣下谕，免去袁世凯军机大臣、外务部尚书及直隶总督等职务，令他"回籍养疴"，收缴了他的兵权，把他赶出了北京。

袁世凯并未"回籍"到他的原籍河南项城县（今河南省项城市），他先居住在汲县（今河南省新乡市卫辉），后迁辉县（今河南省新乡市辉县），公元 1909 年 6月定居彰德（今河南省安阳市）。袁世凯在洹河北岸购置了天津盐商何炳莹的一座豪宅别墅进行扩建，面积约 13.3 公顷，将其命名为"洹上村"，他的稳居生活从此开始。洹上村内建 9 个宅院，一院一妾。袁世凯住正厅"养寿堂"。宅院建有名曰"养寿园"的花园，花园开天平渠，引漳河水入园，小溪长流，山林峻石，亭台水榭。宅四周筑高大围墙，建有炮台，由当局派两营马队护卫，俨然像一座城堡。

袁世凯每天草笠木屐，从舟垂钓，自称"洹上渔翁""容庵老人"，一副谢绝尘世之态。洹上披蓑垂钓，胸中权谋激荡。这位"渔翁"在远离尘世之时，正在韬光养晦，时刻等待着重登政治舞台的时机。洹上村筑有铁路专线，这是与朝野保持联络的要道，他的电报房里传来送往各种重要信息，他每天用于处理电信"公务"的时间多达一两个小时，他的政治触角伸到了朝中各个领域。功夫不负苦心人，他终于等来了复出的机会。

1911 年 10 月辛亥革命爆发了，革命军直逼武昌，清政府被迫启用袁世凯。清政府命令他抵抗革命军，但他却按兵不动，乘机要挟，要来了内阁总理大臣职位。但他并不罢休，野心继续膨胀。1912 年，他以逼清帝退位为条件，要孙中山将大总统让位于他，成功地摘取了辛亥革命的胜利果实。袁世凯坐上了总统宝座，并没有按孙中山的构想走向共和，而是紧锣密鼓地策划复辟帝制的活动。为了取得日本人的支持，他竟与日本人签订了丧权辱国的"二十一条"。终于在 1916 年 1 月 1 日，他登基称帝，硬是把中国从共和制拉回到封建专制。倒退必然被历史的车轮所辗碎。他在全国人民的讨袁声中下台了，只坐了 83 天皇帝"宝座"，落了个千古骂名：窃国大盗。同年 6 月毙命。

关于袁世凯的死因有几种说法：一说袁世凯是患尿毒症死的；另一种说法是被气死的，其前因后果有这样一个故事：袁世凯有一亲信，是四川督军陈宧，此人是帝制拥戴者。袁世凯派陈宧带兵入川前夕，陈宧临行和袁世凯辞别，先行臣见皇帝之礼，对袁世凯三跪九叩；而后行喇嘛拜叩活佛的最高敬礼。袁世凯受礼的感觉特别好，坚信陈宧此去成都坐镇，一百个放心。可他哪里会想到，对他最忠的人，背叛他最快，陈宧在入川不久，就宣告独立，给了袁世凯当头一棒；对袁世凯打击最大的是，陈宧的独立行动带来了连锁反应，陕西的陈树藩、湖南的汤芗铭先后宣布独立。袁世凯气不打一处来，结果被活活气死了。再有一说有点艳，还是来自袁世凯身边的人所言，说袁世凯生活腐朽糜烂，房中原配夫人加上9个姨太太，有10女人服侍着他，因此，他每天只好服用鹿茸、海狗肾等补药才能勉强应对。自1916年春节起，袁世凯身体日趋不佳，之后常患腰疼，经法国医生抢救无效，死于尿毒症。

关于袁世凯的死因，作为接班人的北洋系统的老同事段祺瑞、冯国璋、徐世昌们也讳莫如深，讣告只好说是病死的。

12. 袁林规制

1916年6月6日袁世凯死后，北京政府依照袁世凯的遗愿"扶柩回籍，葬我洹上"，在河南安阳洹上村东北的太平庄北侧建造了一座帝陵式的大型陵墓，后人称之为"袁林"。袁林坐落于洹水河畔，占地140亩，经两年多时间建成（公元1916—1918年），耗资70余万两银圆。

袁林南有一座背水横亘的高大照壁，是我国明清帝陵建筑中最大的砖雕照壁。它呈"八"字形，捍卫着前面的宏大袁林，正面及两翼均嵌有精雕细琢的巨型蟠螭图案，有森然之气。沿三丈二尺宽的神道北行，越御路沟，过太平庄，站在隆起的石桥上，

插图 4-12.1 袁林牌楼

袁林牌楼不是传统的木石结构，而是用铁筋洋灰石子筑就，在中国陵墓建筑史上极为少见。为了修建这座陵墓，北洋政府专门从日本进口了大量水泥。如今，这六柱五楼冲天式的高大牌楼，雄踞神道中央。它的每个柱子顶端都盘踞着一个阔口仰面的神兽"望天吼"，为这座建筑平添了几分神秘、威严、震慑之力。

便能看到敞宏阔大的袁林主体建筑。

袁林主体建筑最前面的是牌楼门（又叫玉槽门），耸立在大丹陛南端。石墓明台宽七丈二尺，六根方柱拔地而起，柱间由上下额枋联结，构成牌楼的坚实骨架。每个柱上都盘踞着一个传说中的神物"望天吼"。它阔口向天，嘷状悚然，为这座建筑增添了震慑之力。整个牌楼构架都是用钢筋水泥建造，连同枋间雕花、柱巅的坐兽也是水泥琢成的。水泥建材是北洋政府不惜重金从日本进口的。这种材料用于帝陵建筑，在帝陵建造史上尚属首例。

牌楼门后两条神道，用青白石铺成，南北贯中，千余米长，是来祭祀的高级官员的专道。神道在翠柏奉迎之间延伸，成为整个袁林建筑的中轴线。神道东西两侧的石像遥遥相对，称之为"石像生"。它由望柱、石虎、石狮、石马及文武翁仲组成，均由青白石雕成。那六角望柱上雕刻有花纹图案，其余石雕由独石琢磨成形，仪态丰满，线条简洁，神韵生动。

六角望柱高一丈五尺，矗立在圭角须弥底座上。柱面以黼黻为中心，饰以日、月、星、云、龙、火、雉、藻等百余个图纹。柱上的生龙猛虎栩栩如生，长臂猿猴轻盈灵巧，其他图案游移缭绕，若即若离，幻忽飘离，颇具太虚涂奥的意境。而那文武翁仲是袁世凯时代特殊社会中礼仪风范的生动写照。

石雕文臣的模样是头顶天平冠，身着祭天礼服，拱手默然，富态可掬；石雕武将头戴红缨盔帽、身着将军服，抚刀肃立，有几分威严。神道中央有一座碑亭，为歇山单檐四角式，红墙碧瓦，飞翼凌空，昂扬壮观，兀立洒脱。碑亭里一通4米多高的汉白玉墓碑屹立其中，上刻"大总统袁公世凯之墓"九个端楷大字，为当时的总统徐世昌所书。墓碑底卧着一只20余吨重的张口吐舌的巨大石雕，看似乌龟，实则不是。它是龙头、龟背、鹰爪、蛇尾四不像的动物。它是传统中的神物，正确的说法是龟形海兽，名叫赑屃（bì xì）。传说是龙的第九个儿子，龙生九子各不相同，说它大力能驮，好负重，是一种瑞兽。所以古代在许多地方用它来作为碑座。传说大禹治水时被一山所阻，大禹即令把大山扒开分为两半，一曰华山，一曰中条山，水从两山间奔泻而下。此碑与底座通高5.5米。石碑的后面没有碑文，这样的石碑不多见，大概与袁世凯的历史有关。也许因

134

插图 4-12.2 袁世凯墓碑

袁林内有座六柱五楼冲天式牌楼，面阔三间。亭内有一尊巨大的石碑，上书"大总统袁公世凯之墓"九个端楷大字，苍劲挺拔，气态不凡。此为袁世凯好友时任民国大总统的徐世昌手笔。巨碑坐落在一个似龟非龟的石雕上，它叫"赑屃"。赑屃，传说是龙的九子之一，又名霸下、龙龟。它总是奋力地向前昂着头，四只脚顽强地撑着，稳步地向前走。它好负重，长年累月地驮载着石碑，任劳任怨。在庙院祠堂里，总有它的身影。它是长寿和吉祥的象征，据说触摸它能给人带来福气。

为袁世凯不光彩的生涯不该刻在石碑上现世的缘故。绕过碑亭，沿神道北行，袁林的主体建筑景仁堂大殿即耸立在面前。

景仁堂院的大门有三个门洞，所以称为"三进门"，每扇门都有门环，叫铺首衔环。传说"铺首"是龙的儿子。门上的门钉横竖排列各7个，共49个。按封建王朝之制，仿帝陵的门钉应该是9个，在这里却只有7个，意味深长。过门到堂院，前方是景仁堂，东西是配房，呈长方形，在高一丈六尺的朱垣雕墙护围之中，整个院落严谨而幽深。景仁堂也叫"享堂"，是当时专门祭祀袁世凯的地方。当时北洋政府内务部规定，每年6月6日都要派大员致祭，铺设排场，极为优隆浮侈。据记载，最隆重的一次公祭仪式是在袁墓落成的1918年6月14日，由各级官员和袁家人参加。官员穿制服，"文东武西"站立，北向脱帽肃立；祭文读过，音乐声起，人们焚香敬酒，在墓前三鞠躬。随着政局的变化，北洋军阀政权没落，珍器被盗一空。

景仁堂坐落于四尺高的青石崇台上，垂脊飞檐，四坡歇山，面阔七间，进深三丈。檐部的斗拱以及内擅天花藻井，均有丰艳的彩绘装饰，斗芳叠晕，缤纷斑驳，富丽堂皇。跨进大殿内，供桌上布列着景泰蓝祭器，两侧陈列着袁世凯生前的衣冠剑带。左右配房原是祭祀官员休息及僧人做法之处，现里面储存着什物祭器。这里没有袁世凯的塑像，也没有致祭的味道。

袁世凯踏上仕途后的路是一条窃国—卖国—复辟—下台之路，在这条路上，他天天都在做皇帝梦。他在世时也确实好梦成真了几天，既而破灭了，可死后他的接班人又圆了他一次美梦。据文字记载，1916年6月7日袁世凯遗体入殓时，他头戴天平冠，身穿祭天礼服，俨然是"皇帝"的模样；并且把坟墓仿帝陵的建筑格式而造。不过这个美梦和他一起被埋葬在地下了。

景仁堂的后面就是袁世凯的墓冢。墓冢有三层，每层都有柱石和铁链围绕。第一层的铁门和门垛为欧美风格。铁门原有三座，现仅存一座。中间的铁门为浑铁铸成，上有仿西洋勋章似的八角墓徽，墓徽中央却是中国古代12章纹，这是古代帝王的标志。墓庐为圆形，三层高台一丈二尺，壁端坡面分嵌12只石狮，代表12个方位，显示了王者的风范。远望墓冢，兀兀恢宏，是一座中西合璧的建筑物。

袁世凯墓冢的另一个特点是：不是掘地落棺木，而是平地建墓圹。墓圹建好后，再像盖房子一样垒土筑石，将墓圹掩埋。

据记载，葬埋袁世凯那一天，北京政府通令全国下半旗，学校停课一天，全国停止娱乐一天，文武官员停止宴会27天。出殡时有80人抬棺，各庙宇撞钟101下，灵柩所经之处，军警戒严。袁世凯的亲朋及各国公使送到火车站，鸣礼炮101响。灵柩由专车运往彰德（今河省安阳市）埋葬。后来每逢农历正月十五、十六，安阳人到袁林附近的安阳桥赶庙会，都要到袁林一游。届时，袁林人流如潮，摩肩接踵，摊贩云集，小吃飘香。应该说，袁林不是一个祭祀的地方，而是安阳市民休闲、游玩、赏景的好去处。

图书在版编目（CIP）数据

中原历史文化系列丛书．古都 / 李鸿安著 .-- 北京：
中央民族大学出版社，2016.12（2018.3 重印）

ISBN 978-7-5660-0655-4

Ⅰ．①中… Ⅱ．①李… Ⅲ．①文化史—河南省②都城
—介绍—河南省—古代 Ⅳ．① K296.1② K928.5

中国版本图书馆 CIP 数据核字（2014）第 003716 号

古都

著　　者　李鸿安

责任编辑　戴佩丽

装帧设计　汤建军

出 版 者　中央民族大学出版社

　　　　　北京市海淀区中关村南大街 27 号　　　邮编：100081

　　　　　电话：68472815（发行部）　　　传真：68933757（发行部）

　　　　　　　 68932218（总编室）　　　　　　68932447（办公室）

发 行 者　全国各地新华书店

印 刷 厂　北京宏伟双华印刷有限公司

开　　本　880×1230（毫米）　　1/16　印张：9

字　　数　320 千字

版　　次　2016 年 12 月第 1 版　　2018 年 3 月第 2 次印刷

书　　号　ISBN 978-7-5660-0655-4

定　　价　80.00 元